# ¡Yo quiero

# DINERO!

[FINANCIALLY LIT!]

# ¡Yo quiero DINERO!

(FINANCIALLY LIT!)

## LA GUÍA DEL ÉXITO FINANCIERO PARA LAS MUJERES LATINAS

## Jannese Torres

Planeta

Título original: *Financially Lit!: The Modern Latina's Guide To Level Up Your Dinero & Become Financially Poderosa*

© 2024 por Jannese Torres
Esta edición se publica por acuerdo con Grand Central Publishing, una división de Hachette Book Group, Inc., EE. UU. Todos los derechos reservados

Prólogo: © Farnoosh Torabi, 2024
Traducido por: © Laura Paz Abasolo, 2024
Diseño de interiores: © Juan Carlos González, 2024
Créditos de portada: © Jim Datz / Hachette Book Group, 2024
Adaptación de portada: © Genoveva Saavedra / aciditadiseño
Fotografía de portada: © Amanda López, 2023

Derechos reservados

© 2025, Editorial Planeta Mexicana, S. A. de C. V.
Bajo el sello editorial PLANETA M.R.
Avenida Presidente Masarik núm. 111,
Piso 2, Polanco V Sección, Miguel Hidalgo
C.P. 11560, Ciudad de México
www.planetadelibros.us

Primera edición impresa en esta presentación: marzo de 2025
ISBN: 978-607-39-2438-2

Impreso en los talleres de BR Printers
665 Lenfest Road, San Jose, CA 95133, USA.
Impreso en EE.UU. - *Printed in the United States of America*

Para mami y papi; ¡lo logramos! Gracias por no volverse locos cuando les dije que iba a dejar mi prestigiosa carrera de ingeniería para perseguir este sueño loco de twerkear en internet mientras escucho reggaetón y les enseño a las mujeres cómo gestionar su dinero. ¡Esto es lo que yo llamo el sueño americano! Nada habría sido posible si ustedes no se hubieran atrevido a empezar una nueva vida en Estados Unidos.

Sé que su decisión de dejar Puerto Rico, nuestra Isla del Encanto, es lo más duro que han tenido que hacer en la vida, pero eso le abrió puertas increíbles a nuestra familia. Cuando pienso en el magnífico privilegio que es siquiera tener la oportunidad de escribir este libro, no puedo más que pensar lo distinta que sería mi vida si ustedes se hubieran quedado en la isla.

Muchas veces recuerdo la letra de la canción "When You're Home", de *In the Heights*, el legendario musical de nuestro compatriota boricua Lin-Manuel Miranda: *"Cuando era joven, imaginaba qué pasaría / si mis padres se hubieran quedado allá. / ¿Quién sería yo si nunca hubiera visto Manhattan, / si viviera en Puerto Rico con mi gente?".*

En lugar de haber nacido en una colonia de la era moderna de Estados Unidos, donde 57 por ciento de los niños viven en la pobreza y los sueños muchas veces no se cumplen, ustedes dejaron atrás familia, amigos y todo lo que conocían, para criarme bajo las sombras de los rascacielos en la ciudad de Nueva York. Fue aquí donde aprendí de los libros y de las calles también. Este ambiente dinámico al que viene gente de todo el mundo para perseguir sus sueños sirvió de recordatorio constante del potencial ilimitado que hay en la tierra y dentro de mí. Como dicen, si lo logras aquí, lo logras en cualquier parte. Y, diablos, sí lo logramos.

Esa decisión, tomada tantos años atrás, hizo que todo fuera posible para mí. He disfrutado privilegios a los que nunca habría tenido acceso si ustedes se hubieran quedado. Gracias a que ustedes sacrificaron tanto, yo he podido soñar en voz alta. Mi única esperanza es poderles pagar llevando una vida en voz alta... por nosotros y por nuestros ancestros. Gracias, desde el fondo de mi corazón. Su amor, su apoyo, su impulso y su comprensión han sido mi ancla a lo largo de este viaje.

# Índice

# Prólogo

Mi incursión en el mundo de las finanzas personales empezó en el verano de 2001. Antes de TikTok. Antes de YouTube. Antes de los planes de ahorro para el retiro Roth 401(k).

Conseguí una peleada pasantía universitaria en la revista *Magazine*, donde me encargaron reportar sobre capacidades crediticias, fondos indexados y seguros hipotecarios privados. Antes de ofrecerme el trabajo, la gerente de Recursos Humanos me llamó para asegurarse de que hubiera solicitado trabajo en la revista "correcta". "¿Sabes que también tenemos las revistas *Time*, *InStyle* y *People*?", me dijo confundida. Lo que ella no sabía es que esa oportunidad era un peldaño para mí, un sueño en sí, pues esta nerd y futura licenciada en negocios aspiraba a convertirse en una narradora de historias financieras. Además, pagaban 500 dólares a la semana y el trabajo incluía un alojamiento gratuito en Nueva York. ¿Qué clase de tonto no lo tomaría?

Me pasé diez semanas tecleando en el piso treinta y pico del prestigioso Edificio Time & Life. La sala de prensa hervía con escritores de primera que se enorgullecían de sus ingeniosas columnas sobre acciones y perfiles del "vecino millonario" para el siguiente número de la revista, por lo general algún suburbano de cincuenta y tantos años llamado Howard que había amasado su fortuna en silencio con su tienda de artículos para bicicletas profesionales o usando la herencia de su padre para comprar acciones en Amazon poco después de que hiciera su oferta pública inicial.

Pero en aquel entonces, sin importar qué tan interesante fuera lo que estuviéramos cubriendo, teníamos —y la inmensa mayoría de los editores de finanzas personales lo tienen— un punto ciego terrible. Recuerdo mi primer día en el trabajo, cuando descubrí cuál era nuestro público objetivo: casi todos hombres, casi todos blancos y casi todos a punto de jubilarse. El rostro de las finanzas personales en la primera década del nuevo milenio era... ¿cómo decirlo? Una gran decepción.

Poco después caí en la cuenta. Ahí estaba yo, una joven iraní-estadounidense, escribiendo para una revista nacional de finanzas. Alguien que, a pesar de haber heredado la ética laboral de sus padres y su gusto por las gangas, tenía una cuenta de banco vacía y sin haber recibido nada a cambio de los miles de dólares de deuda a su nombre. ¿Quién escribía para mí y para mis amigos, que también estaban en problemas? Después de todo, nosotros éramos los que *en serio* necesitábamos consejo. ¿Por qué no podíamos aspirar también a ser los vecinos millonarios? ¿Por qué no debíamos volvernos inversionistas expertos, como Howard?

Si hubiera podido aprender a vivir dentro de mis posibilidades, encontrar en qué podía ahorrar y entender por qué la bolsa de valores se movía de esa manera. Si hubiera podido saber cómo hacer más dinero y construir mi fortuna. Si alguien me hubiera invitado al club del dinero y me hubiera dicho, en *mi* propio lenguaje del amor, cómo funcionaba...

Así que, como cualquier mujer que ha estado en una sala preguntándose dónde está su asiento, me arrastré con mi silla desde afuera. Empecé a escribir artículos, ensayos y libros, y di pláticas a lo largo del país dirigidas a jóvenes, a mujeres, a personas de color, a los hijos de inmigrantes, todos igualmente merecedores de libertad económica. Presenté varios programas de finanzas en televisión y ya desde hace mucho soy productora y conductora de un pódcast, *So Money*, que ha tenido veinticinco millones de descargas.

A lo largo de los años, el ingrediente faltante era una colega experta en finanzas en la que pudiera apoyarme, a quien pudiera admirar y con quien pudiera reírme cuando se pusiera difícil —como, en efecto, se puso— este camino de defender los sueños económicos y los valores de las mujeres.

Si hubiera conocido a Jannese Torres en aquel entonces.

Si hubiera tenido el privilegio de hacerme amiga de la sabia, talentosa y adorable Jannese en esos años, estoy segura de que hubiéramos sido uña y mugre y nos habríamos divertido muchísimo. Cuando nos conocimos hace unos años, por recomendación de un amigo que era editor financiero, de inmediato me sentí atraída hacia esta radiante mujer. Recuerdo haberla visto en un en vivo en Instagram en 2020, cuando anunció que dejaría su trabajo de tiempo completo para dedicarse a su pódcast y a su negocio de educación financiera. Recuerdo haber pensado que podría ver a Jannese todo el día. "Necesita su propio programa", le escribí al mismo amigo editor, también azorado con la habilidad de Jannese de convocar al público, inspirar confianza y mostrarnos el camino a seguir.

¿Qué puedo decir? Soy abiertamente su superfán. La admiro profundamente. Jannese y yo comprendemos la situación económica tan difícil de esos grupos infrarrepresentados, aunque ella puede desglosar y exponer los hechos mucho mejor que nadie que yo conozca. Ambas comprendemos y respetamos la importancia de crear una comunidad y cómo es que, cuando las mujeres generan dinero, cuando generan más, todos ganamos. *El mundo en verdad se vuelve un lugar mejor.*

Quizá lo que más me gusta de Jannese es la profundidad y la honestidad con que habla y cuenta las cosas. No se anda con rodeos, como te darás cuenta en estas páginas. Ya sea que ofrezca una historia clave de su propia vida, plena y multifacética; nos anime a ganar más dinero y terminar con la brecha salarial de género, o ya sea que nos enseñe a superar (eliminar incluso) las expectativas culturales, invertir sabiamente o forjar sin reserva alguna nuestro propio camino de abundancia, Jannese nos cuida la espalda. Es nuestra guía y tiene grandes planes para nosotras. Es nuestra mujer.

Con este libro, me emociona volver a aprender de Jannese y sentirme inspirada por ella otra vez. Tengo ya mi asiento en primera fila... felizmente, junto al tuyo.

FARNOOSH TORABI
Presentadora de *So Money*
Autora de *A Healthy State of Pan!c*

# Introducción

*Carga consigo el enorme peso de sus ancestros y sus sacrificios.*

*Se vence bajo la presión de ser la primera de su familia en hacer lo que ellos solo hubieran podido imaginar.*

*Intenta navegar este mundo desconocido donde observa por primera vez que las mujeres pueden ganar más que los hombres.*

*Está centrada en prosperar y crear riqueza para no tener que repetir el ciclo de trabajar hasta que ya no pueda trabajar más.*

¿Quién es esta mujer? *Ella soy yo*, y si eres una latina de primera o segunda generación, lo más probable es que tú también lo seas.

Supongo que, si escogiste este libro, es muy probable que en el fondo sientas que crear riqueza es para otras personas, no para ti. Lo creo porque es muy difícil aspirar a lo que no vemos. Es muy escasa la representación de la riqueza en la comunidad latina, en especial para las mujeres. No tenemos muchos ejemplos de latinas económicamente poderosas a quienes admirar, fuera de actrices y cantantes que adornan las portadas de las revistas. Yo amo a J. Lo y a la vez no quiero *ser* J. Lo, ¿me explico? ¿Dónde están las mujeres comunes, como nosotras, que solo quieren *más* en la vida y buscan aprender a usar el dinero para conseguirlo?

Cuando empecé mi propio viaje hacia esa comprensión del mundo del dinero no pude encontrar voces como la mía: mujeres que hablaran de dinero sin complejos. Así, creé un galardonado pódcast de finanzas personales llamado *Yo quiero dinero* (*YQD*). Tengo la misión de ayudar a las mujeres de color, como tú, a mejorar su vida, convirtiéndose en personas A LAS QUE NADIE PUEDA JODER ECONÓMICAMENTE. ¿Qué significa esto? Te daré unos cuantos ejemplos, los cuales cubriré en este libro:

- Ya dejaste atrás esa mentalidad de carencia y en todo momento invitas la abundancia a tu vida.
- Tienes una visión clara de tu perspectiva financiera en general y de tu plan para alcanzar todas tus metas.
- Inviertes en tu futuro mientras vives tu condenada mejor vida AHORA.
- Haces que lluevan billetes con múltiples fuentes de ingresos porque nadie tiene tiempo de dejar su seguridad económica en las manos de un jefe.
- Eres tan económicamente independiente que tu espíritu no se irrita por un jefe tóxico ni por un tipo inútil e infantil.
- Sabes cómo negociar aumentos, contratos con clientes, cuentas y tasas de interés *como si fuera de tu maldita incumbencia... ¡porque así es!*
- Eres genial para construir un patrimonio y estás cambiando el legado de tu familia con el poder del dinero.
- Tienes un equipo de profesionales de confianza como respaldo para ayudarte a alcanzar ese estatus de tía rica.

## EL SISTEMA NO SE CREÓ PENSANDO EN NOSOTRAS

Antes de empezar a hablar en serio sobre tu dinero, necesitamos tomarnos un momento para reconocer cuáles son las dificultades para nosotras, las mujeres latinas decididas a crear riqueza. La verdad es que este maldito sistema financiero no se creó pensando en nosotras. ¿No me crees? Remitámonos a las pruebas.

### *Nos pagan menos que a los hombres blancos y que a las mujeres blancas*

En promedio, las latinas en Estados Unidos ganan 43 por ciento menos que los hombres blancos y 28 por ciento menos que las mujeres blancas.[1] A partir de datos recabados en 2020, las latinas solo percibieron 57 centavos por cada dólar acumulado por un hombre blanco estadounidense. Esta inequidad salarial suma más de un millón[2] de dólares de ganancias perdidas a lo largo de tu vida. La discrepancia no solo te afecta hoy: puede lacerar además tu capacidad de crear un patrimonio a largo plazo.

Existe el mito común de que esta discrepancia se debe nada más a que las latinas tienden a estar empleadas en profesiones con menor paga, pero la información muestra lo contrario. Ejemplo de esto es la experiencia de Caridad García, trabajadora social clínica con licencia, en el sector salud.[3] Después de laborar durante tres años en el campo de la salud mental para pacientes hospitalizados, en una de las unidades de hospitalización psiquiátrica más grandes de Miami, García descubrió, al hablar con una persona recién contratada, que había una disparidad de 16000 dólares entre ambos sueldos. La persona recién contratada era un hombre blanco. Cuando García entró, en 2008, durante la devaluación económica, el hospital tuvo que congelar los salarios durante dos años, y luego, cuando los restituyeron, solo le dieron un aumento de 2 por ciento, frente a un máximo posible de 5 por ciento. Básicamente seguía ganando la misma cantidad de dinero que tres años atrás, cuando la contrataron. Peor aún: había estado a cargo de diecisiete pacientes en un piso, pero hacía poco le habían encargado cuidar a la

---

[1] https://iwpr.org/wp-content/uploads/2021/09/Gender-Wage-Gapm-in-2020-Fact-Sheet_FINAL.pdf.
[2] https://nwlc.org/resources/the-lifetime-wage-gap-state-by-state/.
[3] https://wearemitu.com/fierce/latina-case-worker-calls-out-healthcare-industry/.

mitad de los pacientes de otro piso y revisar las coberturas de todos los pacientes con plan de seguros HMO (¡todo un puesto por sí solo!).

Cuando, al entrenar al nuevo empleado, García descubrió que su sueldo era de 16 000 dólares más que el suyo, decidió hablar con otras dos trabajadoras sociales con quienes colaboraba. Una de ellas, una mujer blanca, le dijo que el salario del nuevo empleado era 7000 dólares mayor que el suyo. La otra, una mujer latina, le contó que él la superaba por 10 000 dólares. El nuevo empleado tenía menos experiencia que cualquiera de ellas, así que no había ninguna justificación para esa brecha salarial. Desafortunadamente, cuando García se acercó primero a su gerente y luego a Recursos Humanos, ambos le dijeron que no se podía hacer nada al respecto. Así que se fue. Pero antes de hacerlo, les hizo saber que no se trataba solo de dinero, sino de respeto. ¡Con toda razón! Por cierto, Caridad ahora tiene un exitoso blog de cocina, fatgirlhedonist.com. ¡Nos encanta verlo!

Como demuestra la historia de Caridad García, muchas veces las mujeres latinas reciben una paga inferior a la de los hombres blancos, incluso en el mismo puesto. Por ejemplo, las enfermeras latinas perciben, en promedio, 27 por ciento menos que los enfermeros blancos hombres. ¿Crees que tener una educación superior es suficiente para eliminar esa diferencia? Los índices de latinas que van a la universidad son mayores que nunca antes, pero la educación tampoco resuelve esa discrepancia salarial. Las latinas tituladas obtienen, en promedio, 35 por ciento menos que los hombres blancos.

Los principales medios de comunicación de finanzas personales ignoran la realidad de la población latina, en rápido crecimiento. Como latinos, la comunidad es el eje de quienes somos. No estamos creando un patrimonio para nosotras nada más. Estamos tratando de superar la opresión sistémica de generaciones, la pobreza y las distintas dificultades. Esa idiotez ignorante de "Arréglatelas tú solo", que a cada rato se escupe en espacios políticos, es vieja, gastada y francamente racista.[4] Es necesario hacer cambios reales en muchos frentes, pero tampoco podemos darnos el lujo de esperar a que al gobierno, los legisladores o las empresas les interese enmendar las inequidades sistémicas existentes. Vamos a tener que aprender cómo crear nuestra riqueza a pesar de este desastre. Ahí es donde entro yo.

Como latina de primera generación, mi misión es aportarte consejos específicos que atiendan los retos particulares que enfrentamos las mujeres latinas. Comentaré las barreras culturales y sistémicas que han impedido a la comunidad latina construir su patrimonio en Estados Unidos, a pesar del hecho de que somos el grupo minoritario más grande del país, y juntas encontraremos una forma de seguir avanzando y encontrar nuestro poder.

El problema es claro. Las mujeres latinas reciben menos retribución que cualquier otra persona debido a diversos factores, entre ellos la discriminación, los sesgos sistémicos y la inequidad económica. Como ya mencioné, hay estudios que demuestran que las mujeres latinas perciben significativamente menos que sus homólogos masculinos y femeninos blancos no hispanos, incluso con niveles similares de educación y experiencia. A esta desigualdad salarial muchas veces se le denomina "brecha salarial latina" o "brecha salarial hispánica".

Uno de los motivos de esta diferencia es una patente discriminación. Las latinas enfrentamos discriminación por género, etnia y raza. Esto quiere decir que nos pueden hacer a un lado cuando se trata de oportunidades laborales y promociones, o se nos puede pagar menos que a nuestros homólogos blancos no latinos por hacer el mismo trabajo. Los sesgos sistémicos también tienen un papel en la brecha salarial latina. La fuerza laboral en Estados Unidos suele presentar una estructura que deja a las mujeres en desventaja, y en particular a las mujeres de color. Por

---

[4] https://www.nytimes.com/2020/02/19/opinion/economic-mobility.html.

ejemplo, las latinas están desproporcionadamente sobrerrepresentadas en empleos de bajo salario, como el trabajo doméstico o cargos en la industria de servicios, que además ofrecen pocas oportunidades de ascenso.

Por último, la inequidad económica también contribuye a la brecha salarial latina. Es más probable que las mujeres latinas vivan en pobreza o en hogares de bajos ingresos, lo cual puede limitar nuestras oportunidades académicas y profesionales. Si eres una inmigrante reciente que apenas está aprendiendo inglés, podrías enfrentar barreras lingüísticas o la falta de acceso a recursos que te ayudarían a sobresalir en la fuerza laboral.

Para lidiar con la brecha salarial latina es importante que trabajemos con miras a eliminar la discriminación, abordar los sesgos en el sistema y reducir la inequidad económica. Debemos volvernos participantes activas para cambiar el legado de lucha que predomina en nuestra comunidad. El cambio debe empezar con nosotras.

### Dinero = opciones

Somos la primera generación de mujeres que tiene acceso a una seguridad y una autonomía económicas que nuestras madres no podían más que imaginar. Todavía a principios de la década de 1970, si una mujer solicitaba un crédito se lo podían negar si su marido no estaba de acuerdo, lo cual terminaba siendo un obstáculo para mujeres tanto casadas como solteras. No fue hasta el Acta de Oportunidad de Crédito Equitativa, que se aprobó en 1974, cuando las mujeres pudieron poseer sus propias tarjetas de crédito a su nombre. ¡Estamos hablando de hace una generación, amiga! Es nuestra obligación generar en nuestra vida la abundancia que se les negó a ellas. Es nuestra misión reclamar todo lo que se ha perdido, y así honrar el inmenso sacrificio que hicieron para que nosotras podamos estar aquí hoy.

El tejido mismo de tu ADN está hecho de generaciones de supervivientes. Venimos de un linaje de personas que sobrevivieron a la colonización, la opresión, la corrupción, la discriminación y más, y sin embargo *aquí seguimos*. Sabemos cómo pelear y sin duda sabemos cómo permanecer. Hemos tenido que luchar por todo durante tanto tiempo solo para llegar a este preciso momento de la historia, donde comenzamos a ver nuestro verdadero potencial. Mi esperanza es que, con el conocimiento que recibas de este libro, por fin puedas pasar de la supervivencia a la prosperidad. Porque cuando prosperas tienes una cantidad ilimitada de opciones con las que puedes transformar tu vida. El dinero te da la oportunidad de ser una participante activa a la hora de moldear tu mundo, en lugar de ser víctima de circunstancias fuera de tu control. Te da la posibilidad de decirle que no a un jefe abusivo o a un marido o familiar controladores. Te da la capacidad de asegurar que tus seres queridos tengan acceso a un buen sistema de salud, escuelas seguras y cuidadores confiables. Te empodera para apoyar a quienes luchan por las causas en las que crees y para desarmar a los que buscan mantenernos divididos. Y, sobre todo, el dinero te ayuda a vivir la vida que mereces.

Mujer: eres poderosa, eres capaz. Mereces tener una vida más allá de la maldita carencia, vaya que sí. Espero que puedas empezar a crearla.

## MI VIAJE

Ser una latina educadora en finanzas personales y tener un pódcast nunca estuvo en mi lista de metas en la vida. Pero, como he aprendido, la vida a veces se desenvuelve de formas mágicas cuando empiezas a hacer cosas que te aterran. Mi viaje como emprendedora serial empezó por puro accidente. Diablos, ni siquiera sabía qué carajos era un emprendimiento cuando era adolescente. La palabra no estaba ni en mi vocabulario. Siendo la hija mayor de una familia puertorriqueña, mis instrucciones eran muy claras: "Ve a la escuela, consigue un buen trabajo y trabaja ahí hasta que te puedas jubilar". Ese era el camino hacia el sueño americano para mis padres latinos tradicionales, y me imagino que tú recibiste el mismo mensaje.

Cuando creces como latino, tienes tres opciones de carrera: doctor, abogado o ingeniero. Y ya. No emprendemos. Eso es para "otra gente". Los únicos negocios de dueños latinos que veía cuando era niña eran los de tipo familiar, como tiendas de abarrotes, estéticas y restaurantes, así que yo nunca lo consideré siquiera. Trabajar doce o catorce horas al día no era lo que yo quería hacer con mi vida. Pensaba que ser dueña de un negocio era solo otra consecuencia negativa de no tener una educación o, peor, de vivir con alguna clase de antecedente penal o problema legal que te volvía históricamente incontratable. Ninguna de las personas que tenían un negocio en mi comunidad era rica. Por lo que podía ver, siempre tenían problemas económicos. Trabajaban mucho, nunca estaban en casa, y si se enfermaban no podían trabajar... y entonces no podían pagar las cuentas. Mira, ¡*nadie* tiene tiempo para eso!

Yo crecí viendo a mis padres lidiar con sus problemas económicos hasta que entré a la preparatoria, así que muy pronto decidí que yo quería lo opuesto de ese sufrimiento. Quería un título cómodo, un salario de seis cifras y un cómodo plan de ahorro para el retiro. Por supuesto, no quería a un hombre diciéndome tonterías sobre lo que debía estar haciendo con mi vida. Estaba decidida a convertirme en una mujer independiente con una casota, un carro de lujo con asientos de piel, bolsos de diseñador, un perrito peludo que pudiera meter en esos bolsos y un montón de dinero en el banco. Luego sería feliz. Estaba segura.

Así que seguí los pasos de mi papá como ingeniero y me convertí en la primera mujer ingeniera de la familia. En 2007 me gradué de la universidad con un título en biología molecular y química, y comencé mi carrera en la muy solicitada industria de la biotecnología. Después de cinco años de brincar de trabajo en trabajo y subir la escalera corporativa dominada por hombres blancos, a los veintitantos años ganaba 75000 dólares anuales. Estaba haciendo más dinero que cualquiera de mis padres... y yo me sentía miserable.

Siempre era la única latina en las juntas y por lo general la única mujer. Me sentía muy sola y deprimida; también lidiaba con emociones como la culpa, porque sentía que debería estar feliz y agradecida por lo que tenía. A muchas latinas de primera generación les es muy familiar ese sentimiento. He hablado con tantas mujeres que han tenido exactamente las mismas reacciones que apuesto a que tú también eres una de ellas. Este sueño americano ya empezaba a ser una angustiosa pesadilla.

Mi ansiedad estaba por las nubes; estaba cayendo en una depresión y no soportaba la idea de seguir haciendo la misma mierda el resto de mi vida. Empecé a plantearme seriamente renunciar y comenzar de nuevo, pero luego recordé que a Sallie Mae le iba a importar un carajo mi crisis existencial. Mis padres no iban a avalar mi deseo de embarcarme en una clase de alocado viaje del tipo *Comer, rezar, amar* para encontrar el significado de mi corta vida.

Sabía que me tenía que poner un poco creativa, así que, en lugar de gritar "¡Solo se vive una vez!" y quemar la oficina con mucho drama, empecé un proyecto que me apasionaba para poder sobrellevar mi crisis de los veinte. Pensaba que, si encontraba algo que me mantuviera ocupada, tal vez pudiera distraerme un poco de tanto odiar mi vida. Hice una lista de todas las cosas que me gustaba hacer y que no tuvieran nada que ver con el trabajo... y acabé con la comida como primera opción. Me encanta cocinar, y comer me encanta todavía más. Yo soy esa amiga que investiga la gastronomía del lugar al que va a viajar y organiza un tour culinario para que podamos comer cada platillo icónico de la ciudad o del país. Es un serio problema. Entonces empecé a cocinar y a subir fotos en línea... Como pronto descubrí, estaba haciendo lo que la gente llama *bloguear.*

¿Cómo imaginar que estaba trazando mi camino hacia la libertad?

Me centré en la idea de bloguear como segundo trabajo porque me permitía combinar mi amor por la comida con mi deseo de trabajar de manera independiente. Bloguear era algo que podía hacer en cualquier lado, me permitía ser supercreativa y no implicaba procesar cifras, sentarme durante llamadas megaaburridas ni recibir todo ese *mansplaining* en las juntas. Todas las noches, después del trabajo, corría a casa para cocinar, tomar fotos de la comida y escribir recetas que luego compartía con el mundo. El acto de crear una cosa que pudiera compartir fue algo que nunca antes había experimentado, y me volví adicta de inmediato. Luego llegó el momento que cambiaría el rumbo de mi vida para siempre.

Un buen día, en enero de 2014, entré a la oficina, me despidieron, y caminé tres horas de vuelta a casa en medio de una ventisca, sin nada más que un cheque de finiquito, una cajita con mis pertenencias y mi dignidad hecha pedazos. Estaba en *shock*, pero el miedo se me empezó a quitar cuando me di cuenta de que, literalmente, era lo mejor que me podía haber pasado. Después de todo, ¡odiaba ese trabajo! Llegaba a la oficina por lo menos treinta minutos tarde todos los días con la esperanza de que un día se hartaran de mí y me corrieran en el acto. (PD: ¡La manifestación sí existe! Cuidado con lo que deseas).

Y entonces ahí estaba yo, recién desempleada y con la suerte de haber recibido una liquidación de 12000 dólares. Estaba en una encrucijada: por fin tenía tiempo y un poco de dinero para trabajar sin restricciones en mi blog. Eso resultó ser el golpe que mi cuerpo necesitaba urgentemente para poderme tomar unos segundos, respirar y considerar qué me haría de verdad feliz. Así, después de quedarme enfurruñada en el sillón un día, me puse el sombrero de mujer adulta y empecé a pensar cómo podía convertir el blog en un negocio próspero.

Y eso fue exactamente lo que hice.

Pasé los siguientes tres meses inmersa por completo en aprender todo lo que pudiera sobre redes sociales, creación de contenidos en línea, posicionamiento en buscadores, fotografía, cómo venderme a las marcas, etc., y todo empezó a despegar. Tuve que volver a un par de trabajos más que no me satisfacían, pero nunca dejé de construir mi segundo trabajo después del trabajo. Tuve un cambio dramático de mentalidad: mi salario sería mi ángel inversor. Pasé años trabajando de nueve a cinco y construyendo mis negocios entre cinco y nueve de la noche (en ocasiones hasta más tarde), y a la larga mi pequeño blog de comida, que había lanzado como un proyecto por gusto, se convirtió en el boleto que me permitió alcanzar la independencia económica a los treinta y cinco años. Esos otros negocios se convirtieron en mi vida: me ayudaron a pagar más de 39000 dólares de préstamos estudiantiles en diecisiete meses y acumular un patrimonio, y me dieron la oportunidad de retirarme de un trabajo tradicional con décadas de anticipación. Para 2021 ya pude alejarme del trajín corporativo para siempre. ¡Ese trabajo extra se convirtió en mi trabajo principal!

### *Encontrar mi fuego (FIRE)*

Después de que me despidieran seguí explorando las posibilidades de ganar dinero en línea (algo sobre lo que nunca aprendí en la escuela), aun cuando tuve que conseguir otro empleo tres meses después para mantenerme hasta que pudiera dar el paso. En 2017 me topé con el concepto de FIRE (Financial Independence/Retire Early), que quiere decir "ten independencia económica y jubílate joven". Por primera vez en la vida me presentaron la idea de usar el emprendimiento en línea como herramienta para escapar de mi vida frenética. ¡Quedé convencida! Empecé a escuchar montones de pódcast sobre finanzas personales y devoraba todo lo que encontraba. Empecé a implementar los conceptos de FIRE en mis finanzas y, gracias a mi blog de comida, en 2021 logré esa independencia económica.

Convertirme en emprendedora me ayudó a encontrar una voz que no sabía que había perdido. Cuando empecé mi blog, en 2013, no me di cuenta de que estaba creando las bases de un negocio de seis cifras centrado en mi herencia latina. Literalmente, me pagaban por ser yo, algo que nunca pude hacer en el ambiente corporativo de Estados Unidos.

Como bloguera de comida, centrarme en mis raíces latinas fue lo que empezó a diferenciar mi contenido del de otros en ese espacio tan competitivo. Al principio no vi lo importante que es tener un nicho claro. Cuando comenzó mi viaje de bloguera, creaba contenido y recetas para todos; por lo tanto, no le servía a nadie. Después de hacer un poco de investigación de mercado y generar estrategias para al fin tener un poco de tracción firme, caí en la cuenta de lo desatendido que estaba el entorno de las recetas latinas, en particular dentro de la comunidad puertorriqueña a la que pertenezco. Resulta que había un gran público de mi gente en busca de giros creativos y recetas clásicas de sus platillos puertorriqueños favoritos, como el arroz con gandules y el coquito. Así, empecé a compartir mis recetas de la isla, y entonces todo hizo clic.

En lugar de perderme entre la multitud, empecé a inclinarme hacia mis tradiciones tan únicas; esto hizo toda la diferencia. Como una mujer de color, con mis estudios universitarios y en mi lugar de trabajo, seguido sentía la necesidad de estar cambiando de código, lo cual se define como "la práctica de alternar entre dos o más lenguajes o variantes de lenguaje en una conversación". Al ser una latina bilingüe de un ambiente urbano, muchas veces sentía como si tuviera que ocultar mi acento urbano, alisarme el cabello y cuidar que nunca nadie me escuchara hablar español en un ambiente profesional. Por mucho tiempo, eso me hizo tener miedo de ser percibida como latina.

Es la primera vez en mi vida que no tengo que evadir quien soy, y lo que quiero es que tú tampoco lo hagas. Estas macro- y microagresiones que nos afectan a tantos provocan que andemos siempre tan temerosos y rehuyamos todo riesgo. Estoy cansada de intentar perderme entre la gente. Es hora de que levantes la voz, pidas lo que quieres y reclames lo que es tuyo con todo derecho. Nada de seguirse escondiendo, mija. Es tu puto momento de brillar.

## ¿QUÉ VA A DECIR LA GENTE?

Para muchos niños BIPOC (acrónimo en inglés para *negros, indígenas y personas de color*) de primera generación, gran parte de nuestro ímpetu por tener éxito proviene del miedo... y mucho de ese miedo nos lo dan nuestros cuidadores.

No queremos ser la razón de que la gente hable de nosotros y de nuestra familia. Así, pues, crecemos acostumbrados a tener miedo... de todo.

*Miedo de arrancar ese negocio.*

*Miedo de invertir en la bolsa.*

*Miedo de fracasar.*

*Miedo de cometer un error.*

*Miedo de tomar riesgos.*

*Miedo de traer vergüenza a la familia.*

*Miedo de ser juzgado por elegir un camino diferente.*

*Miedo de alzar la voz y pedir más.*

*Miedo de decepcionar a otros al elegirnos a nosotros mismos.*

Pero quiero que sepas algo: tus ancestros no sacrificaron todo para que tú te conformaras con el mínimo de nada. Carajo, mereces abundancia; mereces opciones; mereces riqueza.

Mereces tener la vida de tus sueños, no la vida que otros soñaron para ti. Y yo quiero enseñarte cómo es que convertirte en tu versión más poderosa en lo que a tu dinero respecta te puede ayudar a lograrlo.

En nuestras comunidades no acostumbramos hablar de dinero de una manera que les permita a las siguientes generaciones desarrollar estas habilidades. Sin duda fue mi caso. Mis padres siempre estaban estresados por dinero, así que, claro, yo le tuve miedo mucho tiempo. Trataba de no pensar mucho en dinero, y siempre sentía que este controlaba mi vida. No fue hasta que me volví emprendedora cuando poco a poco aprendí el verdadero poder del dinero y por primera vez sentí que había desbloqueado el siguiente nivel del juego de mi vida. Empecé a informarme sobre independencia económica, inversiones y cómo construir un patrimonio, temas de los que no aprendí de niña.

Entre más sabía, más quería comentarlo con mis amigas. Su principal respuesta: miradas reprobatorias y un montón de "¿¡De qué carajos estás hablando!?".

"Mis padres dicen que invertir es como apostar —decían—. No puedes ganar seis cifras si eres dueño de tu propio negocio".

"No puedes renunciar a tu trabajo, ¡vas a terminar en la calle!".

"¿Y qué hay de tu título universitario?".

"Yo no confío en Wall Street".

"Si quieres ser rica, necesitas comprar una casa".

*Suspiro.*

Lo que necesitaba era encontrar un lugar donde todo esto fuera tema normal de conversación, pero no lo encontraba entre mis pares. Así, un día, twerkeando en la regadera con la canción "Dinero" de J. Lo y Cardi B, el universo sembró una idea en mi cabeza: **Yo quiero dinero®...** *Ese es el nombre de tu pódcast.* Salí corriendo de la regadera, hice una rápida investigación en Google para confirmar que a nadie se le hubiera ocurrido el nombre, y el 26 de abril de 2019 nació el pódcast *Yo quiero dinero.*

La creación de mi pódcast de finanzas personales fue una respuesta directa al tema recurrente que veo en el mundo de las finanzas personales. No había nadie contando historias como la mía: una latina de primera generación cargando la deuda de un préstamo universitario, estancada en una carrera que no me satisfacía, añorando una vida que se sintiera más... libre. Quería más tiempo y más libertad económica. Quería el poder de crear una vida que me permitiera vivir y trabajar como y donde yo quisiera. Como ingeniera, me entrenaron para resolver problemas y ver soluciones donde no existen, así que la misión era muy clara para mí.

En tan solo cuatro años, mi pódcast se convirtió en el segundo de mis negocios en reportar seis cifras de ganancia y ha tenido más de un millón de descargas en más de 145 países. Hemos inspirado a miles de escuchas a salir de deudas, empezar negocios, abrir portafolios de inversiones y convertirse en los primeros de su familia en trazar un camino hacia un patrimonio familiar. A generaciones enteras de mujeres como tú les hemos dado permiso de crear la vida de sus sueños, y eso es exactamente lo que tú y yo vamos a hacer juntas con este libro.

Recuerda: nadie nos va a venir a salvar. Tenemos que convertirnos en el cambio que queremos ver.

Lo que te prometo es darte consejos inteligentes y precisos para atender esas dificultades particulares que enfrentamos como latinas. Espero impulsarte a entender que eso que nos diferencia, también nos hace fuertes, y con las herramientas correctas podemos crear riqueza y libertad económica para nosotras y para las siguientes generaciones.

Empecemos entonces a recorrer este camino a volverte poderosa con tu dinero... porque el dinero es poder, mujer.

# CAPÍTULO 1
# El problema es real

De niña fui testigo de una dicotomía con la que muchos niños de mi barrio seguramente se podrían identificar. La realidad de vivir en una comunidad donde la carencia era la norma estaba por todas partes. Fui a una escuela que nos recibía con detectores de metales para revisar que nadie metiera un arma. Seguido nos encerraban en la escuela, no porque hubiera simulacros de tiroteos, sino por violencia real de pandillas en la zona. Íbamos a pueblos que estaban a quince minutos de distancia y no decíamos nada más que "Ooh" y "Ah" al ver las casas de millones de dólares con jardines perfectamente cuidados. Esa gente que se sentaba afuera durante la primavera para disfrutar una cena al aire libre sin preocuparse de que la acosaran o la fueran a asaltar. Podías caminar por la calle a la mitad del centro del pueblo y no encontrar a ninguna persona pidiendo dinero en una esquina. Se sentía como entrar en un universo alterno. Fue la primera vez que me di cuenta de que había otras opciones además de estar luchando todo el tiempo. Vi que la pobreza era lo opuesto de lo que yo quería para mi vida. Esa era la vida que yo quería. Pero ¿cómo? Recibí el mismo mensaje que les dan a tantas primeras generaciones de ciudadanos: "Estudia y consigue un buen trabajo. Ya con eso". Así que ahí voy a la universidad, ¡y con una beca completa, ni más ni menos! Puedes achacárselo a mis habituales ganas de sobresalir.

Después de graduarme pasé los siguientes cinco años brincando de trabajo en trabajo y ascendiendo por los peldaños de la ingeniería corporativa, dominada por hombres blancos, y aunque a los veintipocos ganaba 75000 dólares al año, estaba abatida. De pronto fui la latina simbólica en la sala, y por lo general también la única mujer. Me sentía tan sola y deprimida que hasta consideré renunciar a mi trabajo y empezar una nueva carrera desde cero. Necesitaba algo más, así que empecé a crear contenido en línea como bloguera de comida para sobrellevar ese odio por mi vida entera (¡bienvenida, crisis de los veinte!). Pensaba que acababa de empezar un pasatiempo divertido que me dejaba expresar mi creatividad de formas que ese sofocante trabajo de ingeniería corporativa no me permitía. Lo que no sabía era que ya estaba trazando mi camino hacia la libertad.

A muchas de nosotras nos enseñan que la única manera de ganar un sueldo decente es hacer lo que tus padres no pudieron hacer: ir a la escuela, obtener un título universitario y conseguir un trabajo con buena paga y prestaciones. Pensamos que la única manera de volvernos millonarios es convertirnos en celebridades o jugar a la lotería. En mi familia todavía compran billetes de lotería religiosamente, convencidos de que serán los próximos en ganarla.

Seguimos esperando, y yo ya me cansé de esperar. Estoy cansada de esperar que nuestra suerte llegue, y quizá tú también lo estás. Tenemos el poder de crear nuestro propio camino a la riqueza. Es mucho más sencillo de lo que crees. Lo único que necesitas son las herramientas adecuadas para llegar ahí. En este capítulo comentaré cómo identificar nuestras motivaciones en lo que a dinero se refiere y cómo es que podrían estar arraigadas en el trauma económico que experimentamos durante la infancia y la adolescencia. Haremos ejercicios para descubrir esos temas comunes sobre dinero que han generado los relatos a los que hoy nos aferramos.

## REESCRIBIR LA HISTORIA

¿Por qué nadie nos preparó para convertirnos en mujeres económicamente poderosas? De niñas nos instan a perseguir nuestros sueños, pero cuando crecemos nos dicen que seamos realistas. Nos dicen que nuestras pasiones no van a pagar las cuentas. Nos enseñan a hacernos chiquitas y temerosas y no pedir lo que queremos. Nos enseñan a evitar darle a la gente una razón para hablar de nosotras y de lo que hacemos. Se nos enseña que hablar de dinero es de mala educación o tabú. Nos enseñan que debemos matarnos trabajando y que el descanso es para los flojos. Nos enseñan que la pobreza es noble y la riqueza es inmoral. Nos enseñan a vivir en la carencia. Al diablo con eso. Merecemos tener mucho más.

Antes de entrar en el meollo del asunto sobre cómo hacer dinero, primero hablemos de las barreras culturales y sistémicas que han impedido a la comunidad latina generar riqueza en Estados Unidos, a pesar del hecho de ser el grupo minoritario más grande del país. El problema es real, mujer, pero el autoconocimiento es poder. Juntas podemos hacer que tu mentalidad financiera pase de la carencia a la abundancia. Aplastaremos tus creencias limitantes sobre hacer presupuestos, invertir, incrementar tus ingresos y crear tu patrimonio. Haremos que te vuelvas poderosa sin vacilaciones con tu dinero. Hemos sido testigos de primera mano del impacto que tiene la opresión económica al ver a nuestras madres y a nuestras abuelas. Hasta hace poco tiempo, una mujer no podía heredar una propiedad, tener su propia cuenta de banco ni pedir un préstamo para abrir un negocio. ¡Vimos a tantas mujeres antes de nosotras renunciar a sus sueños porque parecían imposibles! Es hora de empezar a reescribir ese relato.

Ahora mismo, date el permiso que has estado esperando para construir una vida que nadie te dijo que podías tener. Si logramos reconocer todas las creencias limitantes internalizadas que hemos estado transmitiendo de generación en generación, podremos cambiar la historia. Si no aprendiste ni madres sobre dinero, bienvenida al club. Ninguna de nosotras lo aprendió, pero eso va a cambiar ahora mismo.

## *Dinero y estrés*

En términos generales, los latinos no suelen buscar ayuda para problemas de salud mental, entre ellos los derivados de presiones económicas. Un estudio de 2020[1] sobre latinas de bajos ingresos y la relación entre el estrés económico y la salud mental encontró que es menos probable que las latinas reciban servicios de salud mental que las mujeres blancas no hispánicas o las mujeres negras estadounidenses. Sin embargo, según otro estudio es común para los latinos en general identificar la presión económica como un factor significativo que afecta su salud mental, y también sale a relucir la falta de estrategias para manejarla y la carencia de sistemas de apoyo emocional disponibles para ellas.

El dinero es un tema estresante para muchos latinos, pero sobre todo para nosotras, las latinas. Creo que tiene mucho que ver con el trauma económico que probablemente hemos experimentado al observar a nuestros cuidadores sortear las presiones financieras. Cuando recuerdo mi propia infancia, el dinero siempre era tema de conflicto. Sé que no soy la única latina de primera generación que, a todas esas dificultades económicas que experimenté de niña, responde desarrollando una mentalidad de carencia, la tendencia psicológica a temer que no haya suficiente (dinero, recursos, etc.). Esa mentalidad nos dice que, para conservar una apariencia de seguridad, debemos evitar los comportamientos riesgosos, como cambiar de trabajo, pugnar por obtener un aumento de sueldo o invertir en acciones.

---

[1] https://newprairiepress.org/cgi/viewcontent.cgi?article=1221&context=jft.

Mi padre trabaja como ingeniero consultor y siempre ha sido el principal proveedor en la familia. Cuando éramos chicas, viajaba mucho. El resultado fue que mi mamá estuviera atrapada a perpetuidad en trabajos de poca paga, sin prestaciones, porque necesitaba un horario flexible que le permitiera recogernos de la escuela y estar ahí para nosotras cuando mi papá se iba de lunes a viernes. Cedió décadas de prestaciones, como un plan de ahorro para el retiro 401(k) y vacaciones pagadas, a cambio de un horario flexible. Yo la vi convertirse en una prisionera de la maternidad en un sistema que les aporta poca o ninguna ayuda a los padres trabajadores. También la vi abandonar sus sueños y esperanzas con tal de permitirme a mí perseguir los míos, porque no había otra opción. Hasta que aprendí a manejar y me iba sola a la preparatoria, ella empezó a trabajar de tiempo completo.

Dado que mi mamá cargó sola con la pesada tarea de criarnos a mi hermana y a mí, había en la casa conflictos frecuentes por dinero que vi y sentí de primera mano. Ver esta discrepancia de niña me enseñó que hacer dinero implicaba sacrificar tiempo con tu familia. También me enseñó que, siendo mujer, necesitaba tener mi propia red de seguridad económica, porque de ninguna manera quería estar en una situación en la que dependiera de una pareja.

¿Cuál fue el resultado de todo ese estrés? Me volví la más viva. Empecé a trabajar a los catorce años, sin dejar de sacar buenas calificaciones en la escuela. Conseguí una beca completa para ir a la universidad a estudiar Biología y nunca miré atrás. Acabé la universidad, me gradué con un trabajo de biotecnología, como ingeniera de procesos, y me enfoqué exclusivamente en ganar el máximo dinero posible lo más rápido que se pudiera. Estaba decidida a no repetir ese ciclo de lucha que me había tocado ver desde chiquita. Pero ya en mis veinte me di cuenta de que estaba persiguiendo una meta ilusoria. En realidad no quería dinero. Lo que de verdad quería era la libertad de buscar una vida que para nada se pareciera a la que mi mamá había tenido.

Los conflictos económicos son traumáticos; se quedan contigo hasta que decides hacer el trabajo de curarlos. Mi mamá me ha contado historias sobre la primera y única vez que solicitó asistencia social, después de que mi papá se lesionara trabajando y lo despidieran por rehusar seguir trabajando con una mano rota. Cuando éramos chicas, el dinero y tener trabajo fijo eran estresores constantes para mis padres, y, en consecuencia, yo empecé a equiparar eso con su decisión de tener hijos. Me tomó muchos años de terapia darme cuenta de que uno de los motivos por los que había decidido no ser madre era porque veía la maternidad y la seguridad financiera como algo totalmente incompatible. Eso te dice cuán hondo llega el puto trauma. Lo más probable es que tú también hayas visto y experimentado la misma mierda traumática en lo que a dinero se refiere, así que, si vamos a exponerlo aquí con apertura y honestidad, primero tenemos que reconocer las cosas tan difíciles que seguro experimentamos creciendo.

Ahora bien, quiero advertirte algo: esta no es una invitación para que juzgues, critiques, culpes ni les eches en cara a tus cuidadores cualquier complejo que tengas con el dinero. Cuando trabajes esas experiencias que afectaron tu concepción del dinero, te invito a verlo como una oportunidad para cuestionar con compasión y practicar una empatía radical. Después de todo, nuestros padres no iban a poder comunicarnos creencias sanas sobre el dinero a menos que ellos mismos las tuvieran. Cuando consideré el ambiente en que crecieron mis padres en Puerto Rico, dejé de sentir tanto resentimiento por su incapacidad de darme educación financiera. La mamá de mi papá (mi abuela Carmen) tuvo siete hijos y solo cursó hasta el tercer año de primaria. Su marido la abandonó y se fue a Nueva York con sus tres hijos mayores cuando mi papá seguía en la primaria. Mi abuela recurrió a la misma solución que muchas personas en Puerto Rico, pues no hay opción y los trabajos bien pagados escasean: emprendimiento. Siempre hábil con el poco dinero que tenía, tomó sus pocos ahorros y abrió una tienda de abarrotes en el primer piso de su casa en Mercedita, Puerto Rico, un suburbio muy pobre de la inmensa ciudad sureña de Ponce. Vender cigarros, alcohol, sodas y otros artículos le ayudó a conservar ese techo sobre sus cabezas y mantener a los cuatro hijos que se quedaron con ella. Incluso pudo mandar a dos de ellos a la universidad.

Lo que hizo es digno de leyenda.

Sí, mi abuela no sabía cómo abrir una cuenta 401(k) ni comprar un fondo indexado, pero le dejó a mi papá lecciones increíblemente valiosas que le agradezco a él haberme transmitido, y ahora quiero pasártelas a ti:

- No importa lo que la vida te mande, puedes agarrarle el modo.
- Puedes crear oportunidades donde no existen cuando te pones ingeniosa y creativa.
- Puedes venir de la nada y hacer algo con tu vida.
- Vienes de un increíble linaje de mujeres fregonas que sobrevivieron a pesar de tenerlo todo en contra.

### Moverte de la carencia a la abundancia

Somos la primera generación de mujeres latinas con acceso a tipos de seguridad y autonomía financieras que nuestras madres y abuelas apenas si podían imaginar. Es nuestro deber crear en nuestra vida la abundancia que a ellas se les negó. Como manera de honrar los enormes sacrificios que hicieron para que nosotras estemos aquí hoy, tenemos la misión de reclamar todo eso que se perdió.

Nuestras antepasadas sobrevivieron para que nosotras pudiéramos volar. Tienes hacia ellas el deber de convertirte en la versión más brillante, más grande, más escandalosa y más auténtica de ti misma, porque ellas no pudieron. Sus sacrificios son la razón por la que debes rehusar empequeñecerte. Es hora de que les des vida a todos esos sueños que ellas olvidaron con tal de que tú vivieras los tuyos.

Así, para que nosotras podamos pasar de la carencia a la abundancia, primero debemos comprender y destapar nuestras creencias interiorizadas respecto al dinero. Todas nuestras historias sobre dinero inician en el nivel básico del trayecto hacia crear un patrimonio: la dependencia económica. De niños experimentamos el dinero a través de nuestros cuidadores. Es posible que ver a nuestros padres o cuidadores experimentar el dinero de manera negativa tenga un impacto directo en nuestra propia relación con él en la adolescencia y en la edad adulta, lo cual se puede manifestar en forma de trauma económico. ¿Qué podemos hacer para contrarrestarlo? Podemos acumular autoconocimiento para comprender nuestra historia y nuestras emociones (incluso las estresantes) alrededor del dinero. Lo nombramos para dominarlo.

### Ejercicio: nombrarlo para dominarlo

En este ejercicio te invito a escribir las respuestas a las siguientes preguntas en tu diario o en un cuaderno. Intenta, lo más posible, registrar estos mensajes en el lenguaje específico con que se te inculcaron. Que sea real, porque esta práctica te ayudará a descubrir las narrativas subconscientes que tienes respecto al dinero.

1. ¿Cuáles son mis primeros recuerdos o experiencias en relación con el dinero? ¿Cómo moldearon mis creencias y mis actitudes respecto al dinero?
2. ¿Cuáles son mis hábitos y comportamientos financieros actuales? ¿Cómo reflejan mis creencias y emociones subyacentes relacionadas con el dinero?
3. ¿Cuáles son mis creencias básicas sobre el dinero? ¿Me empoderan o me limitan? ¿Cómo afectan mis acciones y decisiones financieras?
4. ¿Cómo defino el éxito económico? ¿Se alinea con mis valores y mis prioridades, o está influido por expectativas sociales y presiones externas?

5. ¿Cuáles son mis miedos e inquietudes sobre el dinero? ¿Cómo me impiden lograr mis metas económicas o tomar riesgos necesarios?
6. ¿Cómo influyen mi crianza y mi historia familiar en mi relación con el dinero? ¿Hay hábitos o lecciones transmitidos de generación en generación que yo necesite examinar y posiblemente cambiar?

## ¿QUÉ ES EL TRAUMA ECONÓMICO?

Mujer, es muy probable que ya hayas oído hablar mucho de trauma. Se ha vuelto la palabra más popular, y el problema con las palabras que se ponen de moda es que se empiezan a emplear mal. El trauma no se trata solo de algo que te cause molestia o incomodidad. La Asociación Americana de Psicología define trauma como "cualquier experiencia perturbadora que resulta en un miedo significativo, impotencia, disociación, confusión u otras emociones disruptivas lo suficientemente intensas para tener efectos duraderos en las actitudes, los comportamientos y otros aspectos del funcionamiento de una persona". Un tipo de trauma que no está recibiendo tanta atención es el económico. El doctor Galen Buckwalter, un investigador que estudia la psicología del dinero, define el trauma económico como "los déficits físico, emocional y cognitivo que experimenta la gente cuando no puede lidiar con la abrupta pérdida económica o con el estrés crónico de tener recursos económicos inadecuados".[2] La clave aquí es que se trata de algo crónico, es decir, el estrés que sufres por tus finanzas está presente durante un largo tiempo. Y como ocurre con cualquier tipo de trauma, puedes experimentar respuestas emocionales, respuestas cognitivas (como hábitos de pensamiento o creencias) y respuestas físicas. El trauma económico puede tener diferentes causas:

---

[2] https://goop.com/wellness/career-money/are-you-struggling-with-financial-ptsd/.

- Heredar creencias tóxicas sobre dinero de tus cuidadores.
- Deudas permanentes.
- La repentina pérdida de un empleo.
- La pérdida de un hogar.
- Ingresos inestables.
- La incapacidad constante de pagar las cuentas.
- Trabajo con sueldo bajo.
- Entrar en el mercado laboral durante una recesión.

En las comunidades de color, el trauma económico puede derivarse de una combinación de varias de las circunstancias anteriores. Tal vez viste a tus padres pagar con tarjetas de crédito algún regalo material que se hicieran a sí mismos por haber realizado un trabajo extenuante (o incluso múltiples trabajos). Es posible que tú también lo hagas, que te compres ese par de zapatos nuevos o te regales un día en el spa, y te acabes dando cuenta de que en realidad aumentaste tu carga de estrés. El dinero se puede volver una forma enfermiza de lidiar con el trauma, con la que te endeudas cada vez más y generas más estrés. Es todo un círculo vicioso.

Nuestros comportamientos con el dinero son una manifestación física del trauma económico que hemos sufrido, y si no aprendes a identificar esos detonantes, terminarás constantemente abrumada e impotente ante tu dinero.

### Señales de trauma económico

El trauma económico se puede manifestar de varias maneras, así que esta lista no vale para todo mundo, pero si te relacionas con cualquiera de los puntos a continuación, estás experimentando los efectos derivados de un trauma económico:

- Gastos excesivos compulsivos o crónicos.
- Hábitos de pensamiento negativos sobre el dinero o una presupuestación compulsiva.
- Privación extrema de gastos.
- Estrés físico por compromisos sociales o autoaislamiento por miedo a gastar dinero.
- Creencias limitantes sobre el dinero: "Nunca voy a poder costear esto", "Nunca voy a ganar más dinero", "Nadie me pagaría tanto por este trabajo", etcétera.
- Acumular cantidades excesivas de dinero en el banco.
- Negarte a invertir por miedo a perder dinero.
- Sentir culpa excesiva cuando gastas dinero en ti misma.
- Sentir la necesidad de regalar todo tu dinero porque crees que tú no lo mereces.

Si cualquier punto de los anteriores te parece familiar, es momento de comprender la causa de raíz en cuanto a los mensajes que recibiste sobre dinero cuando eras niña. Pero, amiga, en lo que haces el trabajo de desarrollo personal por medio de ejercicios, como llevar un diario o tomar terapia, también quiero que recuerdes ser amable contigo misma y que practiques lo que llamo autocuidado financiero.

---

### Ejercicio: identifica tu trauma económico

Identificar tu trauma económico supone reconocer y comprender experiencias pasadas o creencias relacionadas con el dinero que hayan afectado de manera negativa tu comportamiento y tu mentalidad respecto a las finanzas. El trauma con el dinero puede brotar de diversas fuentes, por ejemplo, experiencias en la infancia, dinámicas familiares, influencias sociales o problemas económicos considerables. Estas preguntas te ayudarán a identificar esas áreas de tu vida que quizá afectaron tu relación con el dinero.

1. ¿Alguna vez he sufrido una pérdida o un apuro económico significativo que todavía me afecte emocional o psicológicamente?

Si es así, ¿cómo ha moldeado mis creencias y comportamientos actuales relacionados con el dinero?

2. ¿Cuáles son los mensajes o las creencias sobre dinero que aprendí de mi familia o de mis cuidadores? ¿Cómo influyeron esos mensajes en mi relación con el dinero?

3. ¿Hay en mi pasado sucesos o experiencias específicas relacionadas con el dinero que aún despierten una reacción emocional fuerte o sean un detonante? ¿Cómo impactan estas reacciones mis decisiones financieras actuales y mis actos?

4. ¿Cómo se manifiesta mi trauma económico en mis hábitos financieros actuales? ¿Entro en una dinámica de ahorro excesivo, gasto excesivo o evasión de las responsabilidades financieras?

5. ¿Alguna vez he tenido sentimientos de vergüenza, culpa o inutilidad relacionados con el dinero? ¿De dónde surgen y cómo afectan mi autovaloración y mis decisiones financieras?

6. ¿Cómo afecta mi trauma económico mis relaciones con otros, en particular cuando se trata de cuestiones financieras? ¿Tengo temor, adopto actitudes controladoras o me conflictúa hablar de finanzas con mis seres queridos o compartirlas con ellos?

### *Tomar el control de tu dinero*

Aceptar tu verdad como una persona de primera generación y reconocer tu falta de conocimiento en lo que se refiere a finanzas personales es el primer paso para reclamar el control de tu dinero. No se trata de dónde vayas a empezar. La parte más importante es el esfuerzo que dediques a aprender y a tomar decisiones financieras informadas.

Tómalo como una oportunidad para acabar con el ciclo y reescribir el relato económico de tu familia. Tienes la fortaleza para superar los obstáculos, la tenacidad para aprender y la fuerza de voluntad para hacerte cargo de tu futuro financiero.

Al empoderarte con conocimiento y tomar decisiones conscientes, puedes pavimentar el camino hacia una vida más segura y próspera, no solo para ti, sino para las próximas generaciones.

Empecemos destapando la historia actual de tus finanzas, echándonos un profundo clavado a tu dinero.

**PASO UNO: Cuenta tu historia con el dinero.** El primer paso para asumir el control de tu dinero es ubicar qué te está causando estrés. Usa los siguientes apuntes en tu diario para centrarte en las causas posibles de raíz de tu estrés económico. Contesta estas preguntas en tu cuaderno o diario; también puedes consultar lo que contestaste en el ejercicio anterior:

Cuando hablo de _____, siento estrés porque _____.

Pensar en dinero me hace sentir _____.

En mi infancia, mi historia con el dinero fue _____.

Identificar dónde comienza tu historia con el dinero y de dónde surge tu estrés al respecto es crucial para tener una práctica sustentable de autocuidado financiero. Esto te permitirá tenerte verdadera paciencia y compasión, algo que necesitas para apoyarte en el camino a ser poderosa con tu dinero.

**PASO DOS: Marca una "cita para las finanzas" en tu agenda.** El día primero de cada mes, marca tu "cita para las finanzas" en tu calendario. En tu cuaderno o diario, será un tiempo para revisar todos los balances de tus cuentas y revisar tus ahorros actuales y tus metas de inversión (o establecer algunas metas nuevas si todavía no empiezas). No olvides revisar también cualquier deuda que tengas y ver si el mes siguiente encuentras alguna manera de meterle un poquito más de dinero para pagarla. Por último, asegúrate de felicitarte por estar al pendiente de esto y ser realista con respecto a tu situación económica.

**PASO TRES: Planea tus días de dinero.** El paso tres es planear tus días de dinero. Anota cualquier día de paga en tu agenda y toma un momento para practicar la gratitud por el flujo (o flujos) de ingresos. Al mismo tiempo, planea todas las fechas en que debes pagar cuentas durante el mes. En lugar de temer estos días como si fueran tu tiro de gracia, como dicen, visualiza cómo las vas a pagar; por ejemplo: *Si pospongo comprar este electrodoméstico, puedo pagar este recibo.* Recuérdate a ti misma que tienes suficiente y solo es cuestión de elegir los momentos.

**PASO CUATRO: Identifica tu *porqué*.** Muchas veces perdemos de vista los motivos por los que hacemos lo que hacemos. Para mantener fuertes tu impulso y tu motivación, es importante recordar tus metas regularmente. ¿Quieres cambiar de trabajo? ¿Implicará cierta molestia temporal (un recorte salarial)? Identificar el panorama de tus sueños y esperanzas te puede ser útil para no perder el rumbo. En tu cuaderno o diario anota en uno o dos párrafos tus metas económicas y cómo las quieres lograr. Asegúrate de escribirlos y reescribirlos conforme avance tu viaje. ¡Tú puedes, amiga!

---

### Ejercicio: define los motivos de tu riqueza

Definir la razón de tu riqueza supone comprender las motivaciones y razones profundas detrás de tu deseo de acumularla. Va más allá de simplemente perseguir el dinero; abarca los valores, las aspiraciones y los propósitos centrales que impulsan tus metas económicas. Definir los motivos de tu riqueza es un proceso personal e introspectivo. Tómate el tiempo de reflexionar qué te mueve realmente, alinea tus metas económicas con tus valores y asegúrate de que tu búsqueda de la riqueza sustente una vida con propósito y significado. Es esencial que encuentres el equilibrio entre la riqueza material y el bienestar general, pues la verdadera riqueza es mucho más que el dinero. Se trata de tener opciones para elegir cómo quieres que sea tu vida.

- **¿Qué significa la riqueza para mí en lo personal?**
  Comprender tu definición personal de riqueza es vital. ¿Se trata de seguridad económica, libertad o la capacidad de perseguir lo que te apasiona? Al aclarar cómo se traduce en verdad la riqueza para ti, podrás alinear tu esfuerzo con tus valores fundamentales y tus motivaciones.

- **¿Cuáles son mis metas a largo plazo y mis aspiraciones?**
  Considera las metas y las aspiraciones que tengas en la vida. ¿Te quieres jubilar joven, viajar por el mundo, empezar tu propio negocio o apoyar las causas que te apasionan? Crear riqueza puede aportar los medios para que alcances estos sueños, así que es esencial identificar tus metas a largo plazo y conectarte con ellas.

- **¿Cómo va a mejorar mi vida y la vida de mis seres queridos la riqueza?**
  Reflexiona cómo la riqueza puede crear un impacto positivo en tu vida y en la de las personas que te importan. ¿Te dará más seguridad y oportunidades o la capacidad de mantener a tu familia? Comprender los beneficios potenciales de la riqueza te puede ayudar a seguir motivada y a concentrarte en tu viaje financiero.

- **¿Qué valores y principios guían mi estrategia para crear riqueza?**
  Considera los valores y los principios que guían tus decisiones financieras. ¿Te mueven la integridad, la generosidad o el deseo de afectar de manera positiva al mundo? Reflexionar sobre tus valores garantizará que tu búsqueda de la riqueza se alinee con tus creencias y tu ética.

- **¿Cómo contribuirá a mi bienestar general crear riqueza?**
  Explora cómo puede la riqueza contribuir a tu bienestar general. ¿Te dará paz mental, disminuirá tu estrés o aumentará tu sensación de empoderamiento? Comprender los beneficios holísticos de la abundancia te puede ayudar a mantener una perspectiva sana y priorizar tu bienestar a lo largo del camino.

- **¿Cómo puedo usar mi riqueza para crear un legado significativo?**
  Piensa más allá de tu tiempo de vida y considera cómo podrías usar tu patrimonio para crear un impacto duradero. ¿Te permitiría apoyar causas que te interesan, establecer becas o dejar una marca positiva en tu comunidad? Reflexionar sobre el legado que quieres dejar podría sumar un propósito a tu viaje de creación de riqueza.

Recuerda, crear riqueza es un esfuerzo personal, y las respuestas a estas preguntas no serán las mismas para todos. Al explorar tus motivaciones y alinearlas con tus metas, valores y aspiraciones, podrás construir cimientos sólidos para tu viaje financiero y crear una relación significativa y plena con la abundancia.

## ABRAZA A TU EMPRENDEDORA INTERNA

Esto significa desatar el poder que hay en tu interior. Se trata de encauzar el poder de tus ancestros y reconocer tu propia ambición para triunfar en el juego de la creación de riqueza sin perder tu chispa. Es cosa de conectar con tu poder de latina, romper barreras y trabajar con inteligencia para lograr que esos billetes lluevan. Significa reconocer y celebrar esas singulares cualidades, fortalezas y valores culturales que te empoderan para esforzarte en tener éxito y superar los obstáculos. Implica abrazar tu herencia, aceptar tu identidad como latina y usar ambas para alimentar tus ambiciones y tus metas. Porque, amiga, ¡eres tremenda!

Como latina, es probable que hayas enfrentado y superado numerosos desafíos y adversidades. Aceptar a tu emprendedora interna significa reconocer tu resiliencia y aplicarla como fuerza motora para perseguir tus sueños, sin importar los contratiempos ni los problemas que puedan surgir. Cariño, nosotras no dejamos que los obstáculos nos venzan. ¡Nos levantamos mucho más fuertes y le mostramos al mundo que nosotras podemos con lo que nos pongan enfrente! Abraza los retos luciéndote con confianza, consciente de que un revés no es más que una fabulosa oportunidad para tu crecimiento personal. ¿Fracasos? Son tus escalones hacia la grandeza, amiga. Mantén la cabeza en alto y deja que triunfe esa mentalidad.

Nosotras no solo abrazamos nuestra herencia, ¡la sacudimos! Traemos con nosotras ese fiero espíritu de latinas, con valores como el trabajo duro, la familia y la comunidad, y lo usamos como nuestro ingrediente secreto para el éxito. Quiero que celebres tu herencia cultural y los valores que te inculcaron. Abrazar a tu emprendedora interna consiste en aprovechar estos valores e incorporarlos a tus propósitos personales y profesionales.

La habilidad de adaptarnos, tener ideas fuera de lo común y encontrar soluciones innovadoras es un rasgo común entre las latinas. Somos megahábiles. Podemos darle la vuelta a cualquier situación con nuestro pensamiento rápido, nuestra capacidad innovadora y esas increíbles habilidades para encontrar soluciones donde otros solo ven trabas. Abraza tus capacidades y tu creatividad para sortear retos, identificar oportunidades y encontrar formas únicas para lograr tus metas.

Nosotras no nos conformamos con algo promedio; soñamos en grande y vamos tras esos sueños como si nada. Tenemos ese fuego en nuestra alma que nos mantiene hambrientas de éxito y nos hace impulsarnos a nosotras mismas constantemente para llegar más y más alto. Abrazar a tu emprendedora interna implica reconocer y aceptar esa ambición y ese deseo de tener éxito. Supone establecer metas altas para ti misma, yendo más allá de tu zona de confort y esforzándote por crecer en lo personal y en lo profesional. Toma riesgos estratégicos que te aceleren el corazón de la emoción. Atrévete a sobrepasar tu zona de confort, bella, y recuerda que la suerte favorece a los valientes.

Como latina, tienes la oportunidad de animar y empoderar a otros en tu comunidad. ¡Nosotras nos damos ánimo unas a otras porque así somos! Compartimos nuestro conocimiento, experiencia y éxito para inspirar a otras latinas, mostrándoles que también ellas tienen el poder de ser grandiosas. Conéctate con otras luchadoras que te puedan alentar e inspirar en tu camino hacia la grandeza. Rodéate de un equipo de personas que te inspire a subir. Encuentra mentoras que te guíen con su sabiduría y júntate con pares que compartan tu ambición. Colaboren y conquisten juntas, reina. Cuando nos elevamos juntas, el mundo no puede más que inclinar la cabeza.

Abrazar a tu emprendedora interna también significa ser dueña de tu relato y cuestionar los estereotipos o las expectativas sociales que pudieran limitar tu potencial. No cabemos en la cajita ni en el estereotipo de nadie. Somos dueñas de nuestras propias historias, rompemos esas barreras y despedazamos expectativas. Luce tus talentos y habilidades únicas, y ese ardiente encanto de latina. Abraza tu herencia cultural, bebé, y deja que brille como tu arma secreta en tu camino financiero. Aduéñate de tu historia en particular, de tus experiencias y perspectivas, y úsalas para trazar tu propio camino al éxito. No lamentamos ser quienes somos, ¡y vamos a mostrarle al mundo de lo que somos capaces!

Pero sobre todo, asegúrate de recordarte a ti misma que no siempre necesitas estar trabajando. Parte de romper las maldiciones generacionales consiste en usar el poder del dinero para construir una vida que te dé tiempo suficiente para descansar y darte la buena vida que tus ancestros no tuvieron oportunidad de disfrutar. El hecho es que no puedes conquistar el mundo si estás agotada y cansadísima. Es muy importante que establezcas límites que griten "Yo soy la jefa" para proteger tu preciado tiempo y tu energía. No te sientas culpable por disfrutar ciertas prácticas de autocuidado que te hagan sentir la feroz reina que eres. No olvides que hasta el más rudo de los rudos necesita (y merece) un descanso. Trabaja con ganas, pero disfruta todavía más ganas.

Abrazar a tu emprendedora interna es desencadenar tu confianza, tu intensa ambición y tu encanto atrevido para crear riqueza como una auténtica reina. Recuerda que naciste para la grandeza, mi amor, así que ponte tu corona, luce lo tuyo y deja que el mundo sepa que tienes la misión de romper las maldiciones generacionales de una vez por todas.

## CAPÍTULO 2

# Cuando Jenny la del barrio
# se vuelve Jenny la de la bolsa

¿Conoces esa sensación de ser capaz de costear todo lo que quieres en la vida? ¿De pasar tu tarjeta de crédito y pensar "¡Claro que puedo!"? Yo tampoco. O por lo menos no la conocía de niña, creciendo en Elizabeth, Nueva Jersey, a la sombra del Aeropuerto Internacional de Newark. Como niña de barrio, conseguía mi ropa para la escuela en almacenes de descuento, en abonos. Veía a mis padres organizar ventas de garaje con cosas que los habitantes de unos cercanos vecindarios lujosos habían tirado a la basura. Y ni se te ocurra pedir algo que no esté en promoción. Si no había un cupón para eso, ni de chiste.

Pensarías que a mis treinta años, con dos títulos universitarios, siendo una ingeniera latina superempoderada, trabajando en una de las cincuenta empresas más grandes de servicios de salud y ganando más que cualquiera de mis padres, estaría encantada, ¿cierto?

### LO LOGRAMOS… ¿NO?

Todos los sacrificios por fin rindieron frutos. El sueño americano se logró. Hicimos todo lo que se tenía que hacer, sacamos los títulos, tenemos el dinero, ¡¡¡es hora de celebrar!!! Eh, bueno, conmigo no se dio exactamente así. De hecho, empezaron a surgir unos sentimientos bastante feos. No era alegría, entusiasmo ni orgullo: era de plano culpa. ¿Por qué yo? ¿Por qué yo podía

48

ganar más dinero de lo que hubiera ganado jamás cualquiera de mi familia? ¿Quién era yo para merecer ese nivel de éxito? ¿Y si de pronto desaparecía todo lo que había creado? ¿Eso significaba que ahora *yo* tenía que ser la red de seguridad económica de todos? Todos estos pensamientos y más son distintivos de lo que llamo culpa del sobreviviente financiero.

¿Por qué nadie me dijo que la bolsa venía tan cargada de equipaje? Como latina de primera generación y hermana mayor, el mensaje que recibí era muy claro, como lo comenté en el capítulo anterior: para alcanzar el sueño americano debes ir a la escuela, conseguir un trabajo bueno (es decir, FANTÁSTICO), con prestaciones alucinantes, y ganar una lanota. ¡Listo! Pero ¿qué pasa cuando sigues las instrucciones y sí te empieza a ir mejor que a la gente a tu alrededor? ¿Por qué yo me sentía mal por "haberlo logrado" cuando tantas personas que conocía seguían batallando para pagar las cuentas? Nadie me advirtió de la incesante culpa que siente la persona que logra salir adelante.

¿Qué pasa cuando Jenny la del barrio ya no vive en el barrio? Nos dicen que trabajemos duro para poder "irnos"... Salir del barrio; salir del lugar mismo que nos hizo. Pero nadie nos dice adónde se supone que debemos ir ni por qué nos sentimos tan solos cuando llegamos. Nadie menciona la angustia que se siente por los que tuvimos que dejar atrás. Nadie nos dice que, entre más lejos llegamos, menos vemos a las personas y las cosas que nos hicieron ser quienes somos. Nadie menciona cómo la gente siente que ya no se puede relacionar contigo porque "ahora vives en los suburbios" o porque "fuiste a esa universidad cara" o porque "hablas como blanca".

"Ya no sabes lo que es luchar".

"Tus problemas actuales son de blancos".

"Qué contenta has de estar".

Tus amigos te empiezan a tratar como a una extraña. Ir a tu pueblo puede desatar emociones negativas. Tu familia podría criticar el coche nuevo que traes.

Nadie habla de la tristeza que acompaña el crecimiento.

Nadie te prepara para sentir que estás del otro lado de la lucha, cuando tantas personas que amas siguen ahí, mientras te sientes impotente para ayudarlas a todas.

### En serio, te lo mereces

Gracias a años de desarrollar mi mentalidad sobre el dinero y tratar los traumas en terapia, trabajar en mi desarrollo personal, colaborar con instructores y hablar con muchos otros, de primera generación como yo, a través de mi pódcast y mis redes sociales, me he dado cuenta de que esta sensación de "por qué yo" es algo bastante común.

Para muchos de nosotros, que fuimos los primeros de nuestra familia en ir a la universidad, los primeros en ganar más que nuestros padres, los primeros en invertir, en empezar un negocio, en construir riqueza, en alcanzar la independencia económica y más, he destapado un tema común: muchos nos sentimos intrínsecamente indignos de lo que hemos podido lograr porque crecimos pensando que no sería una posibilidad para nosotros. *¿Te has sentido así?*

Y cuando ya alcanzamos esa movilidad ascendente que nuestras familias quieren para nosotros, se vuelve tanto una bendición como una maldición. Por un lado, ya no estás en modo supervivencia. Tus cuentas están pagadas, tienes ahorros e incluso dinero para divertirte. La vida ya no parece tan difícil. Por otro lado, tienes una enorme sensación de ser responsable de compensar los sacrificios que tus cuidadores hicieron para ponerte en una posición que te permitiera alcanzar este nivel de seguridad financiera. Así, pues, trabajas todavía más duro, sientes que no has logrado "lo suficiente". No te permitirás descansar hasta que hayas llegado a un grado de certeza sobre tu grado de éxito. Es momento de poner pausa y considerar todo lo que has logrado y felicitarte por llegar hasta aquí.

---

### Ejercicio para tu diario

Lista cinco cosas que hayas logrado en la vida y que te enorgullezcan. No importa si es en tu vida profesional o personal; cualquier cosa que te haya costado trabajo lograr. Ahora es momento de reconocer tu éxito.

---

## EL DINERO ES LA RAÍZ DE TODOS LOS MALES... ¿SÍ?

El éxito individual es algo que se siente muy contradictorio en nuestra cultura, la cual hace hincapié en la comunidad por encima del individuo. Como mujeres latinas, no es poco común que crezcamos en casas multigeneracionales donde aprendimos a apoyarnos unos a otros en lo físico, lo emocional y lo económico. Así, la idea de que simplemente tenemos que salvarnos a nosotras mismas y dejar a todos los demás atrás no me sienta bien, y es posible que hayas pensado lo mismo.

Lo irónico, sin embargo, es que muchas de nosotras venimos de hogares y comunidades donde buscar la riqueza se ve como una labor de moralidad corrupta, en ocasiones por creencias religiosas. Por ejemplo, el "evangelio de la pobreza" es un término que se usa seguido para describir una perspectiva religiosa o un sistema de creencias que enfatiza la pobreza como virtud y ve la riqueza material como intrínsecamente pecaminosa o indicativa de corrupción espiritual. Esta perspectiva sugiere que la verdadera espiritualidad y cercanía con Dios solo se puede lograr con una vida de pobreza y abnegación.

Quienes siguen el evangelio de la pobreza muchas veces sostienen que las posesiones materiales y la riqueza pueden distraer a la gente de su viaje espiritual y conducir hacia la avaricia, el egoísmo y una falta de enfoque en Dios. Pueden defender un estilo de vida de simplicidad, desapego de las posesiones mundanas y un fuerte hincapié en servir a los pobres y marginados.

Los críticos argumentan que tales creencias pueden crear una actitud negativa y prejuiciosa hacia la riqueza y la prosperidad. Insisten en que esta perspectiva pasa por alto el potencial de usar la riqueza con fines positivos, como apoyar causas benéficas, crear oportunidades de trabajo y mejorar las condiciones de vida. Los críticos también sostienen que puede perpetuar el ciclo de pobreza, porque desalienta a las personas de perseguir su crecimiento económico y éxito personal.

Por otro lado, hay un evangelio de la prosperidad, también conocido como el "evangelio de la salud y la abundancia" o la "teología de nómbralo y reclámalo", un sistema de creencias religiosas que subraya la prosperidad económica, el bienestar físico y el éxito como señales de que tienes el favor y la bendición de Dios. Se asocia comúnmente con ciertas ramas de la cristiandad, en particular con movimientos carismáticos y pentecostales.

Los seguidores del evangelio de la prosperidad creen que la fe, la confesión positiva y las donaciones de dinero pueden llevar a la abundancia material y a las bendiciones de Dios. Enseña que Dios quiere que sus creyentes sean ricos, sanos y exitosos en todas las áreas de la vida. De acuerdo con esta enseñanza, si una persona tiene suficiente fe y se adhiere a ciertos principios espirituales, puede esperar que Dios le provea riqueza material, buena salud y una vida de abundancia.

Los críticos del evangelio de la prosperidad afirman que, por un lado, esto sobresimplifica el mensaje cristiano de que, a través de la creencia y aceptación de la muerte y la resurrección de Jesús, los humanos pecadores pueden reconciliarse con Dios y, por ende, se les ofrece salvación y la promesa de la vida eterna. Por otro lado, dicen que pone una atención excesiva en la riqueza material y el beneficio personal. Aseguran que pueden promover una comprensión superficial de la fe y la espiritualidad, donde Dios se vea principalmente como medio para alcanzar el éxito financiero y el bienestar físico. Los críticos señalan además que esta enseñanza muchas veces ignora la realidad del sufrimiento, la inequidad y el llamado bíblico a cuidar de los pobres y marginados.

Si vienes de un hogar religioso, como muchas de nosotras, es posible que tengas una creencia arraigada sobre lo que en realidad dice DE TI que quieras hacer dinero, ser rica, manejar un auto de lujo, etc. Quiero asegurarte que desear tener dinero no te vuelve una mala persona. El dinero simplemente amplifica quien eres. Si eres una porquería de persona, el dinero solo te ayudará a hacer peores porquerías. Y si eres una buena persona, puedes hacer más bien en el mundo cuando tienes acceso a más recursos. El verdadero poder del dinero se encuentra en lo que te permite hacer. Te da opciones y flexibilidad para priorizar lo que es más importante para ti. ¿Y quién no querría eso?

Bernadette Joy, asesora financiera filipino-estadounidense y fundadora de la empresa de comunicación de finanzas Crush Your Money Goals®, me contó una historia que en verdad resuena conmigo (sintoniza el episodio 150 del pódcast para escuchar la historia completa). La octava de nueve hijos en su familia, Bernadette había construido una seguridad financiera, mientras que muchos de sus hermanos seguían luchando económicamente. Solía sentirse culpable por no tener que batallar tanto en comparación con sus hermanos y hermanas, pero luego llegó un día en que su perspectiva cambió. Tristemente, recibió una llamada de que su padre estaba cerca del final de su vida, y dada su independencia económica, pudo ser la primera en tomar un avión para estar con él. Muchos de sus hermanos no pudieron llegar tan rápido por las responsabilidades que tenían. Bernadette me dijo: "Fue una verdadera llamada de atención... Vi que había trabajado para volverme económicamente libre para poder hacer lo que quisiera en esa clase de eventos, para estar ahí para mi familia. Antes de ese momento, me sentí culpable de tener riqueza cuando muchos de mis hermanos no la tenían, pero entonces vi que yo tenía el tiempo de hacer lo que quisiera por mi familia, y eso significó mucho para mí".

---

### Ejercicio: ¿cómo te sientes respecto a la riqueza?

Los siguientes puntos están pensados para ayudarte a explorar tus sentimientos y actitudes respecto a la riqueza. Es esencial que abordes este proceso con autorreflexión y honestidad, dándote el espacio para descubrir cualquier creencia o emoción subyacente que pueda influir en tu relación con la riqueza. Tómate el tiempo para contestar estos puntos en tu diario:

La riqueza, para mí, representa _____.

Cuando pienso en tener una cantidad sustanciosa de dinero, me imagino _____.

Mi relación con el dinero está influida por mi crianza en el sentido de que _____.

Si fuera a adquirir una fortuna considerable, creo que afectaría mi vida al _____.

Muchas veces asocio la riqueza con _____.

Un miedo que tengo sobre la búsqueda de riqueza es _____.

Me siento más confiada y empoderada en lo que al dinero respecta cuando _____.

Mi actual situación económica me hace sentir _____.

Si fuera a lograr la abundancia económica, me permitiría _____.

El papel del dinero en mi vida es _____.

Cuando imagino tener una riqueza considerable, me siento _____.

La idea de buscar la abundancia económica me hace sentir _____ porque _____.

Si me volviera sumamente rica, me preocupa que _____.

La idea de tener más dinero del que tengo actualmente me hace sentir _____.

Cuando veo a otras personas ricas, tiendo a _____.

Mis creencias actuales respecto a la riqueza están influidas por _____.

---

## CUANDO SUFICIENTE NUNCA ES SUFICIENTE

Si tienes una relación negativa con el dinero, lo más probable es que estés operando desde una mentalidad de carencia, la sensación perpetua de que "nunca habrá suficiente" tiempo, dinero, energía, recursos, seguridad, etc. Este sistema de creencias puede volverse una profecía autocumplida; te concentras tanto en lo que no tienes, que te paralizas y no tomas ninguna decisión que pueda cambiar tu situación. Muchas veces, nuestra sensación de desmerecimiento se origina en haber sido criadas en hogares donde nuestros cuidadores operaban dentro de una mentalidad de carencia. Esta consiste en creer que no hay suficiente y nunca habrá suficiente.

Es común sentirte así cuando has visto a tu(s) cuidador(es) batallar en lo económico, o si has presenciado o sufrido abuso financiero, del cual hablaremos más adelante en este libro. Este no es el momento de culpar a nadie por criarte en este ambiente, pues nuestros padres no podían sino proveer el tipo de ambiente a su alcance con las habilidades, los recursos y la inteligencia emocional que poseían. Te invito a tomarte un par de minutos para reconocer el papel que tiene tu ambiente en la promoción de una mentalidad de carencia. Esto incluye reflexionar sobre tu círculo familiar y social para determinar si estás rodeada de personas que ejemplifiquen esa mentalidad.

---

**Cuestionario: ¿Vives en carencia o en abundancia?**

1. Cuando enfrentas un reto o un contratiempo, ¿tiendes a enfocarte en las limitaciones y las pérdidas potenciales, o buscas oportunidades y posibilidades? (carencia = limitaciones, abundancia = oportunidades).

2. ¿Cómo percibes la competencia? ¿Crees que solo hay una cantidad limitada de éxito disponible y el éxito ajeno implica menos para ti (carencia), o crees que hay suficiente éxito y abundancia para todos (abundancia)?

3. Cuando recibes un cumplido o un reconocimiento, ¿cómo respondes? ¿Tienes una sensación de carencia, pensando que fue mera suerte o la única vez, o lo abrazas y lo tomas como señal de más cosas buenas por venir (abundancia)?

4. ¿Cómo te sientes cuando otros a tu alrededor tienen éxito o alcanzan sus metas? ¿Te sientes genuinamente feliz por ellos y

crees que su éxito no reduce tus propias oportunidades (abundancia), o sientes envidia, haces comparaciones o piensas que eso te resta oportunidades a ti (carencia)?

5. ¿Cómo abordas el hecho de dar y la generosidad? ¿Das con libertad, creyendo que hay suficiente para compartir (abundancia), o te aferras a las cosas, sintiendo desde una mentalidad de carencia que dar implica perder algo?

6. Cuando se trata de aprender nuevas habilidades o expandir tu conocimiento, ¿cómo lo abordas? ¿Crees que hay limitaciones a lo que puedes aprender o lograr (carencia), o tienes una mentalidad de crecimiento y crees que hay posibilidades infinitas de crecimiento y desarrollo (abundancia)?

7. ¿Cómo manejas los obstáculos o los fracasos? ¿Los ves como algo permanente y defines tu valía a partir de ellos (carencia), o los ves como algo temporal y como oportunidad para crecer y aprender (abundancia)?

8. ¿Qué piensas sobre pedir ayuda o buscar apoyo? ¿Crees que pedir ayuda es señal de debilidad o carencia, o la consideras una forma de expandir tus recursos y crear abundancia a través de la colaboración?

9. ¿Cómo abordas las decisiones económicas? ¿Sueles sentirte ansiosa o preocupada por dinero, pensando que nunca hay suficiente (carencia), o tienes confianza en tu capacidad de atraerlo y manejarlo, creyendo que hay amplias oportunidades para el bienestar económico (abundancia)?

10. Cuando te enfrentas a una nueva oportunidad, ¿cómo respondes? ¿Tiendes a dudar o a retraerte, temiendo la carencia y la posible pérdida, o abrazas la oportunidad y crees en la abundancia de posibilidades?

**Resultados:**
Cuenta el número de veces que elegiste la opción de una mentalidad de abundancia.

Cuenta el número de veces que elegiste la opción de una mentalidad de carencia.

La mentalidad que haya recibido un conteo mayor refleja tu pensamiento dominante.

Recuerda, este cuestionario te da una comprensión general, y es importante reflexionar sobre tu mentalidad más allá de estas preguntas. Adquirir una mentalidad de abundancia es un proceso continuo, y con conciencia y práctica puedes llevar tu mentalidad hacia la abundancia.

## AMARRA TU PROPIA MASCARILLA PRIMERO

Hablemos de las formas como puedes manejar los complejos sentimientos que vienen cuando superas tu ambiente actual. ¿Has escuchado el dicho "No puedes dar lo que no tienes"? Cuando estás construyendo tu propia red de seguridad financiera, es fácil sentir esa culpa hasta por el hecho de ser capaz de hacerlo. ¡Qué privilegio! Puede ser muy difícil decir no a los amigos y a los parientes que te piden ayuda, en especial si ya están acostumbrados a que se las des. Pero manejar la culpa por la riqueza requiere que adoptes el hábito de practicar autocuidado económico.

Cuando piensas en el autocuidado, lo más seguro es que te venga a la mente llevar una dieta saludable, arreglarte las uñas, ir por un masaje o darte un baño de burbujas. No estoy hablando de eso. El autocuidado financiero no consiste en gastar un montón de dinero en visitas al spa, velas aromáticas o cristales sanadores. Tampoco se trata de tener un gran patrimonio neto ni de obsesionarte con el dinero. El autocuidado financiero es poner tus propias finanzas como prioridad.

### Cómo es el autocuidado financiero

Entonces, ¿en qué consiste el autocuidado financiero? Cuando te permites pensar en tus propias necesidades financieras para sentirte segura, protegida y lista para concentrarte en tus metas económicas personales:

- Tomas acciones deliberadas y decisiones conscientes para gestionar y mejorar tu bienestar económico.
- Adoptas hábitos económicos sanos y los pones en práctica.
- Sanas tus heridas con el dinero y mantienes una relación positiva con el dinero.
- Priorizas tus metas económicas a largo plazo.

- Cultivas una mentalidad de responsabilidad económica.
- Construyes tu resiliencia para atravesar los retos económicos.

Suena genial, ¿no? Bueno, ¿qué necesitas hacer para practicar el autocuidado financiero? Hace falta que adoptes un criterio holístico con tu dinero. Vamos a profundizar en estos temas fundamentales del autocuidado financiero a lo largo del libro:

**PRESUPUESTAR:** Crear y ceñirte a un presupuesto te ayuda a comprender tus ingresos, gastos y hábitos de consumo. Te permite distribuir tu dinero sabiamente, priorizando tus necesidades y paneando tu futuro (capítulo 4).

**AHORROS E INVERSIONES:** Apartar una porción de tus ingresos para ahorros e inversiones es esencial para crear seguridad financiera. Ahorrar para emergencias, tu retiro y otras metas económicas es un acto de autocuidado que te da una red de seguridad y promueve tu bienestar económico a largo plazo (capítulos 2, 4 y 6).

**GESTIÓN DE DEUDAS:** Tomar medidas para manejar y reducir tu deuda es una parte importante del autocuidado financiero. Algunas posibilidades son crear un plan de pagos, consolidar las deudas con intereses altos y buscar asesoría profesional de ser necesario (capítulo 4).

**GASTOS CONSCIENTES:** Practicar los gastos conscientes significa meditar bien las compras y evitar los gastos impulsivos o emocionales. Esto implica alinear tus gastos con tus valores y metas, y tomar decisiones conscientes sobre cómo usas tu dinero.

**INFORMARTE:** Aprender continuamente sobre finanzas personales y mejorar tu educación financiera es un acto de autocuidado. Te empodera para tomar decisiones informadas, comprender conceptos económicos y navegar las complejidades del mundo financiero (*ya estás aquí por haber elegido este libro y estarlo leyendo*).

**PEDIR AYUDA:** Si te sientes abrumada o insegura sobre tu situación económica, buscar la ayuda de expertos en la gestión del dinero (¡como yo!), asesores financieros o gestores financieros puede ser una forma de autocuidado. Un profesional del dinero te aporta recomendaciones personalizadas, te ayuda a crear un plan financiero y te ofrece estrategias para alcanzar tus metas. (*Es una de las maneras como trabajo con mis clientes. Colaboramos estrechamente para crear planes personalizados con los que puedan alcanzar sus metas de dinero y negocios. Para saber más, visita yoquierodineropodcast.com/work-with-me*).

**PRIORIZAR TU BIENESTAR:** Por último, el autocuidado financiero consiste en reconocer que tu salud económica está interconectada con tu bienestar en general. Supone encontrar el equilibrio entre tus metas económicas y tu bienestar físico, emocional y mental. Algunas maneras posibles son marcar límites alrededor del trabajo, practicar rutinas reales de autocuidado y nutrir relaciones sanas.

El autocuidado económico es un proceso a largo plazo que requiere esfuerzo y ajustes constantes. Al cuidar tus finanzas puedes disminuir el estrés, aumentar tu seguridad económica y crear la base de una vida más sana y satisfactoria. El viaje no será fácil, pero valdrá la pena cuando ya tengas tus finanzas aseguradas y puedas ofrecer ayuda a la gente que te rodea.

## PREVER EMERGENCIAS EN TU VIDA

Alcanzar la seguridad económica requiere un poco de planeación a futuro. La idea es asegurarte de que tu yo actual esté preparado para ayudar a tu futuro yo en una emergencia, porque así es la vida y las cosas pasan. No es posible saber qué imprevistos ocurrirán en tu vida, pero tener algo de lana guardada te ayudará a sortear esas tormentas impredecibles. Ya sea quedarte sin trabajo, una enfermedad, una llanta ponchada o incluso el agotamiento, tener dinero destinado para esos momentos en que las cosas pasan es clave para tu bienestar financiero. No puedes ayudar a nadie más si no te puedes ayudar a ti misma primero. Por eso necesitas un fondo de emergencia (FE).

Un fondo de emergencia es lo que su nombre indica: una reserva de dinero fácilmente accesible, específicamente destinada a circunstancias imprevistas, como emergencias médicas, reparaciones del auto, pérdida de empleo u otros eventos inesperados. Con un fondo de emergencia, idealmente puedes cubrir tus gastos sin depender de tarjetas de crédito, financiamientos ni otras clases de préstamos, lo cual puede llevar a deudas y estrés económico mucho después de que la emergencia haya concluido. ¡Eso no es vida, mujer! Definir cómo afrontar una emergencia depende de ti, pero en general, quiero asegurarme de que solo tomes este dinero para lo esencial.

**Ejemplos de emergencias válidas**
- Te despiden, te suspenden o reducen tus horas de trabajo.
- Te enfermas y no puedes ir a trabajar.
- Pierdes tus lentes en unas vacaciones.
- Tu auto se descompone y necesitas que lo lleve una grúa al taller mecánico más cercano.
- Un amigo o un pariente se enferma o muere y necesitas viajar.
- Tus negocios tuvieron un mes lento y no ganaste lo suficiente para cubrir todas tus cuentas.
- Uno de tus electrodomésticos deja de funcionar.
- Tu perro se traga un calcetín y resulta que necesita una cirugía de emergencia.
- Necesitas salir de una relación insegura o abusiva.

### Estas no son emergencias

- Tu amiga planea una boda de último minuto en Hawái, en Año Nuevo.
- Quieres comprar el último iPhone que hace exactamente lo mismo que tu actual teléfono.
- Tu tienda favorita empieza su temporada semestral de rebajas y sencillamente *tienes* que ir.

¿No estás segura de que algo califique como una emergencia? Antes de usar tu fondo de emergencia, es importante hacerte algunas preguntas para evaluar la situación y determinar si meter la mano al fondo es el procedimiento más apropiado. Te dejo algunas preguntas clave para tu consideración:

**¿En serio es una emergencia?** Evalúa la naturaleza de la situación y determina si califica como una genuina emergencia. Usar el fondo para gastos o compras no esenciales podría mermar tu red de seguridad y dejarte vulnerable ante una verdadera crisis.

**¿Puedes cubrir los gastos mediante otro medio?** Explora alternativas antes de tocar tu fondo de emergencia. ¿Puedes cubrir el gasto con un seguro, con garantías o con otros beneficios? ¿Hay gastos no esenciales que pudieras recortar temporalmente para liberar fondos?

**¿Qué consecuencias puede haber?** Considera las implicaciones de usar tu fondo de emergencia a corto y largo plazo. ¿Te dejará con una cantidad insuficiente para futuras emergencias? ¿Alterará tus metas o tus planes económicos? Comprender las consecuencias te puede ayudar a tomar una decisión informada.

**¿Puedes posponer o reducir el gasto?** Evalúa si el gasto se puede retrasar un poco o si hay maneras de minimizar su costo; por ejemplo, negociar un plan de pagos, buscar descuentos o alternativas, o encontrar otros recursos para abordar la situación.

**¿Cómo afectará tu estabilidad financiera en general?** Evalúa el impacto que tendrá en tu bienestar financiero el uso de tu fondo de emergencia. ¿Pondrá en riesgo tu capacidad de cubrir gastos de vida esenciales u otras obligaciones financieras? Considera tu ingreso actual, tus ahorros y tus necesidades económicas a futuro.

**¿Qué tan rápido puedes reponer ese fondo?** Evalúa tu capacidad de reabastecer el fondo de emergencia después de usarlo. Determina qué tanto tiempo tomará reunirlo nuevamente y asegúrate de tener un plan establecido para reanudar tus aportaciones regulares.

Si te haces estas preguntas, puedes tomar una decisión consciente e informada respecto a si usar tu fondo de emergencia es lo mejor en una situación dada. Para conservar tu seguridad financiera a la larga es esencial que al usar el fondo priorices las emergencias reales.

### *¿Qué tanto necesitas?*

Por supuesto, la dimensión ideal de tu fondo de emergencia depende de tus circunstancias personales, pero una buena norma general es buscar que sume entre tres y seis meses de tus gastos de manutención. Con esa cantidad deberías poder cubrir tus gastos esenciales, como la renta o la hipoteca, servicios, comida, transporte y otros gastos necesarios durante un periodo de incertidumbre financiera. Para determinar tu meta, primero necesitas calcular tus gastos mensuales. Empieza juntando tus estados de cuenta, el balance de tu tarjeta de crédito, recibos y cualquier otro documento financiero que te pueda dar información sobre lo que gastas. Después, crea categorías para organizar tus gastos. Las más comunes son vivienda, servicios, transporte, comida, salud, pago de deudas, seguros, entretenimiento, cuidado personal y gastos varios. Recuerda, tu fondo de emergencia solo debería cubrir lo esencial, así que no tienes que incluir tu gasto mensual de 200 dólares en restaurantes. #losientoperonolosiento. No olvides sumar gastos irregulares o anuales, como las primas de tus seguros, la matrícula de tu coche o el predial de tu casa. Divide los gastos entre el número de meses que cubren para calcular la cantidad mensual. Por último, suma todos los gastos de cada categoría para determinar la cantidad total gastada en cada rubro. Calcula además el total de gastos juntos. Esta cifra te ayudará a determinar la meta de tu fondo de emergencia. A partir de tu análisis, haz los ajustes necesarios a tu presupuesto y tus hábitos de consumo. Identifica en qué rubros puedes hacer recortes o asignar más fondos para que se alinee con tus metas y prioridades económicas.

## FÓRMULA DE AHORRO PARA EL FONDO DE EMERGENCIA, CON EJEMPLOS

| Gastos mensuales × 6 = 6 meses de fondo de emergencia Gastos mensuales × 3 = 3 meses de fondo de emergencia | | |
|---|---|---|
| **Gastos mensuales** | **Fondo de emergencia** | |
| | **3 meses** | **6 meses** |
| $1 500 | $4 500 | $9 000 |
| $2 500 | $7 500 | $15 000 |
| $3 500 | $10 500 | $21 000 |
| $4 500 | $13 500 | $27 000 |
| $5 500 | $16 500 | $33 000 |
| **Gastos mensuales** | **Ahorrar mensualmente por 3 años** | |
| | **3 meses** | **6 meses** |
| $1 500 | $125 | $250 |
| $2 500 | $208 | $416 |
| $3 500 | $291 | $582 |
| $4 500 | $375 | $750 |
| $5 500 | $458 | $916 |

## *Dónde tener tu fondo de emergencia*

Necesitas poder acceder a tu fondo de emergencia rápidamente cuando llegue el momento, así que considera bien dónde guardarlo. Aunque podrías estar tentada, no te recomiendo tener esta cantidad de dinero en efectivo en casa. Hay demasiados riesgos, como robos, incendios ¡y hasta olvidar dónde lo pusiste! Por suerte, tienes mejores opciones que esconder tu FE abajo del colchón (no importa lo que digan las abuelas). Estas son:

**Cuenta de ahorro de alto rendimiento (CAAR):** Una cuenta de ahorro de alto rendimiento es una opción popular para los fondos de emergencia. Los bancos y las instituciones financieras en línea suelen ofrecer estas cuentas con índices de interés más elevados que las tradicionales cuentas de ahorro, en ocasiones hasta 25 veces el promedio nacional. Una CAAR te ofrece un fácil acceso a tus fondos mientras genera un poco de interés. ¡A mí me encanta el dinero gratis!

**Inversión en el mercado de valores:** Las cuentas de inversión en la bolsa son parecidas a las cuentas de ahorro, pero pueden ofrecer una tasa de interés un poco más elevada. Muchas veces requieren un saldo mínimo y tienen una capacidad limitada para emitir cheques. Estas cuentas son de riesgo relativamente bajo y aportan liquidez.

**Certificado de depósito (CD):** Los CD son cuentas de depósitos a plazos en las que depositas una cantidad específica de dinero durante un periodo fijo, con una tasa de interés predeterminada. Básicamente, tus fondos se guardan durante un tiempo específico a cambio de recibir un poco de interés al final de ese plazo. Si bien los CD pueden ofrecerte tasas de interés más altas que las cuentas de ahorro, tienen un tiempo establecido, de manera que acceder a los fondos antes de su vencimiento (al final del periodo determinado) puede ser causa de multas. Si eliges esta opción para tu fondo de emergencia, considera usar los CD de plazos cortos o los que no te multen si los retiras antes.

**Cuenta de ahorro tradicional:** También puedes tener tu fondo de emergencia en una cuenta de ahorro tradicional con un banco físico. Si bien las tasas de interés quizá sean menores en comparación con los bancos en línea o las cuentas de alto rendimiento, por lo general te dan un acceso conveniente a tus fondos.

**Cuenta de administración de fondos (CAF):** Es un tipo de cuenta que ofrecen las firmas de corretaje y los asesores virtuales. Por lo general dan rendimientos, al igual que una cuenta de ahorro de alto rendimiento, mientras que ofrecen un acceso flexible a tu dinero, al igual que una cuenta de cheques.

Crear un fondo de emergencia requiere ahorrar de manera consistente a lo largo del tiempo. Una vez que hayas determinado la meta para tu FE, será momento de decidir cuánto puedes aportar de manera continua hasta haber alcanzado esos objetivos. Una vez establecido tu fondo de emergencia, asegúrate de revisarlo y reabastecerlo con regularidad según lo vayas necesitando, para tomar en cuenta la inflación o cualquier retiro que hayas hecho en esas emergencias.

---

### Inflación 101

La inflación es el incremento en el costo de vida que experimentamos con el paso del tiempo. Cuando eras chica, el precio de un boleto de cine era tal vez de 5 dólares; ¡ahora cuesta 20 o más! El aumento en el costo de los productos y servicios que necesitamos para vivir, como despensa, renta, seguro de gastos médicos, ¡todo!, es inflación. Para crear *hoy* un patrimonio que pueda servirte en años venideros, necesitas considerar la inflación. En el capítulo 6 hablaremos de cómo se traduce esto en términos de inversiones (¡la clave para hacer crecer tu colchoncito!). En lo referente a tus requerimientos para ese fondo de emergencia, sería buena idea revisar tus gastos anualmente para ver si tu FE necesita algún ajuste. Por ejemplo, no es raro que tu renta o tu hipoteca suban cada año, así que asegúrate de considerar cómo se elevan estos y otros gastos cuando calcules el fondo de emergencia deseado.

### Ayudar de manera sostenible: el fondo de emergencia familiar

Entonces, confío en que para este momento ya haya quedado totalmente claro que tener un fondo de emergencia es una parte crucial de tus herramientas de autocuidado financiero. Pero ¿y si uno de tus seres queridos tiene una emergencia? Como hija de primera generación, es probable que hayas visto a tus padres enviar dinero a su madre patria. Muchos de nuestros padres enfrentan la presión de ayudar a los miembros de la familia que se quedaron allá con sus gastos de manutención y sus emergencias económicas, incluso si eso implica presionarse económicamente ellos. Tal vez sientes la presión de "devolverles" a tu(s) cuidador(es) tales sacrificios. Quizá solo quieres poder ayudar cuando surjan imprevistos. Lo cierto es que, para muchos de nosotros, es posible que un solo fondo de emergencia no sea suficiente. Aquí es donde entra en juego un fondo de emergencia familiar.

Anna N'Jie Konte, mi planificadora financiera certificada, me presentó la idea de tener un fondo de emergencia familiar separado. Le estaba contando de mi deseo de poder darles apoyo financiero a mis padres sin drenar por completo mi propio fondo de emergencia. El concepto me voló la cabeza. Es una idea sencillísima, pero impactante.

Ahora bien, ya sé lo que estás pensando: "Jannese, la idea de tener que crear no uno, sino dos fondos de emergencia, es abrumadora. ¿Cómo demonios esperas que lo haga, si además debo gestionar mis gastos y mis otras obligaciones económicas?". Sin embargo, como con todo, la preparación adecuada toma tiempo y no tiene que hacerse todo a la vez.

Cuando hablamos de planificar dos fondos de emergencia, es el mismo concepto de estar en un avión y ponerte primero tu mascarilla de oxígeno. Cuídate tú y luego averiguas qué tanta ayuda puedes darle a tu familia sin que te incomode. ¡Sé creativa! Si sientes que la idea de hacerlo sola sobrepasa lo que puedes manejar, habla con tu familia sobre las posibilidades de colaborar contigo en la creación de su fondo de emergencia. Explícales para qué se puede usar ese fondo (gastos médicos, reparaciones del auto, etc.) y diles que quieres ayudarlos a prepararse para este tipo de emergencias con la intención de que todos duerman más tranquilos sabiendo que hay un plan establecido. No tengas miedo de empezar poco a poco. Solo 5 dólares a la semana sumarán cientos de dólares al final del año, en especial si tú aportas a la par. Esto también te ayudará a empoderar a tus familiares para que adopten un papel activo en su planificación financiera y aliviará la presión de tener que cargar tú sola con sus emergencias económicas.

## ESTABLECER LÍMITES DE DINERO:
## OFRECE AYUDA ECONÓMICA SIN DRAMA

Primero, lo primero. Para darle dinero a tu familia hay que comunicarse y considerarlo atentamente. Prestar dinero puede ser una gran forma de destruir una relación. La realidad es que, cuando alguien te pide dinero, muchas veces no están en una posición económica excelsa y es poco probable que puedan pagar lo que te están pidiendo prestado. Nunca le des dinero a tu familia —ni a nadie, en realidad— si esperas tenerlo de vuelta. Si no puedes darte el lujo de regalárselo, entonces dilo. De lo contrario, considera como un obsequio cualquier apoyo económico que le brindes a un ser querido. Estas son algunas sugerencias para ayudarte a sortear una solicitud de apoyo financiero:

**Evalúa tu propia situación económica:** Antes de darle dinero a un ser querido, evalúa tu propia estabilidad y asegúrate de que puedes aportar esa ayuda sin comprometer tu bienestar económico. Considera tus gastos, tus metas de ahorro y cualquier otra obligación económica que tengas. Si bien es importante apoyar a la familia, es crucial priorizar tu propia estabilidad económica. Evita ponerte en una situación económica difícil sobrepasando o sacrificando tus necesidades y metas.

**Establece límites y expectativas claras:** Esto es importante cuando se da ayuda económica a los parientes. Comunica con claridad el propósito, la cantidad y la duración de esa ayuda, para evitar malentendidos y expectativas ilusorias. Establece una agenda o un presupuesto que te funcione a ti y a tu familia para que tengan una expectativa clara de cuándo y qué tanto de ese apoyo pueden esperar.

**Determina el propósito de la ayuda económica:** Comprende las necesidades específicas de los miembros de tu familia y platiquen cómo se usará el dinero. Evalúa si se trata de una emergencia única o una necesidad constante, pues esto puede influir en la cantidad y la frecuencia de tu apoyo económico.

**Comunícate abiertamente:** Inicia conversaciones abiertas y honestas con los miembros de tu familia sobre su situación económica y explora alternativas para apoyarlos. Ayúdales a entender cualquier limitante o dificultad económica que puedas estar enfrentando; por ejemplo, gastos tales como pagos de deudas, metas de ahorro u otras obligaciones económicas que afecten tu capacidad de enviarles dinero con regularidad o en grandes cantidades. Invítalos a que te cuenten sus problemas y aspiraciones para que los guíes y asesores.

**Considera formas de apoyo no monetario:** A veces la ayuda no económica puede ser igual de valiosa. Ofrece tu tiempo, tus habilidades o tus recursos para ayudar a tus familiares a cubrir sus necesidades. Algunas posibilidades son ayudarles a elaborar un presupuesto, ofrecerles orientación profesional o echarles la mano con ciertas tareas específicas.

**Sé justa y equitativa:** Si tienes múltiples parientes necesitados de ayuda económica, haz un esfuerzo por mantener un criterio justo y balanceado. Considera establecer un sistema o ciertas condiciones para asegurar que estés distribuyendo recursos de manera equitativa entre ellos.

**Anímalos a ser independientes económicamente:** En lugar de proveer apoyo económico constante, anima a los miembros de tu familia a procurar su propia independencia económica. Ofréceles asesorías para hacer presupuestos, ahorrar y encontrar oportunidades para tener más ingresos. Considera apoyarlos en el desarrollo de sus habilidades o explorar con ellos programas vocacionales o educativos.

**Lleva un registro y un balance de toda la ayuda aportada:** Conserva un registro claro de la ayuda económica que les aportas a los miembros de tu familia. Eso te puede ayudar a controlar el apoyo que ofreces y te permitirá medir el impacto que tenga en tu economía.

**Busca asesoría profesional si es necesario:** Si no estás segura de cuál sería la mejor manera de tratar esto o si sientes que te sobrepasa, considera consultar con un asesor financiero o un profesional que te pueda dar una guía personalizada para tus circunstancias específicas.

Recuerda, es importante encontrar el equilibrio entre apoyar a tu familia y mantener tu propio bienestar financiero. La comunicación abierta, la transparencia y las expectativas realistas son fundamentales. Es natural querer ayudar a tu familia a cubrir inmediatamente una gran cantidad de gastos de urgencia, pero vaciar tus cuentas de banco para salvar a todos los demás te podría poner en una situación terrible si acaso terminas tú con algún gasto sorpresa. Por esa razón, tener un fondo de emergencia personal y uno familiar te permitirá ayudar a tus padres y hermanos, sin dejar de planear tus propias emergencias futuras.

Puedes llevar a cabo esta idea de muchas y diversas maneras, pero lo peor que puedes hacer es creer que nunca tendrás un gasto imprevisto. Contar con un fondo de emergencia te puede dar ese margen indispensable para estar más tranquila.

Amiga, has trabajo muy duro para llegar hasta donde estás, y vaya que te mereces todo lo que has logrado. Sentir culpa por tu riqueza es algo real, pero no permitas que domine tu vida. Cambia de perspectiva y date cuenta de que el dinero puede abrir la puerta hacia la vida que siempre has soñado, además de posibilitar que apoyes a tu familia y a tu comunidad.

## CAPÍTULO 3

# Sé consciente de lo que vales, mujer

Mujer, tú puedes cambiar el mundo, pero vas a necesitar dinero para hacerlo. Hemos hablado de cómo aumentar tus ingresos tiene el poder de transformar tu vida. Te puede servir para pagar deudas más rápido, invertir en el desarrollo de tu educación o tu carrera, empezar un negocio, ahorrar e invertir con vistas a tu retiro, y mucho más. También te permitirá ayudar a amigos o parientes que estén pasando momentos difíciles, e incluso te dará la oportunidad de dejar atrás una relación tóxica o un trabajo que ya no te sirva. Si vamos a ser las versiones más increíbles de nosotras mismas, hay que retirar de la lista de cosas que nos traen preocupadas el estrés de no tener suficiente dinero. Ya es hora de que nos dejemos de conformar con migajas.

A lo largo de mis catorce años en el mundo corporativo me aseguré de cambiar de trabajo cada dos o tres años; gracias a eso pasé de un sueldo inicial de 42 000 dólares anuales a los veintidós años a ganar 100 000 a los treinta. ¡Es un aumento de 81 por ciento en ocho años! Con el promedio de incremento anual alrededor de 2 o 3 por ciento, ese salto nunca habría sido posible si le hubiera sido fiel al mismo puesto y a la empresa. Estoy aquí para decirte que, si quieres asegurarte de que te paguen lo que vales, ¡LA LEALTAD NO DEJA!

Si eres una latina de primera generación, es posible que estés enfrentando una crisis económica o que vayas a enfrentar una crisis económica más adelante. Es una realidad con la que muchas de nosotras estamos demasiado familiarizadas. Quizá

71

tengas los ojos en un futuro incierto en el que te quieres retirar antes de cumplir sesenta y siete, o incluso no tan grande, pero de igual manera tienes la responsabilidad de darles a tus padres apoyo económico. Tal vez tengas hijos y quieras que empiecen su vida con un cimiento económico más sólido del que tú tuviste en tu infancia. Es mucha presión, y vas a necesitar mucho dinero para concretar todo eso. Ya sabemos que nos pagan menos que a otros grupos, y sin una legislación federal que ordene la igualdad salarial, tenemos que aprender a ser nuestras mejores defensoras para recibir la paga equitativa que merecemos. ¿Entonces cómo empezar?

Antes que nada, tienes que estar cómoda haciendo algo que la mayoría de nosotras no hace... así es, estamos hablando de negociar tu sueldo. ¿Sabías que 60 por ciento de las mujeres nunca han intentado negociar su salario? ¡Ay, Dios mío! Si esta eres tú, no estás sola. En nuestra cultura no se nos enseña de dinero y no hablamos de dinero; entonces, ¿cómo demonios nos vamos a sentir cómodas pidiendo dinero? Evie Prete, ingeniera aeroespacial convertida en asesora de negociación de salarios y fundadora de la plataforma de finanzas personales La Mala Mujer, me dijo: "Muchas veces, como latinas, nos da miedo parecer malagradecidas. Yo les digo a mis clientas que es importante recordar que solo están pidiendo lo que merecen".

Así, pues, ¿por dónde empiezas? Bueno, entre otras cosas, por abrir el diálogo. Aquí te dejo un reto: la próxima vez que estés desayunando con tus amigas, pregúntales: "Mujer, ¿cuánto ganas en tu trabajo?". Tal vez te parezca una pregunta loquísima, pero si te sientes cómoda hablando de tu último ligue con alguien que conociste en una aplicación de citas, sin duda puedes tener los cojones para hablar de cuánto ganan.

¿Por qué es importante? No investigar si te están pagando lo justo y negociar el aumento que mereces no es únicamente una oportunidad desaprovechada. Aprender a abogar por ti misma garantiza que recibas una paga equitativa por el trabajo que haces. Mereces una remuneración justa de acuerdo con tus habilidades, tu experiencia y las responsabilidades de tu puesto, independientemente de tu género, raza, etnia o cualquier otro factor. La equidad salarial puede proveer estabilidad financiera, lo que a la vez lleva a una mejor calidad de vida para ti y tu familia. Te puede ayudar a ahorrar para el retiro, pagar deudas y alcanzar tus metas económicas. Estamos hablando de abundancia generacional, bebé... ¡y necesitamos toda la ayuda posible para hacer que suceda!

Es normal que la negociación te dé miedo, igual que a Gabriela. Ella había trabajado incansablemente para ir construyendo su carrera como enfermera practicante y había tenido éxito gracias a su trabajo duro y su dedicación. No obstante, había un aspecto en el que manifestaba una profunda inseguridad: la negociación.

Siempre que Gabriela se veía en una situación que requería negociar, su confianza desaparecía y el miedo la ahogaba. Le preocupaba parecer avariciosa, que la rechazaran o afectar sus relaciones. En consecuencia, muchas veces se conformó con menos de lo que merecía, tanto en lo personal como en lo profesional. Determinada a superar ese miedo, decidió asistir a un taller sobre habilidades de negociación. Quería aprender el arte de abogar por sí misma con confianza y expresar cuánto valía. Lo que no sabía es que esa decisión cambiaría su vida para siempre.

En el taller, Gabriela conoció a una mujer extraordinaria llamada Elena, una profesional exitosa, latina, con fama de tener excepcionales habilidades de negociación. Gabriela se sintió de inmediato atraída por su confianza y su aplomo. Inspirada por ella, reunió el coraje de acercarse a Elena y compartirle su problemática. Elena, con una cálida sonrisa, le aseguró que sus miedos eran comunes y conquistables. Comprendió la batalla interna que libraba Gabriela, pues ella misma la había experimentado a principios de su carrera. Elena, que se convirtió en la mentora de Gabriela, la orientó a través de las particularidades de sus negociaciones y le ayudó a cimentar la confianza que buscaba tan desesperadamente.

Bajo la mentoría de Elena, Gabriela se embarcó en un viaje de autodescubrimiento y desarrollo de sus aptitudes. Practicaron diversos escenarios de negociación, conversaciones donde cambiaban de roles, y plantearon otros métodos. Elena le enseñó a Gabriela la importancia de la preparación, de comprender el valor personal y el arte de la comunicación efectiva. Con cada sesión de práctica, la confianza de Gabriela crecía. Se dio cuenta de que negociar no tenía nada que ver con ser agresiva ni egoísta, sino con declarar su valía y crear resultados que fueran mutuamente beneficiosos. Con la asesoría de Elena, Gabriela empezó a comprender que negociar era una herramienta vital para su crecimiento personal y profesional.

Ahora armada de nuevo conocimiento y confianza, Gabriela entró sin miedo a esos diálogos de negociación. Luchó por tener remuneraciones justas, defendió sus ideas y negoció términos favorables en sus tratos. Para su sorpresa, descubrió que entre más se valía de la negociación, más oportunidades se abrían ante ella. Negociar no solo mejoró su situación económica, sino que transformó su mentalidad y sus relaciones. Elevó su valía personal y la empoderó para marcar límites y expresar sus necesidades en todos los ámbitos de su vida. Su recién estrenada confianza y seguridad tuvieron un impacto positivo en sus relaciones personales, conduciéndola a conexiones más fuertes y dinámicas más saludables.

Con el paso del tiempo, la reputación de Gabriela como hábil negociadora se extendió a lo largo de su red de contactos profesionales. Ella misma se convirtió en mentora, y ayudó a otras latinas y más personas a superar su miedo y entender el poder de la negociación. El trayecto de Gabriela del miedo a la confianza se volvió modelo de inspiración para quienes anhelan liberarse de las cadenas de la duda en sí mismos.

Desde ese día Gabriela disfrutó una vida transformada. La negociación se convirtió en su superpoder, una herramienta que sumó a su confianza, renovó su vida y le permitió navegar ambas esferas, la personal y la profesional, con gracia y determinación. Su historia es un potente recordatorio de que si te acostumbras a negociar puedes obtener crecimiento personal, empoderamiento y conciencia de tu verdadero valor.

## ¡ABOGA!

Negociar un salario equitativo puede incluso ayudarte a avanzar en tu carrera. Cuando se te paga lo justo, eres más propensa a sentirte satisfecha con tu trabajo, lo que a su vez lleva a un incremento en el desempeño laboral y oportunidades de desarrollo. Abogar por ti misma puede cimentar tu confianza y tu determinación. Cuando te defiendes, envías un mensaje de que valoras tu trabajo y tus contribuciones. Se trata de un mensaje que, como mujeres de color, debemos aprender a incorporar plenamente.

Por eso no me canso de recalcar la relevancia de saber cuánto vales y luchar por tener un mejor sueldo. Si bien la carga de arreglar este asunto no puede ni debe recaer enteramente en nosotras (porque es un problema sistémico complejo, con muchos estratos, como la parcialidad implícita, los estereotipos, una falta de representación en papeles de liderazgo y el patente racismo), sí hay muchas cosas que podemos emplear para defendernos, alzar la voz y pedir lo que valemos.

### *Sé consciente de lo que vales*

Una de las cosas más importantes que puedes hacer cuando negocies un aumento o un ascenso en tu trabajo actual, o al negociar tu salario en un nuevo empleo, es saber cuánto vales.

Si investigas los estándares salariales de la industria y las prestaciones, además de las aptitudes y la experiencia requerida para la remuneración en tu actual trabajo o para un nuevo puesto que estés buscando, contarás con datos, y no con una cifra al aire que saques de la nada. Con esta información en mano, estarás mucho mejor preparada para comunicar a la empresa lo que vales y demostrar cómo tus habilidades y tu experiencia se alinean con el cargo de manera especial.

Empieza identificando el nombre del puesto que te interesa o uno similar al que tengas en la actualidad. Es importante asegurarte de tener el nombre correcto, pues eso puede afectar los rangos salariales. Si sabes cuál es el rango en el mercado para tu trabajo y para tu industria, podrás establecer una base para tu negociación. Puedes empezar tu proceso de investigación en páginas de internet de agregación de sueldos, como Salary.com, PayScale.com o GlassDoor.com. Estos sitios te darán una gama para empezar; sin embargo, para tener una idea más precisa de los salarios de ciertas compañías en específico, considera acercarte con profesionales de la industria para saber cuál es el rango salarial para el puesto que estás buscando. Incluye colegas, reclutadores y mentores. LinkedIn es una gran plataforma para esto.

Ten en mente que los rangos salariales pueden verse afectados por diversos factores, tales como el nivel educativo, los años de experiencia, la industria, la locación y el tamaño de la empresa. Asegúrate de tomarlos en cuenta cuando investigues los detalles de los salarios. También puedes revisar anuncios para el puesto que buscas y darte una idea de la gama salarial. En 2021 Colorado se volvió el primer estado del país en obligar a las empresas a listar rangos de sueldos en las ofertas de empleos que se pudieran hacer en el propio estado. Desde entonces, varios otros estados (California, Rhode Island y Washington) y ciudades (Ciudad de Nueva York, Cincinnati y Toledo) han aprobado legislaciones similares, mientras que en otras partes las leyes indican que las empresas deben comunicar a sus candidatos el salario mínimo y máximo durante el proceso de contratación. Nuevas leyes como estas pretenden proteger a los candidatos durante el proceso de contratación y evitar que las empresas les pidan su historia salarial (lo que podría perpetuar la brecha salarial).

### *Prepárate con antelación*

Negociar tu sueldo y otros beneficios requiere preparación. Antes de entrar en una negociación, asegúrate de identificar tus metas y prioridades, así como cualquier concesión que estés dispuesta a hacer. Por ejemplo, si la situación es que te ofrecieron un trabajo, determina tu requisito salarial mínimo para que cuando estés ahí ya sepas cuál es el absoluto mínimo que podrías aceptar. Si tu potencial nuevo patrón ofrece menos de lo que esperabas y no se mueve de ahí, considera sugerir que te den un bono de contratación o una participación de las acciones de la empresa para compensar. Otra cosa que podrían considerar son vacaciones pagadas; quizá no recibas la cifra que buscabas en términos de sueldo, pero puedes pedir más días libres.

El siguiente paso: practica tus habilidades de negociación empezando poco a poco; por ejemplo, llamando a tu servicio de telefonía para pedir un costo más bajo o negociar un menor aumento anual en tu contrato de arrendamiento. Como cualquier otra habilidad, aprender a negociar requiere práctica, así que, entre más lo hagas, mejor. Y quién sabe, si tienes éxito, hasta podrías ahorrarte un poco del dinero de tus gastos.

Durante el proceso de preparación tendrás que identificar y anticipar cualquier posible objeción, y planear cómo responder. Considera tomar cursos o talleres de negociación para aprender nuevas estrategias y técnicas, y practicar con otras personas. Puedes practicar enfrente de un espejo o grabarte con tu teléfono, y pedirle ayuda a un amigo o un miembro de tu familia para que te ayude a simular una entrevista. Esto te será útil para identificar cualquier área en la que necesites practicar más. Túrnense y representen cada papel para adquirir diferentes perspectivas.

## ¡ES HORA DE HABLAR BIEN DE TI MISMA!

Cuando buscas un nuevo trabajo o una promoción, es importante resaltar tus logros y el valor que has aportado a la organización (ya sea la que estás dejando o de la que ya eres parte). Tienes que estar preparada con datos y pruebas que demuestren tu utilidad, y lista para contar ejemplos específicos de tus logros y cómo han contribuido al éxito de la empresa. Entre más ates tus logros a la misión y la visión de la compañía, mejor. Tu meta es demostrar de qué manera tus habilidades y tu experiencia te hacen ser un recurso valioso para el equipo y para la empresa en general.

Aun armada con todos tus logros, ¿te sientes de pronto un poco nerviosa antes de una junta importante para discutir tu crecimiento dentro de una empresa o en una entrevista laboral? ¡Bienvenida al club! Una gran forma de prepararte es hacer una lista de tus logros y triunfos clave. Si la situación es una entrevista de trabajo, habla sobre tu puesto o puestos anteriores y piensa cómo se relacionan esos logros con el cargo para el que te están entrevistando. Asegúrate de vincular esas dos cosas.

¿Te aterra pensar que podrías ponerte a divagar en vez de tocar todos los puntos que deseas? Prepárate con tiempo usando el método STAR (Situación, Tarea, Acción, Resultado). Es una técnica de entrevistas que te puede ayudar a estructurar tus respuestas a ciertas preguntas y asegurarte de dar una contestación completa y contundente. En lugar de solo describir tus responsabilidades o tus tareas, concéntrate en los resultados específicos que conseguiste. Cuantifica tus logros cuando sea posible; por ejemplo, citando cifras o porcentajes específicos. Así funciona:

- **Situación:** Prepara rápidamente la escena, asegurándote de dar solo los detalles necesarios.
- **Tarea:** Deja muy claro de entrada cuál fue tu papel o tu responsabilidad exactamente en esa situación.
- **Acción:** Explica con exactitud qué pasos tomaste para realizarla (asegúrate de no describir muchos de los pasos; nada más los que sean cruciales).
- **Resultado:** Explica qué resultados se alcanzaron con tus acciones. Por ejemplo, ¿tus acciones se tradujeron en un cambio en la forma de manejar una situación común en la empresa? ¿Resolviste un problema de negocios que tenían?

No olvides aportar contexto (Situación) en relación con tus logros (Resultados) para ayudar a que el entrevistador comprenda el impacto de tu trabajo. Explícale las dificultades que enfrentaste (Tarea) y cómo las superaste (Acción). Al hablar de tus triunfos, subraya las aptitudes que empleaste para obtenerlos.

Por ejemplo, las ganancias de tu empresa bajaron un año (Situación) y tu gerente te pidió que buscaras formas de aumentar las ventas (Tarea). Revisaste todas las cuentas con la mirada puesta en una forma de darles un mejor servicio además de ofrecerles descuentos personales para atraer más negocio (Acción). ¡*Voilà*, tus ventas subieron 20 por ciento (Resultados)!

Explica cómo usaste tus habilidades de comunicación y negociación para lograr ese resultado. Demuestra cómo es que tus logros tuvieron un efecto positivo en la compañía o en el equipo. Eso les dejará ver que te manejas a partir de resultados y puedes hacer una contribución significativa a la organización. Asegúrate de que tus respuestas sean concisas y concéntralas en los puntos más importantes. Evita entrar en demasiados detalles o irte por la tangente. Si usas este método en una entrevista, podrás exponer tus logros de una manera efectiva y demostrar tu valía como candidata para el puesto.

A menudo, al final de una entrevista te preguntarán: "¿Cuáles son tus expectativas salariales?". Evie Prete aconseja no sentirte presionada para responder ahí mismo, en el momento. Les recomienda a sus clientes que se tomen el tiempo necesario antes de contestar, para que no sientan que se están infravalorando. "Puedes decir algo como: 'Quisiera un poco más de tiempo para pensarlo. ¿Podemos darle seguimiento por correo?'".

### *Muéstrate segura y asertiva*

Como mujer de color, aportas una perspectiva única a tu lugar de trabajo, lo cual añade valor a la compañía. Úsalo como una ventaja y destaca cómo la diversidad de tu experiencia puede contribuir al éxito de la empresa. La confianza es crucial para tener éxito en una negociación. Sé firme y clara al describir tus habilidades y el valor que aportas a la empresa. Indica confianza en ti misma a través del lenguaje corporal y habla con convicción para transmitirle a tu empleador esa seguridad.

## BUSCA ALIADOS Y MENTORES

Durante años, Lucía le metió alma y corazón a su carrera como gerente de marketing, dedicándole largas horas y trabajo arduo. No obstante, con el paso del tiempo empezó a sentir una creciente insatisfacción y frustración. Una noche, después de un día particularmente pesado en el trabajo, estaba navegando por sus redes sociales en busca de inspiración y un destello de esperanza. En su *feed* se topó con un artículo que contaba la historia de personas en una exitosa "transición laboral", quienes habían encontrado satisfacción y felicidad en sus nuevos trayectos profesionales.

Intrigada por la idea de reinventar su carrera, Lucía decidió dar un salto al vacío. Asistió a un evento local de *networking* diseñado para conectar a profesionales en busca de guía con mentores experimentados que ya habían hecho la misma transición en sus propias carreras. Cuando Lucía entró al lugar del evento sintió una mezcla de nerviosismo y emoción. Sabía que esa reunión tenía el potencial de cambiar su vida. Al mezclarse con los asistentes alcanzó a ver a dos mujeres ocupadas en una animada conversación. Lucía sintió una conexión inmediata con su energía y se acercó con actitud vacilante.

Las mujeres, llamadas Carmen y Sofía, saludaron a Lucía con una sonrisa cálida y los brazos abiertos. Ambas eran latinas exitosas que habían atravesado sus propias transiciones laborales con gracia y buenos resultados. Carmen había dejado el mundo corporativo para perseguir su pasión por el emprendimiento, mientras que Sofía había dejado una carrera en finanzas para convertirse en una renombrada *coach* de vida. A fuerza de tazas de café y conversaciones sinceras, con el tiempo Carmen y Sofía se volvieron los pilares de Lucía con su apoyo y orientación. Escuchaban atentamente sus frustraciones, sus miedos y sus aspiraciones, y le dieron un espacio seguro para que se expresara. Carmen le contó cómo superó sus dudas sobre sí misma y dio el salto hacia el emprendimiento, mientras que Sofía le dijo cómo encontrar su verdadera vocación y alinear sus valores con una nueva carrera.

Por medio de su mentoría, Lucía se embarcó en un viaje de autodescubrimiento. Carmen y Sofía la animaron a pensar en sus pasiones, fortalezas y la clase de trabajo que le daría satisfacción. Le ayudaron a identificar sus habilidades transferibles y a explorar distintas industrias que se pudieran alinear con sus valores e intereses. Armada con esa nueva claridad y un sólido sistema de apoyo, Lucía empezó a tomar pasos más en firme hacia su transición profesional. Carmen y Sofía le presentaron contactos clave, le recomendaron cursos y talleres, y compartieron con ella valiosos recursos para renovar sus capacidades. Actuaron como porristas, recordándole en momentos de duda cuánto valía y cuán grande era su potencial.

Pasaron los meses y Lucía floreció. Ganó confianza y claridad, y descubrió su verdadera pasión por el impacto social y la labor de desarrollo comunitario. Con el apoyo de Carmen y Sofía, creó un nuevo camino laboral que mezclaba sus habilidades en la gestión de proyectos con su deseo de hacer un cambio positivo en el mundo. Cuando finalmente llegó el día en que Lucía se iba a embarcar en ese nuevo trayecto, se irguió orgullosa. Acompañada de Carmen y Sofía, dio un discurso muy emotivo en su fiesta de despedida. Lucía expresó su profundo agradecimiento a las increíbles mentoras que habían creído en ella y la habían guiado hacia una exitosa transición laboral.

A partir de ese día, Lucía se ha dedicado a animar a otros que anhelan la satisfacción en sus carreras. Ella misma se volvió defensora de la mentoría y un faro de esperanza para quienes buscan un cambio. La historia de Lucía nos recuerda que, con los mentores adecuados y una determinación inquebrantable, una puede atravesar el camino de la transición laboral y encontrar una inmensa alegría y un claro propósito del otro lado.

Los aliados y los mentores son fuentes invaluables de apoyo y consejo a lo largo del proceso de negociación y ascenso. Al conectarte con mujeres de color en tu campo y crear una red de apoyo, puedes obtener algo tan necesario en esta empresa como la asesoría y la motivación. Busca personas en tu propio campo o en el campo al que quieras pertenecer para adquirir experiencia y pericia en las áreas donde necesites ayuda. Podría ser alguien en tu actual oficina o la anterior, en una organización profesional o en un evento de tu industria. Muchas organizaciones y asociaciones profesionales ofrecen programas de mentoría; busca algunas que empaten con tus intereses y metas profesionales, y solicita tu ingreso.

Es posible que incluso ya tengas entre tus contactos a personas que te puedan brindar ayuda. Busca a tus colegas actuales y pasados, profesores y egresados de tu escuela. Hazles saber que estás buscando un mentor y pregunta si conocen a alguien que pudiera ser una buena opción.

Cuando te acerques a esos posibles mentores, asegúrate de ser respetuosa con su tiempo y su experiencia. Sé clara sobre lo que estás buscando y lo que esperas obtener de su mentoría, establece expectativas realistas y sé agradecida por el tiempo que estén dispuestos a darte. Después de encontrarte con un mentor potencial, mantente en contacto con él y agradécele su tiempo y cualquier consejo que te haya dado. Mantenlo informado sobre tu progreso y solicita su consejo cuando lo necesites.

---

### Ejercicio: guion para negociar un sueldo

Si estás lista para abogar por ti misma en el trabajo, pero no sabes por dónde empezar, este guion te puede ser útil como marco en una conversación con tu jefe. Empieza por agendar una junta con tu superior para conversar sobre tu remuneración.

**Tú:** Hola, [nombre del jefe], quisiera solicitar una reunión para hablar de mi actual remuneración. Creo que es importante platicar sobre mi aporte a la compañía y lo que contribuyo desde mi puesto.

**Superior:** Por supuesto, [tu nombre]. Agradezco tu iniciativa. Busquemos un momento que nos funcione a los dos. ¿Qué te parece [fecha y hora sugerida]?

**Tú:** Me queda bien. Gracias, [nombre del jefe]. Me dará mucho gusto poder conversar más a profundidad de esto.

*El día de la junta preséntate con seguridad y lista para exponer tus argumentos.*

**Tú:** Gracias por darme este tiempo para reunirnos, [nombre del jefe]. Quería comentar contigo mi desempeño y el valor que he aportado a la empresa desde la última evaluación de mi remuneración.

**Superior:** Sí, [tu nombre]. ¿De qué te gustaría hablar en específico?

**Tú:** Me gustaría discutir mi actual salario y explorar la posibilidad de un aumento. Durante los últimos [especifica el periodo], he demostrado de manera consistente mi dedicación, he tenido resultados destacados y he contribuido al éxito del equipo y de la empresa.

**Superior:** Comprendo tu perspectiva, [tu nombre]. ¿Puedes darme más información sobre tus contribuciones y las razones por las que consideras justificado un aumento?

**Tú:** Claro, [nombre del jefe]. Déjame mencionarte algunos de mis principales logros desde nuestra última evaluación. [Menciona logros específicos, como superar las metas, dirigir proyectos con éxito, recibir una retroalimentación positiva de clientes o colegas o asumir nuevas responsabilidades].

**Superior:** Aprecio tu esfuerzo, [tu nombre]. Déjame revisar tu desempeño y el presupuesto actual. Evaluaré qué se puede hacer en términos de ajustes salariales.

**Tú:** Gracias, [nombre del jefe]. También quiero expresarte mi firme compromiso con el éxito y el crecimiento de la empresa. Ya que mis responsabilidades han aumentado y he entregado resultados de manera consistente, creo que un aumento salarial reflejaría mi dedicación y el valor que aporto a la organización.

**Superior:** Comprendo tu perspectiva, [tu nombre]. Déjame considerarlo y platicarlo con las personas indicadas. Me comunico contigo para darte una respuesta lo más pronto posible.

**Tú:** Gracias, [nombre del jefe]. Te agradezco tu consideración y espero tu respuesta. Estoy segura de que ajustar mi remuneración no solo sería un reconocimiento a mis contribuciones, sino que me motivaría a seguir dando resultados excepcionales.

*Termina la conversación con profesionalismo y expresa tu gratitud por la oportunidad de platicar el asunto.*

Podría ser útil que un amigo o un miembro de tu familia te ayudara a practicar. Recuerda: cada negociación es única; es importante adaptar el guion a tu situación particular y la cultura de tu empresa. Prepárate para contestar cualquier pregunta o inquietud que tu jefe pudiera tener. Aborda la conversación con seguridad en ti misma y respáldala con tu desempeño y el valor que aportas a la compañía. ¡Buena suerte, bebé!

## NO RECIBISTE ESE AUMENTO DE SUELDO
## O NO TE ASCENDIERON... ¿AHORA QUÉ?

Si te dieron el trabajo o te ascendieron... ¡¡¡yupi!!! ¡Es momento de abrir la champaña! Pero ¿qué pasa si las cosas no se dan como las planeaste? ¿Qué pasa si no te ofrecen el puesto, no te suben el sueldo o no te dan la promoción? Que te digan "no" puede ser una decepción, pero es importante que te mantengas profesional y respetuosa en tu respuesta. Y es importante saber que la esperanza no está perdida, amiga. Hay muchos trabajos más y muchas cosas que puedes negociar además de un salario más elevado.

Para empezar, tienes que decidir si estás dispuesta a volver a la mesa de negociaciones o si vas a buscar una oportunidad en otra parte. Esos son algunos pasos que puedes tomar si recibiste una negativa en el proceso de negociación.

En primer lugar, agradece a tu superior por su tiempo y su consideración. Aun si te sientes decepcionada con el resultado, es importante que le agradezcas que se tomara el tiempo de meditar tu petición. Luego pide que te dé retroalimentación o te diga por qué no pudo concederte el aumento o el ascenso. Pudo haber sido tu presentación, o quizá no tenga nada que ver contigo, sino con recortes presupuestales. Si no estás segura de algún aspecto en la decisión de tu jefe, pídele que te lo aclare. Eso te podría ayudar a entender mejor su perspectiva y lo que puedes hacer para aumentar tus posibilidades en el futuro.

### ¿Qué pasa si la respuesta sigue siendo no?

Si tu jefe no puede darte un mejor salario ni ascenderte, considera pedir alguna forma de remuneración alterna. Te dejo una lista de cosas que podrías negociar además de un sueldo mayor.

**Prestaciones de salud y beneficios de bienestar:** Considera negociar prestaciones de salud y bienestar, ya sea un seguro de gastos médicos, dentales o de la vista, así como programas de bienestar para los empleados, membresías de gimnasios o recursos para la salud mental. Si ya los tienes, puedes intentar pedir mejores opciones en tu plan.

**Beneficios de jubilación:** Si todavía no te los proporcionan, negocia esta prestación, ya sea un plan de ahorro para el retiro 401(k) o una pensión, además de aportaciones patronales o aportaciones equivalentes.

**Días libres:** Negocia mejores vacaciones o más días de vacaciones, incapacidades por enfermedad o días personales. Podrías, además, pensar en pedir un horario flexible o la facilidad de trabajar desde casa.

**Desarrollo profesional:** Considera negociar oportunidades de crecimiento, como entrenamientos o programas educativos, reembolso de colegiaturas o tutorías.

**Opciones de compra de acciones o patrimonio propietario:** El patrimonio hace referencia a la titularidad de la compañía. Cuando a un empleado se le ofrece participación en el capital, se vuelve dueño parcial de la empresa y tiene derecho a una parte de las ganancias y los activos. Se puede otorgar como acciones de la empresa en sí o como una participación de las ganancias de la compañía. Las opciones de compra de acciones, por otra parte, le dan al empleado el derecho de comprar una cierta cantidad de acciones de la empresa a un precio predeterminado, conocido como precio de ejercicio, el cual suele establecerse en el valor justo de mercado para las acciones en el momento en que se otorga la participación. Si sube el precio de las acciones, el empleado puede comprar acciones al precio de ejercicio más bajo y venderlas al precio de mercado mayor, con lo que obtiene una ganancia. Tanto las opciones de compra de acciones como la participación del capital son formas valiosas de remuneración, pues les genera a los empleados interés en el éxito de la empresa y el potencial de obtener un beneficio económico. No obstante, también conlleva un riesgo, pues el valor del capital o de las acciones podría disminuir si a la empresa no le va bien. Es importante que consideres con mucho cuidado los términos y condiciones de una participación en el capital o de las opciones de compra de acciones que te ofrezcan, además de que lo consultes con un asesor financiero o un experto en cuestiones fiscales antes de tomar cualquier decisión.

**Asistencia con la mudanza:** Si un nuevo empleo requiere que te reubiques, considera negociar asistencia para mudarte, como un reembolso de los gastos de la mudanza o de un alojamiento temporal.

**Beneficios de transportación:** Son un tipo de prestación para los empleados que algunas empresas ofrecen para ayudar a compensar los costos de trasladarse al trabajo. Tales beneficios se otorgan de muchas maneras, por ejemplo:

**Deducciones antes de impuestos:** Algunas empresas permiten que sus empleados usen dinero antes de impuestos para pagar gastos de transportación deducibles, ya sea en transporte público o estacionamiento calificado.

**Subsidios de transporte:** Las empresas pueden ofrecer subsidios de transporte o programas de reembolso para ayudar a cubrir el costo del transporte público, como camiones o trenes.

**Subsidios de estacionamiento:** Algunas empresas dan subsidios o reembolsos de los gastos de estacionamiento, como cuotas en estacionamientos o garajes.

**Beneficios de ciclismo:** Las empresas pueden ofrecer prestaciones a los empleados que hacen su trayecto en bicicleta, ya sea un reembolso del mantenimiento de su bicicleta o equipo, o acceso a programas para compartir bicicletas.

**Bonificaciones:** Si estás negociando una remuneración en un empleo nuevo y tu nuevo jefe no cede en cuestiones salariales, podrías estar en condiciones de pedir un bono de contratación como pago único o un incremento en tu porcentaje general de bonos de desempeño. Lo mismo si la empresa te dice "Ahora no" a una promoción o un aumento de sueldo: pregunta sobre la posibilidad de un bono de desempeño basado en tus logros acordados; por ejemplo, si estás en ventas, cuántos nuevos clientes traerás hacia el final del año.

## UNA CARTA ABIERTA AL MUNDO CORPORATIVO DE ESTADOS UNIDOS

Ahora que ya exploramos la importancia de saber lo que vales y estar plenamente convencida, ¡es momento de dar un paso atrás y recordar que no estás sola! Como latinas, hemos luchado durante siglos por recibir una remuneración justa. El tiempo de la equidad salarial es ahora. Ya no podemos ignorar los cambios sistémicos necesarios ni hacer esto solas. Debemos unirnos a la lucha. Quiero mostrarte una carta que escribí como grito de guerra a las empresas estadounidenses para que empiecen a reconocer nuestra valía y conviertan en una prioridad que las mujeres latinas tengamos una remuneración equitativa. ¡Siéntete libre de leérsela a cualquiera que se una a esta lucha!

*A quienes ejercen el poder:*

*Podemos manifestarnos día y noche en las calles pidiendo un salario equitativo para todos, pero seamos honestos...*

verdaderamente eliminar la brecha salarial de género va a requerir una solución multidimensional que se encargue de las barreras sistémicas y los sesgos culturales que pueden dificultarnos negociar salarios más altos. Básicamente, *NECESITAMOS QUE USTEDES LO ARREGLEN*. Muchas mujeres de color tal vez ni siquiera estén conscientes de los factores que contribuyen a las disparidades salariales, ni cómo negociar un sueldo más alto. Si quieren asumir un papel más activo para desmantelar las disparidades que ustedes han creado, necesitamos que sean proactivos y den capacitaciones sobre estos temas para que podamos adquirir las habilidades y la confianza necesarias para abogar por nosotras mismas.

Las mujeres de color merecemos transparencia en cuanto a los salarios. Necesitamos que ustedes sean honestos cuando hablan de cualquier cosa relacionada con paga o promociones para sus empleados a fin de que se reduzca la probabilidad de disparidades salariales. Asegúrense de que todos los empleados estén conscientes de los criterios para las promociones y los aumentos, y que comprendan los procesos para solicitar un incremento salarial.

Las mujeres de color enfrentamos sesgos y discriminación en los lugares de trabajo que nos dificultan todavía más negociar un incremento. Necesitamos que ustedes prediquen con el ejemplo y trabajen activamente para educar a los puestos de mando sobre temas de DEI (Diversidad, Equidad e Inclusión), como la sensibilidad cultural y los sesgos inconscientes. Y por favor, dejen de tratar los DEI como un hashtag viral en redes sociales. Desarrollen políticas y programas que en verdad creen oportunidades para grupos infrarrepresentados, y promuevan activamente la diversidad y la inclusión dentro de sus organizaciones. Atender *estas cuestiones por medio de capacitaciones y cambios en su política puede producir un ambiente más inclusivo y favorable que recompense a la gente de manera equitativa por su trabajo duro y sus habilidades.*

*Por último, necesitamos que dejen de financiar a políticos que están contentos con el statu quo. Necesitamos que, a nivel local, estatal y federal, luchen por cambios en las políticas relacionadas con disparidades salariales y promuevan sueldos equitativos. Esto incluye abogar por una legislación más firme de paga equitativa, apoyar iniciativas en favor de la diversidad y la inclusión, apoyar las licencias por maternidad con goce de sueldo y guardería costeable, además de presionar para que haya una mayor transparencia en cuanto a la paga y las promociones. Porque solas podemos hacer un poco, pero juntos podemos hacer mucho.*

*Solidariamente,*
*Jannese*

Mujer, tu viaje hacia la alfabetización financiera comienza sabiendo cuánto vales realmente. Por favor, nunca olvides que eres cien por ciento valiosa y mereces ver cumplidos tus sueños.

# CAPÍTULO 4

# **Deja de perseguir "el sueño" y sé realista con tu dinero**

Yo compré una casa para perseguir el sueño americano. Acabé en terapia.

Déjame contarte una historia. La década de mis veinte estuvo atestada de gastos inconscientes. No tenía un presupuesto, solo una vaga idea de cuáles eran mis cuentas y cuándo había que pagarlas. Hacer presupuestos me parecía algo tedioso; la idea de tener que registrar cuánto gastaba en un café de Starbucks era demasiado. No tenía el tiempo, y estaba segura de que nadie más lo tenía. No establecí metas económicas reales ni pensé en ellas. Y se notó.

Recién independizada y viviendo por mi cuenta, intenté replicar el estilo de vida con el que había crecido. Para cuando yo estaba en la preparatoria, mis padres trabajaban tiempo completo, habían comprado su primera casa, y nuestra calidad de vida en general mejoró considerablemente. Empezamos a hacer viajes familiares más seguido, salir a comer y comprar coches nuevos. La vida era buena. Así que, tan pronto como obtuve mi primer empleo de tiempo completo después de graduarme, empecé a hacer lo mismo.

Derroché en viajes caros (tres o cuatro veces al año), me mudé a mi primera casa, compré un auto nuevecito, gasté 50 000 dólares en una boda elegante y una luna de miel, saqué un préstamo estudiantil de 30 000 dólares para cursar mi maestría. Estaba viviendo el sueño americano (o eso creía). Lo cierto es que todo mi sueldo se iba en mis gastos y no tenía ahorros. Pensaba que todo lo que tenía que hacer era ganar un sueldo de seis cifras y así ya no iba a necesitar un presupuesto; ¡deber las tarjetas de crédito nunca más sería un problema! En ese entonces me pareció que tenía sentido.

Así empezó mi búsqueda de las seis cifras. Exactamente cincuenta y un días después de mi cumpleaños número treinta, al fin obtuve mi primera oferta de trabajo de seis cifras, más dinero del que había ganado en mi vida. Ganar seis cifras significaba que nunca más me iba a tener que preocupar por dinero... fuera de que, a decir verdad, las cosas no fueron diferentes. En lo absoluto. Rápidamente aprendí que no puedes superar con un sueldo unos pésimos hábitos de consumo. Yo seguía gastando dinero de una manera imprudente; simplemente, ahora tenía más para gastar.

Al fin había tachado una línea importante de la lista, pero en lugar de ser realista con mi situación económica, me moví hacia el siguiente gran "sueño" / expectativa. En mis treinta, todos a mi alrededor se sumergieron en la adultez como si a eso se dedicaran: se casaron, compraron casas y demás. Yo también me propuse dar el siguiente paso que sentía lógico para mí. Compré una casa porque "rentar es tirar el dinero". Es una de las ideas que nos meten a todos en la cabeza, en particular en la comunidad latina. Si quieres crear un patrimonio, compras una casa. Así, pues, lo hice. Después de todo, es lo que hacen los adultos que ganan seis cifras, ¿no? Pero nadie me preparó para lo que vendría después.

En julio de 2016 cerré el trato para comprar un dúplex usando el programa de la Administración Federal de Vivienda del Departamento de Vivienda y Desarrollo Urbano de Estados Unidos para los primeros compradores, cargándome una hipoteca mensual de 3000 dólares para los siguientes treinta años. En lugar de comprar una casa para una sola familia, consideré que comprar una unidad multifamiliar y rentar la parte no utilizada me permitiría costear un hogar más caro del que de otra manera habría comprado sola. Si comprar una casa es igual a tener éxito, ¿convertirte en casera no es la jugada ganadora definitiva?

Como dueña primeriza de mi propia casa, pensaba que ya tenía todas mis bases cubiertas. Después de pagar los costos de cierre, todavía tenía unos cuantos miles de dólares en nuestro fondo de emergencia. Era una casa bien conservada, construida en 1930, que había pertenecido a la misma familia durante múltiples generaciones, y acababan de renovar la unidad de abajo (donde yo iba a vivir). La inspección de la casa no mostró ningún problema considerable y el vendedor incluso mandó instalar un nuevo sistema de calefacción como parte de la compra.

Todo parecía fabuloso... al principio. ¡Dios mío, la que me esperaba!

La primera mala señal se dio cuando quise rentar el segundo departamento. Mi agente de bienes raíces había calculado que podía rentar esa unidad de dos recámaras en el segundo piso por 1600 dólares mensuales; de ser así, ya cubriría la mitad de la hipoteca. Resultó que la unidad en el segundo piso era demasiado chica para ameritar los 1600 de renta que había esperado (y sobre los que había planeado), así que tuve que bajarla a 1300 dólares. Y pensaba que sería suficiente.

Esto fue solo el principio del cagadero que se avecinaba. Dos semanas después de mudarme llegué del trabajo y me recibió un hedor a aguas negras. Resultó que, durante la renovación hágalo usted mismo que habían hecho en la casa, a alguien se le ocurrió echar cemento por el desagüe principal, con lo que se bloqueó 95 por ciento del paso. El sótano estaba inundado con quince centímetros de aguas residuales.

A pesar de no mostrar daño alguno por agua durante la inspección, el sótano se empezó a inundar cada vez que llovía. El precio de un sistema de drenaje francés con dos bombas de desagüe: 15000 dólares. Se tuvo que reemplazar la tubería de desagüe de hierro forjado: otros 4000. En total, todos los problemas de drenaje me salieron en 17000 (más de lo que tenía en el pequeño fondo de emergencia de 2000 dólares que había apartado cuando compré la casa).

El daño era más que económico. Desde el principio tuve una hemorragia de dinero y mi salud mental lo empezó a padecer. Dos semanas después de mudarme ya estaba lista para vender la propiedad. Estresada y ansiosa, me acostaba en la cama y lloraba por horas, pensando cómo deshacer la pesadilla que yo solita había creado.

Terminé por caer en una auténtica depresión. Con la ayuda de un psiquiatra, me di cuenta de que había estado tomando decisiones de vida enormes que no se alineaban con la cantidad de dinero que en realidad había en mi cuenta. Había permitido que la presión de las expectativas sociales me hiciera creer que, si no era dueña de mi propia casa, estaba tirando el dinero a la basura como inquilina. Pero recuerda, chica, lo mejor para todos no siempre es lo mejor para ti.

Menos de tres años después vendí la casa (con una pérdida de 10000 dólares) y volví a rentar después de mudarme de Nueva Jersey a Florida en 2018. Quería empezar de cero y decidí concentrarme en mis propias metas económicas en lugar de las que se me habían impuesto. Los siguientes dos años me dediqué a pagar mis préstamos estudiantiles y la deuda de mi tarjeta de crédito usando el dinero que estaba ganando con mis ingresos secundarios (te cuento más de eso después) y en febrero de 2020 logré quedar libre de deudas. Justo antes de la pandemia. ¡Eso es precisión! No podría estar más en paz con mi decisión de volver a rentar después de aventarme a ser dueña de una casa. Hice las paces con el hecho de que no estaba lista, ¡y no pasa nada! Sí planeo comprar tarde o temprano una casa que sea mi domicilio principal, pero cuando lo haga no será porque sea "una buena inversión", sino porque estoy lista para quedarme en un solo lugar y estoy en condiciones de gestionar la responsabilidad económica que eso conlleva.

En este capítulo te contaré más sobre la decisión de comprar una vivienda y otros marcadores tradicionales de éxito y estabilidad económicos que quizá sea magnífico que logres en algún momento... pero tal vez no ahora. O en una de esas, nunca. Y está bien. Con la idea de que puedas descubrir qué es lo correcto para ti, demos un vistazo a una lista de los otros sueños comunes y sus realidades económicas adyacentes. Trataré sus pros y contras con mayor profundidad más adelante en el capítulo.

| El sueño | La realidad |
|---|---|
| El trabajo "seguro" | Ningún trabajo es seguro. Ya era cierto antes de la pandemia de covid-19, pero es todavía más evidente hoy. |
| Ese gran "y vivieron felices para siempre" | El 50% de las primeras nupcias, 67% de las segundas y 73% de las terceras terminan en divorcio. Asegúrate de casarte por las razones correctas, no solo porque te hayan hecho creer que "tienes" que hacerlo. |
| La boda extravagante | El costo de una boda promedio en 2023 era de 29000 dólares. ¡Es un dineral! Podrías pensar mejor qué importa realmente cuando estés planeando tu "gran día", porque en unos años no te vas a acordar de esos arreglos florales extragrandes, sino de haberte casado con la persona que amas. |
| Las credenciales: certificados, licenciaturas, maestrías, doctorados, posdoctorados, etcétera | Alrededor de 9% de los estadounidenses tienen posgrados, pero esto incrementa sus probabilidades de encontrar trabajo en menos de 3%. Mujeres, ¡piénsenlo muy bien antes de gastar tiempo (y dinero) en esos títulos adicionales! |
| La casa ideal | Más de una quinta parte de los dueños de vivienda en Estados Unidos (casi 17 millones de hogares) se consideran "pobres con casa", pues destinan más de 30% de su ingreso total a gastos relacionados con la casa. |
| Tener hijos | De acuerdo con el Departamento de Agricultura de Estados Unidos, cuesta 233 610 dólares criar a un hijo hasta los 18 años. Si ajustamos la inflación, esa cifra se acerca más a los 288 094 dólares. Si planeas tener hijos, ¡empieza a ahorrar! |

Chica, por favor, antes de lanzarte a conseguir tus sueños, ¡tómate un momento para pensar cuáles son estos en realidad! Esto se conoce como **gasto basado en el valor.**

Practicar el gasto basado en valor significa tomar decisiones de compra bien pensadas y meditadas. Al adoptar esta práctica puedes desarrollar un método más consciente para gastar dinero, asegurándote de que tus recursos económicos estén dirigidos hacia lo que en verdad es importante para ti. Entonces, ¿por dónde puedes empezar? Establece un presupuesto que refleje tus ingresos, gastos y metas económicas. Al registrar tus ingresos y gastos puedes dirigir tu dinero de manera meditada hacia tus prioridades y evitar las compras impulsivas. Para empezar a practicar el gasto basado en el valor necesitas un presupuesto.

## LO BÁSICO DE LOS PRESUPUESTOS

Para empezar, dejemos algo claro. Puede ser que creas que hacer un presupuesto significa vivir con estrecheces, limitaciones y privaciones, pero no necesariamente es así. En realidad, un presupuesto puede (y debe) ser tu mejor amigo. A mí me gusta pensar en mi presupuesto como un plan de gastos. Es una forma de darle a tu dinero un trabajo, en lugar de dejar que se vaya desbocado, esperando que haga lo que quieres que haga. En lugar de esperar que nuestros dólares nos cuiden, es mejor darle a nuestro dinero instrucciones precisas para que sepa cómo mostrarnos amor también. Deja que tu presupuesto sea el lenguaje amoroso de tu dinero. Con un plan firme, te será más fácil alcanzar tus metas y mantener el rumbo. ¿Cómo empezar? Veamos algunas estrategias comunes para crear un presupuesto.

### *Presupuestos para principiantes:*
### *el plan de 50/30/20*

Este sistema te da una plantilla básica para destinar tus gastos hacia diferentes categorías, con la idea de que puedas pagar deudas, cubrir gastos actuales y ahorrar para gastos futuros. Divide tu ingreso en tres categorías principales: 50 por ciento se va a necesidades, 30 por ciento a deseos y 20 por ciento a ahorros y pago de deudas. Puedes usar estos porcentajes como una sugerencia y no tanto como una regla inflexible, pues dependen enteramente de tus ingresos y egresos.

No es raro que alguien en una zona con un alto costo de vida gaste 50 por ciento o más de sus ingresos en casa y transporte. En esos casos, tus gastos fluctuarán, pero la parte importante de hacer un presupuesto es determinar si puedes crear un poco de margen. Esto tal vez requiera que te mudes a un departamento más barato mientras pagas tus deudas y luego, una vez que no debas nada, puedas usar para tener un hogar más lindo ese dinero que antes era para saldar deudas.

La idea del presupuesto de 50/30/20 es establecer tus porcentajes y luego observar dónde hay puntos débiles y dónde hay un posible margen para jugar y que puedas acercarte a tus metas económicas. Después de seguir su presupuesto de 50/30/20 durante algunos meses, Sonia notó que los gastos de manutención estaban consumiendo la mitad de su presupuesto de "necesidades", dejándola sin prácticamente nada de espacio para sus categorías de "deseos" y "ahorros". Como sabía que su mamá había expresado el deseo de pasar más tiempo con su hija, Sonia le preguntó si estaría dispuesta a cuidarla un par de días a la semana. Su mamá estaba encantada. ¡Era una situación en la que todas ganaban!

## La regla de 50/30/20 para hacer un presupuesto

**Gastos flexibles**
- Comer fuera
- Ropa
- Entretenimiento
- Viajes

30%

50%

**Gastos fijos**
- Renta/hipoteca
- Servicios
- Pagos del automóvil
- Despensa

20%

**Ahorros y pago de deudas**
- Fondo de emergencia
- Cuenta de retiro
- Préstamos estudiantiles
- Deuda de la tarjeta de crédito

*Fuente:* Annuity.org

## CONTROLAR TUS GASTOS: EL SISTEMA DEL SOBRE

Si necesitas un sistema rígido para ayudarte a reducir tus gastos frívolos o evitar las deudas, pero no quieres registrar cada compra, prueba con este método basado en efectivo. Estableces un límite de gasto para cada categoría —por ejemplo, despensa, servicios, renta y entretenimiento—, llenas sobres con el efectivo designado y luego solo usas ese dinero para esos gastos. Una vez que se haya vaciado un sobre, no puedes gastar más dinero en esa categoría en particular el resto del mes.

Goodbudget es una buena aplicación para hacer presupuestos digitales en el sistema de sobre, y es perfecta para gente a la que le gusta el método pero no quiere andar lidiando con un montón de efectivo en sobres de papel. Al usar esta aplicación y otras similares, podrás destinar ciertas cantidades de efectivo a sobres virtuales que puedes ver en tu teléfono o tu laptop en cualquier momento. También puedes compartir información con tu pareja o tu familia para que juntos se mantengan dentro del plan.

Zoraida, una clienta, descubrió algo interesante cuando probó el sistema de sobres. Tener todo su dinero claramente "marcado" para gastos con efectivo contante y sonante le hizo experimentar una sensación más fuerte de cómo quería gastar en verdad su dinero. Esto era particularmente claro cuando veía su sobre de entretenimiento. Ese mismo billete de 20 dólares que sacó del sobre para comprar ese nuevo labial rojo intenso de Sephora que en realidad no necesitaba —¡ya tenía otros tres muy parecidos!— no alimentó su alma como los 20 dólares que se gastó en ir a bailar. Emplear el sistema de sobres le ayudó a Zoraida a estar más en contacto con lo que realmente le importaba.

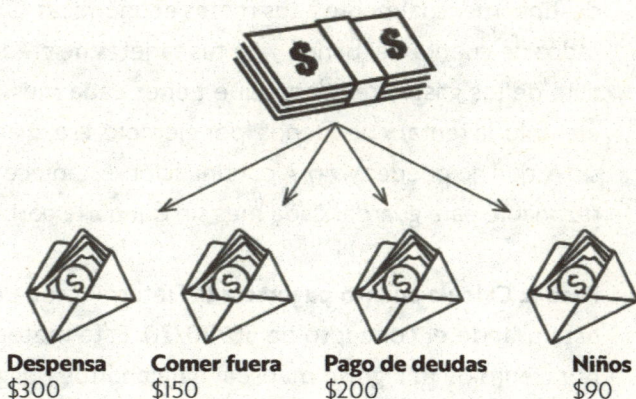

| Despensa | Comer fuera | Pago de deudas | Niños |
|----------|-------------|----------------|-------|
| $300 | $150 | $200 | $90 |

**Despensa**

Empezó con $300
−235
──────────
**Dinero que sobró $65**

## El antipresupuesto: págate a ti primero

Diseñado para alinear tus hábitos de consumo con tus metas económicas y tus valores, este presupuesto "antipresupuesto" pone tus prioridades, como ahorrar más dinero para el retiro, un fondo de emergencia o un enganche para una casa, antes de los gastos inmediatos. Con este sistema, tú decides cuánto quieres apartar de tu ingreso mensual para lograr tus objetivos antes de pagar tus cuentas. No tienes que hacer números cada mes; simplemente trabajas con lo que te queda después de resolver primero tu meta económica número uno.

Para crear un presupuesto que te pague a ti primero sigue estos pasos:

**Paso 1: Haz una lista de tus gastos.** Para que este presupuesto funcione necesitas empezar con una idea realista de cuánto puedes destinar mensualmente a tus metas económicas. Observa los estados de cuenta del banco y de tus tarjetas de crédito, y haz una lista de los gastos regulares que tienes cada mes, grandes (por ejemplo, la renta) y pequeños (por ejemplo, ese champú carísimo sin el que no puedes vivir). A continuación, establece una cantidad razonable para guardar cada mes sin quedarte corta.

**Paso 2: Calcula cuánto pagarte a ti.** Determina una cantidad realista usando el concepto de 50/30/20. Este método guarda 20 por ciento de tu ingreso mensual para ahorros y pago de deudas, 50 por ciento para necesidades y 30 por ciento para lo que quieras. Con un ingreso mensual de 4600 dólares, por ejemplo, reservarías no más de 920 dólares para ahorro y pago de deudas, 2300 para necesidades y 1380 para lo que desees.

**Paso 3: Automatiza tus depósitos.** La automatización es la clave para que este sistema te funcione. Depender de transferencias manuales puede dificultar que priorices tus ahorros y tus metas de inversión. Establece una transferencia automática para que una parte de cada sueldo se vaya a la cuenta de ahorro, la cuenta de retiro, las inversiones u otros vehículos de ahorro, a partir de tus objetivos generales.

**Paso 4: Haz los ajustes necesarios.** Idealmente, te entrará suficiente dinero para cubrir tus necesidades, tus gustos y tus metas económicas, pero si de pronto te quedas un poco corta, busca maneras de ajustar gastos. Esto podría ser el equivalente de concentrarte en una sola meta de ahorro a la vez, encontrar formas de recortar gastos de las categorías de necesidades y gustos, o todo lo anterior. También podrías probar suplementar tu ingreso con algunos microtrabajos. Selma C., creadora de contenido de finanzas y fundadora de la platáforma de redes sociales Bitch I'm Budgeting, pudo pagar 41000 dólares de deuda en dos años y medio haciendo una serie de trabajos extra. Por ejemplo, un mes que trabajó para Instacart un par de horas al día, ganó 4000, más de lo que ganaba en un mes con su sueldo de maestra de educación especial.

### Asígnale un trabajo a cada dólar: el presupuesto base cero

Este presupuesto les sirve mucho a los planificadores meticulosos y a los que gastan de más. Hace que monitorear tus gastos sea cien por ciento claro. Toma tu ingreso mensual y usa cada dólar de manera reflexiva —como ahorrar cierta cantidad para un viaje y pagar por servicios y despensa— hasta que queden cero dólares para gastar. Pero si no eres estricta con el uso de efectivo, como en el sistema de sobres, vas a tener que registrar cada gasto en una hoja de cálculo o un rastreador para asegurarte de que no te estés pasando del presupuesto. Las aplicaciones como YNAB (You Need A Budget) y EveryDollar te pueden ayudar a seguir un presupuesto base cero digital.

| Comparación de conceptos del presupuesto | | | |
|---|---|---|---|
| Hábitos de ahorro comunes | | Págate a ti mismo primero ☑ | |
| **Sueldo** | | **Sueldo** | |
| **MENOS** | **Cuentas** | **MENOS** | Ahorros |
| **MENOS** | **Mis gastos** | **MENOS** | **Cuentas** |
| ENTONCES TAL VEZ | **Sobrante Ahorros** | | **Mis gastos** |

| Cómo crear un presupuesto base cero | |
|---|---|
| **Ingreso mensual total: $3 250** | |
| Renta | $1 200 |
| Servicios | $120 |
| Despensa | $400 |
| Teléfono | $80 |
| Gasolina | $250 |
| Seguro | $100 |
| Ropa | $100 |
| Entretenimiento | $150 |
| Beneficencia | $100 |
| Fondo para viajes | $100 |
| Fondo de emergencia | $150 |
| Retiro | $200 |
| Préstamos | $200 |
| Misceláneos | $100 |
| **Cantidad sobrante $0** | |

En el momento de elegir un método para hacer tu presupuesto, sería bueno que consideraras cuánto tiempo y esfuerzo estás dispuesta a dedicar a la creación y el manejo de tu presupuesto. Algunos de estos sistemas, como el presupuesto base cero, necesitan un rastreo diario o semanal detallado. El sistema de pagarte a ti mismo primero y las aplicaciones que sincronizan tus cuentas de banco requieren un poco de mantenimiento.

¿Qué tan seguido deberías ver tu presupuesto? No hay una regla preestablecida, así que hazlo a tu propio ritmo. Si te sientes segura sobre tu situación económica, podrías estar bien si solo revisas la información una vez al mes o un par de veces al año. Sin embargo, si aún sientes que apenas le estás agarrando el modo a manejar bien tu dinero, lo ideal sería que revisaras todo cada semana o después de cada compra que hagas.

Determina si quieres asumir un presupuesto que manejes tú misma o si buscarás asistencia tecnológica. Programas de cómputo de finanzas personales como Mind o Empower (antes llamado Personal Capital) pueden ser convenientes si quieres tener acceso y actualizar tu información en el momento. Aplicaciones como Digit automatizan tus ahorros, lo que también te puede ayudar a arrancar tu presupuesto. Si algo no carga la información automáticamente y categoriza tus compras, o si es muy difícil de usar, tal vez no añada gran valor. Para algunos, un método manual, a la antigüita, con papel y lápiz, es lo mejor. Escribir las cosas te puede ayudar a retener información y sentirte conectada con tu presupuesto.

La mayoría de las aplicaciones de presupuesto tienen características especiales de seguridad para cuidar que tu información financiera no acabe en manos de *hackers*. Sin embargo, eso no quiere decir que debas bajar por completo la guardia cuando uses aplicaciones financieras para hacer tus presupuestos. Los piratas informáticos todavía podrían tener acceso a tus datos bancarios si roban tu contraseña. Si no te sientes cómoda vinculando tus cuentas de banco a un servicio electrónico de presupuestos, un método físico también te podría ahorrar preocupaciones. Ten en cuenta que plataformas de efectivo de punto a punto como PayPal, Venmo y CashApp no son bancos, y los fondos en esas cuentas no están asegurados por la Corporación Federal de Seguro de Depósitos (más al respecto en la página 118).

Si todavía no te sientes segura, déjame decirte que no necesitas seguir un sistema específico para tu presupuesto, mientras tengas presentes los detalles importantes, como ingresos, deudas, metas y gastos generales. Si vives dentro de tus posibilidades y sabes que vas por buen camino para lograr tus objetivos, entonces quizá sea excesivo registrar cada centavo. Lo más importante es encontrar un sistema que te funcione ¡y que te ayude a llegar a esas metas!

## HACERTE CARGO DE LAS DEUDAS:
## TU PORTAL HACIA LA LIBERTAD ECONÓMICA

Las deudas son tu mayor obstáculo para alcanzar la libertad económica, y si estás endeudada en la actualidad, definitivamente no eres la única. El estadounidense promedio debe alrededor de 90 460 dólares.[1] Un *millennial* promedio en 2023 debe 56 538 de préstamos estudiantiles. Alrededor de 70 por ciento de los *millennials* se gastan todo su salario en el mismo mes y no pueden ahorrar.[2] Si vas a crear fortuna de verdad, ¡tus deudas se tienen que ir rapidito, cariño! Cargar con una deuda de este tamaño afecta tu historial crediticio, tu acceso a diversos productos financieros, tu capacidad de comprar artículos de gran valor y tu salud mental. Entre más tiempo tengas deudas, más vas a pagar; dependiendo de la tasa de interés, podrías acabar pagando más en intereses de lo que fue el capital principal original. Sin una estrategia para cubrir tus deudas, la libertad económica estará fuera de tu alcance. Hablemos de las mejores maneras de hacer frente a esas deudas para que puedas vivir tu mejor vida.

### Avalancha de deudas

La avalancha de deudas es un método para cubrir múltiples deudas, por lo general de préstamos o tarjetas de crédito, de una manera eficiente y estratégica. Consiste en priorizar las deudas a partir de sus tasas de interés y acabar de pagar primero la que tenga la mayor tasa, mientras haces pagos mínimos a las demás deudas. Una vez que la deuda que generaba más intereses se termina de pagar, aplicas el mismo criterio y sigues con la deuda

---

[1] https://www.cnbc.com/select/average-american-debt-by-age/#:~:text-t=While%20the%20average%20American%20has,loans%2C%20mortgag-es%20and%20student%20debt.

[2] https://www.realestatewitch.com/millennial-debt-2023/.

de mayor interés, y así sucesivamente. Es importante mencionar que, para que sea efectivo cualquier procedimiento para cubrir deudas, necesitas trabajar de manera activa para evitar incrementar la deuda ya existente. Puedes implementar la avalancha de deudas de la siguiente manera:

- **Haz una lista de todas tus deudas:** Haz una lista detallada de todas tus deudas, incluyendo el saldo pendiente, la tasa de interés y el pago mínimo mensual de cada una.
- **Ordena tus deudas según la tasa de interés:** Acomoda las deudas del interés más alto al más bajo. Este paso es crucial porque la meta es pagar la deuda con una mayor tasa de interés primero y así minimizar el pago total de intereses a largo plazo.
- **Paga el mínimo:** Paga el mínimo mensual de cada deuda, excepto la que genere más intereses. Asegúrate de cubrir todas las obligaciones de pago mínimo para evitar penalizaciones o recargos.
- **Reparte los fondos adicionales:** Aporta cualquier cantidad adicional que tengas a los pagos mensuales de tus deudas. Puedes lograr esto recortando gastos o encontrando maneras de aumentar tus ingresos.
- **Ataca primero la deuda que genere más interés:** Dirige todos tus fondos sobrantes hacia la deuda con una mayor tasa de interés mientras sigues pagando los mínimos de las demás deudas. Este método reduce los intereses totales derivados de tus deudas.
- **Repite el proceso:** Una vez que hayas pagado en su totalidad la primera deuda, toma la cantidad que le estabas sumando (incluyendo el pago mínimo y los fondos adicionales) y aplícala a la deuda con la siguiente tasa de interés más elevada. Continúa con este proceso hasta que hayas acabado de pagar todas tus deudas.

Al seguir el método de la avalancha de deudas, a la larga podrás ahorrar el dinero de los intereses y posiblemente cubrir todo más rápido. No obstante, es crucial que seas disciplinada y te comprometas con el proceso, pues puede tomar algún tiempo ver un progreso significativo, sobre todo si tus deudas son cuantiosas.

### El método de la bola de nieve

El método de la bola de nieve es otra estrategia popular para pagar múltiples deudas. Se centra en la motivación psicológica y consiste en saldar las deudas en orden del saldo pendiente menor, sin considerar las tasas de interés. Así es como funciona este método:

- **Haz una lista de todas tus deudas:** Haz una lista de todo lo que debes, incluyendo el saldo pendiente, el pago mínimo mensual y la tasa de interés de cada una.
- **Ordena las deudas según el saldo pendiente:** Acomoda las deudas de la más pequeña a la más grande. Ignora las tasas de interés en esta etapa y solo céntrate en la cantidad que debes.
- **Paga los mínimos:** Paga las mensualidades mínimas de cada deuda, asegurándote de cubrir todas las obligaciones mínimas.
- **Dirige fondos adicionales:** Si tienes alguna cantidad sobrante de dinero para pagar deudas, destínala a cubrir la deuda con el menor saldo pendiente. Ese dinero puede venir de recortar gastos, aumentar los ingresos o reacomodar fondos de otras áreas de tu presupuesto.
- **Paga la deuda más pequeña:** Usa todo el dinero adicional que tengas para saldar la deuda pendiente más chica, mientras continúas pagando los mínimos de las demás

deudas. Al centrarte en la deuda más reducida, pronto podrás cantar victoria y recibir la motivación que necesitas para encargarte de las demás.

- **Pagos de bola de nieve:** Una vez que la deuda más pequeña esté saldada, toma la cantidad total que le estabas aportando (pago mínimo más los fondos adicionales) y aplícala a la deuda que ahora tenga el saldo pendiente menor. Estos pagos se vuelven una "bola de nieve" porque progresivamente tienes más dinero disponible para cubrir cada deuda subsecuente.

- **Repite el proceso:** Sigue repitiendo los pagos de bola de nieve sumando los fondos de las deudas ya pagadas a los pagos de la siguiente hasta que ya tengas todas tus deudas saldadas.

El método de la bola de nieve hace énfasis en los beneficios psicológicos de agarrar inercia y sentirte motivada cuando termines de pagar las deudas más pequeñas, incluso si tienen también las tasas de interés más bajas. Si bien, comparado con el sistema de avalancha, quizá no te ahorre mucho dinero en intereses, el estímulo psicológico puede alimentar tu motivación y tu compromiso mientras avanzas en el pago de tus deudas.

### El lazo de deudas

Una de las estrategias más novedosas para cubrir deudas es el método del lazo, creado por David y John Auten-Schneider, conocidos como los Debt Free Guys. Su método los ayudó a liberar 51 000 dólares de deuda en sus tarjetas de crédito en menos de tres años. El método del lazo es el acto de "lazar" toda tu deuda en la menor cantidad de ubicaciones posibles, con la menor tasa de interés posible.

Se trata de un método similar al de la avalancha de deudas en cuanto a que requiere que te encargues primero de tu deuda con más intereses. Sin embargo, incluye un paso adicional, que los Debt Free Guys sostienen que es el método más rápido, más fácil y más rentable para cubrir tu deuda de la tarjeta de crédito y que a la vez te ayuda a mejorar tu historial crediticio. Este fue el método que yo usé para pagar más de 10 000 dólares de una tarjeta de crédito en menos de un año.

Antes de empezar el método del lazo, lo primero que debes hacer es comprometerte a dejar de usar tus tarjetas de crédito y, si es posible, pagar cualquier deuda chiquita que tengas ahí durante los primeros dos meses. Así funciona:

- Crea una hoja de cálculo y lista todas tus tarjetas de crédito, con columnas para el saldo pendiente, el pago mínimo y su tasa anual.
- Suma el total en la columna de pago mínimo y luego establece una suma fija que te puedas comprometer a pagar cada mes, sin falta. Será el pago extra que agregues a tu deuda de la tarjeta de crédito con la tasa anual más elevada.
- Busca tarjetas que permitan transferencia de saldos con cero por ciento de tasa anual o una tasa baja para eliminar o reducir los intereses que actualmente estés pagando. Si no te aprueban una tarjeta de transferencia de saldos, considera tomar un préstamo personal de tu banco o con alguna cooperativa de ahorro y crédito. Transfiere tus saldos o paga tus deudas con el préstamo personal, si procede.
- Establece pagos automáticos para todas tus cuentas de tarjetas de crédito para evitar que se te pase alguna fecha, lo que generaría recargos y abollaría tu crédito.
- Agrega el pago extra al pago mínimo de la tarjeta de crédito con la mayor tasa anual y paga el mínimo de todas las demás tarjetas.

- Marca un recordatorio dos meses antes de que expire cualquier oferta de transferencia de saldo. Eso te permitirá encontrar otra oferta de transferencia u otro préstamo si acaso no alcanzaras a pagar el saldo pendiente antes de la expiración de la oferta.
- Cada vez que saldes la deuda de una tarjeta de crédito, añade la cantidad que estabas pagando al pago extra. Una vez que hayas saldado tus tarjetas de crédito con la tasa anual más alta, intenta aplicar el pago extra a la cuenta con la siguiente tasa alta hasta que todas tus tarjetas queden libres.

## ACELERA EL PAGO DE TUS DEUDAS: CONSOLIDACIÓN DE DEUDAS Y REFINANCIAMIENTO

La consolidación de deudas y el refinanciamiento son dos métodos distintos para manejar y reestructurar las deudas. Si bien en ambos se combinan múltiples deudas en un solo pago, tienen características y propósitos distintos.

El **refinanciamiento** es el proceso de reemplazar un préstamo existente con uno nuevo que te ofrezca mejores condiciones. Por lo general supone encontrar una entidad crediticia que te dé un préstamo con una tasa de interés baja, términos de pago más favorables u otros beneficios. Si consideras un refinanciamiento, deberías evaluar tu préstamo actual y compararlo con las opciones disponibles en las distintas entidades crediticias. Si encuentras un préstamo que cubra tus necesidades, puedes solicitarlo, y, de ser aprobado, usar ese nuevo préstamo para pagar el actual. El refinanciamiento puede ser una jugada inteligente en diversas circunstancias. Por ejemplo, si las tasas de interés han bajado desde que recibiste tu préstamo original, refinanciarlo te puede garantizar una tasa menor y disminuir tus pagos mensuales. Asimismo, si tu solvencia ha mejorado o necesitas ajustar tu préstamo por cambios en tus circunstancias económicas, el refinanciamiento puede ser una opción viable. También es útil para reunificar múltiples préstamos o acceder al capital de activos, como una vivienda.

La **consolidación** de deudas puede ayudar a simplificar tus finanzas y posiblemente ahorrarte dinero. Implica combinar múltiples deudas, como saldos de tarjetas de crédito o préstamos personales, en una sola línea de crédito o un solo préstamo. Al hacerlo, canalizas tus pagos a un único pago mensual a una entidad crediticia. Te puede facilitar el manejo de tu deuda y ayudar a mantenerte organizada. Además, reunificar deudas podría permitirte que asegures una tasa de interés menor, lo cual a su vez ayudaría a disminuir el costo total de tu deuda. Puede ser particularmente beneficioso si tienes deudas con intereses altos o si estás batallando por cubrir múltiples pagos cada mes. La consolidación de la deuda te da la oportunidad de recuperar el control de tu situación económica y actuar con miras a saldar tus deudas de una forma más eficiente.

### ¿Pediste préstamos estudiantiles?

Para ser candidata para una consolidación de préstamos estudiantiles, debes tener préstamos estudiantiles federales que se estén reembolsando dentro del periodo de gracia o en mora. Los préstamos estudiantiles privados no se aceptan en consolidaciones federales. Considera que algunos tipos de préstamos federales, como los préstamos Perkins, quizá tengan requisitos específicos o limitaciones relativas a una consolidación. El programa de Préstamos Directos de Consolidación del Departamento de Educación de Estados Unidos permite a sus prestatarios reunir todos los préstamos estudiantiles federales admisibles en uno solo. Para solicitar la consolidación necesitas llenar un formato; se puede hacer en línea, en la página web de la Ayuda Federal para Estudiantes (studentaid.gov).

## Cosas que debes saber antes de consolidar tus préstamos estudiantiles

Antes de dar el paso y consolidar tus préstamos estudiantiles, es importante que estés consciente de lo siguiente y solicites más información si es necesario.

- Es posible que se reduzca tu pago mensual, pero quizá tengas que estar pagando durante más tiempo.
- Si tienes intereses sin cubrir, tu saldo principal subirá.
- Tu nuevo préstamo de consolidación tendrá por lo general otra tasa de interés.
- Puedes perder crédito por tus aportaciones a la condonación de un pago definido por los ingresos (IDR, por sus siglas en inglés).
- No tienes que consolidar todos tus préstamos estudiantiles federales.
- No puedes deshacer la consolidación.

Para pedir una consolidación de préstamos estudiantiles, será necesario que proporciones la información necesaria sobre tus préstamos y tus detalles particulares, así como elegir un plan de pago para el préstamo de consolidación. Cuando hagas la solicitud, tendrás la oportunidad de elegir un nuevo plan de pago. Los préstamos estudiantiles federales ofrecen diversos planes de pago para admitir prestatarios con una variedad de situaciones económicas y preferencias de pago. Estos son los principales tipos de planes de pago para los préstamos estudiantiles federales:

**Plan estándar de pago:** Es el plan de pago predeterminado para los préstamos estudiantiles federales. Señala una cantidad mensual fija a pagar en un periodo de 10 años.

*Préstamos admisibles*: Préstamos directos con subsidio, préstamos directos sin subsidio, préstamos federales con subsidio Stafford, préstamos federales sin subsidio Stafford, todos los préstamos PLUS (PLUS para padres y PLUS para graduados) y los préstamos de consolidación (excluyendo los préstamos de consolidación PLUS para padres).

**Plan de pago gradual:** Este plan comienza con pagos mensuales más bajos que se incrementan gradualmente cada dos años a lo largo de un periodo de 10 años.

*Préstamos admisibles:* Préstamos directos con subsidio, préstamos directos sin subsidio, préstamos federales con subsidio Stafford, préstamos federales sin subsidio Stafford, todos los préstamos PLUS (PLUS para padres y PLUS gradual) y préstamos de consolidación (excluyendo los préstamos de consolidación PLUS para padres).

**Plan de pago extendido:** Este plan ofrece plazos graduales o fijos de pago en un periodo de hasta 25 años.

*Préstamos admisibles:* Préstamos directos con subsidio, préstamos directos sin subsidio, préstamos federales con subsidio Stafford, préstamos federales sin subsidio Stafford, todos los préstamos PLUS (PLUS para padres y PLUS gradual) y préstamos de consolidación (excluyendo los préstamos de consolidación PLUS para padres) con un saldo total de por lo menos 30 000 dólares.

**Planes de pago definidos por los ingresos:** Los planes definidos por los ingresos establecen mensualidades a partir de un porcentaje de tu ingreso discrecional y el tamaño de tu familia, ofreciendo pagos más razonables para los prestatarios de bajos ingresos. Hay algunas variantes:

> **Pago basado en los ingresos (IBR, por sus siglas en inglés):** Por lo general, los pagos son de 10-15% del ingreso discrecional y el tiempo de pago es de 20 a 25 años, dependiendo de cuándo lo pidas.
>
> **Pago a medida que se gana (PAYE, por sus siglas en inglés):** Los pagos son 10% de tu ingreso discrecional y el periodo es de hasta 20 años.
>
> **Pago revisado a medida que se gana (Repaye, en inglés):** Los pagos son 10% del ingreso discrecional y el periodo de pago es de 20 a 25 años, dependiendo del tipo de préstamo que se asuma.
>
> **Pago sujeto a ingresos (ICR, por sus siglas en inglés):** Los pagos son de 20% del ingreso discrecional o una cantidad fija durante un periodo de 25 años.

*Préstamos admisibles:* La mayoría de los préstamos estudiantiles federales, incluyendo préstamos directos con subsidio, préstamos directos sin subsidio, préstamos directos PLUS a estudiantes de licenciatura o posgrado, y préstamos directos de consolidación (incluyendo los préstamos de consolidación PLUS para padres).

**Plan de pago sensible a los ingresos:** Este plan de pagos determina pagos mensuales a partir de tu ingreso anual, con pagos que se ajustan anualmente. El periodo suele ser de 10 años.

*Préstamos admisibles:* Los programas de préstamos federales familiares de educación (FFEL, por sus siglas en inglés).

Es importante mencionar que la admisibilidad y los términos específicos pueden variar según el programa de préstamos, la consolidación y la fecha en que se distribuyeron los préstamos. Te recomiendo comunicarte con tu asesor de préstamos o visitar la página web de la Ayuda Federal para Estudiantes (studentaid.gov) para más información y para determinar el plan de pago que se adapte mejor a tus necesidades. Una vez que hayan aprobado tu solicitud y el proceso de consolidación esté terminado, tus préstamos estudiantiles federales anteriores quedarán pagados y serán reemplazados por un nuevo préstamo de consolidación. Empezarás a hacer pagos a este de acuerdo con el plan elegido. Es importante decirte que la consolidación de préstamos estudiantiles es distinta del refinanciamiento. La consolidación solo está disponible para préstamos federales y los mezcla en un nuevo préstamo federal.

El refinanciamiento de los préstamos estudiantiles consiste en obtener un nuevo préstamo de una entidad crediticia privada para pagar los préstamos estudiantiles existentes, y es posible que con términos distintos y otras tasas de interés. Los préstamos estudiantiles federales vienen con diversas protecciones y beneficios diseñados para ayudar a los prestatarios a manejar sus pagos, como el programa de Condonación de Préstamos por Servicios Públicos para Estudiantes (PSLF, por sus siglas en inglés), los planes de pago basados en los ingresos, prórrogas y tolerancia si pierdes tu trabajo, y una condonación de la deuda por incapacidad total o permanente. Estas protecciones y beneficios se aplican específicamente a los préstamos estudiantiles federales. Los préstamos estudiantiles privados tienen por lo general condiciones diferentes y quizá no ofrezcan el mismo nivel de protección a los prestatarios. Si tienes préstamos estudiantiles privados, te recomiendo revisar los términos de tu acuerdo o contactar a tu entidad de crédito para comprender las opciones específicas disponibles para ti.

Pagar deudas no es divertido, pero te dará la libertad que estás buscando. Cuando no les debes dinero a otras personas, puedes usar el dinero que ganas para ahorrar e invertir. Así es como se construye el patrimonio, así que, en esos momentos en que te sientas abrumada creando un plan para acabar con tus deudas, recuerda que en realidad estás dibujando el plan para liberar tu vida. No está nada mal.

## EN SUS MARCAS, LISTA, ¡SUEÑA!

Ahora que ya te pusiste realista con tu dinero al calcular cuánto tienes y cómo lo puedes usar de una manera más efectiva contando con un buen presupuesto, echémosle un vistazo a la forma de establecer metas económicas, otro paso fundamental para practicar el gasto basado en el valor. Es muy importante que tus metas estén alineadas con tus valores y tus aspiraciones porque, en serio, ¿para qué diablos sirve construir una vida sobre metas que ni siquiera son tuyas? Entre esas metas tal vez esté ahorrar para un propósito en específico, juntar un fondo de emergencia o invertir para el futuro. Tener objetivos bien definidos te da una sensación clara de propósito para tu dinero y guía tus decisiones de consumo.

Empieza aclarando de verdad cuáles son tus valores y tus prioridades en la vida. Considera qué te importa realmente, ya sea la seguridad financiera, ser dueña de tu casa, la educación, viajar, tu jubilación, empezar un negocio o apoyar una causa. Esa autorreflexión te ayudará a establecer metas significativas que se alineen con tus valores fundamentales. Asegúrate de que tus proyecciones sean realistas y alcanzables dentro de tus capacidades económicas. Al determinar tus metas considera tu ingreso actual, tus gastos y tus obligaciones financieras. Las metas que no son realistas te pueden hacer sentir frustrada y desmotivada, mientras que perseguir objetivos factibles te dará una sensación de logro y progreso.

Es esencial que determines metas específicas y cuantificables para poder registrar tu progreso. En lugar de una meta vaga como "ahorrar más dinero", especifica la cantidad que quieres ahorrar y para cuándo. Por ejemplo, "Ahorrar 5 000 dólares para el enganche de una casa en dos años". Asignar marcos de tiempo ayuda a crear un sentido de urgencia que te da un objetivo claro hacia el cual trabajar. Considera qué tanto tiempo tomará alcanzar cada meta de manera realista y divídelo en etapas más pequeñas de ser necesario.

Una vez que tengas definidas tus metas, divídelas ahora en acciones paso a paso. Identifica qué acciones específicas necesitas tomar para trabajar hacia cada una de esas metas. Por ejemplo, si tu objetivo es pagar la deuda de una tarjeta de crédito, algunas acciones podrían ser crear un presupuesto, reducir los gastos no esenciales y hacer pagos adicionales con regularidad. Monitorea frecuentemente y registra tu progreso hacia esas metas. Lo puedes hacer de manera mensual, semestral o anual. Usa herramientas como hojas de cálculo, aplicaciones para presupuestos o software de finanzas personales para rastrear tus ingresos, gastos, ahorros y pagos de deudas. Dar seguimiento a tu progreso te ayudará a asumir la responsabilidad de la situación y hacer ajustes si es necesario.

¡Tienes que estar bien si las cosas no siempre salen de acuerdo con lo planeado! Tus circunstancias y tus prioridades en la vida pueden cambiar con el tiempo. Es fundamental revisar periódicamente tus metas y ajustarlas para asegurarte de que sigan siendo oportunas y significativas para ti. Repasa tus objetivos anualmente o cada vez que ocurra algo importante en tu vida, como un cambio de trabajo, un matrimonio o el nacimiento de un hijo. Recuerda, las metas económicas son personales y las circunstancias de cada quien son únicas. Adapta tus objetivos a tu situación individual y tus aspiraciones. Cuanto tus metas estén claras, tendrás un programa que te permitirá tomar decisiones económicas y trabajar hacia ese futuro en el que tus finanzas estén aseguradas y sean satisfactorias.

## FONDOS DE AMORTIZACIÓN

Un fondo de amortización es una estrategia financiera en la que ahorras dinero para gastos o metas futuras específicas. Consiste en guardar fondos a lo largo del tiempo para acumular una cantidad designada necesaria para determinado propósito. Son una gran manera de apartar dinero para tus objetivos económicos particulares, sobre todo gastos grandes y anticipados o ciertas obligaciones financieras que puedan darse periódicamente, pero que no formen parte del presupuesto mensual normal. Algunos ejemplos de fondos de amortización que puedes establecer:

- Fondo para el depósito en garantía de otro departamento
- Fondo para vacaciones
- Fondo de vuelta a clases
- Fondo de regalos para cumpleaños o festividades
- Fondo para un auto nuevo
- Fondo para el enganche de una nueva vivienda
- Fondo para el deducible del seguro
- Fondo para la cuenta del veterinario
- Fondo para los boletos del concierto de Bad Bunny

Los fondos de amortización son una de mis estrategias de ahorro favoritas. Te permiten planear y ahorrar para gastos futuros, y disminuir la necesidad de disponer de tarjetas de crédito o préstamos llegado el momento. Al hacer aportaciones constantes, repartes el impacto económico a lo largo del tiempo, haciendo que el gasto sea mucho más manejable. Los fondos de amortización también promueven la disciplina económica y te ayudan a priorizar los objetivos de tus finanzas.

Antes de implementar fondos de amortización en mi presupuesto solía tener todo mi dinero en una sola cuenta de ahorro. Esto volvía casi imposible notar el progreso que hacía con mis diversas metas de ahorro, como la creación de mi fondo de emergencia o lo que guardaba para mi crucero a México. Cuando usas tus fondos de amortización, literalmente puedes ver el objetivo de tu ahorro en tiempo real.

Para sacarle todavía más jugo a tu dinero, usa una cuenta de ahorro de alto rendimiento (CAAR) o una cuenta de administración de fondos para guardar tu dinero. Una cuenta de ahorro de alto rendimiento es un tipo de cuenta de ahorro que ofrecen los bancos y las instituciones financieras y suele ofrecer un interés más elevado, en comparación con las cuentas de ahorro tradicionales. Las CAAR están diseñadas para ayudarte a ganar más con tus ahorros mientras cuentas todavía con un fácil acceso a tus fondos.

Una cuenta de administración de fondos (CAF) es un tipo de cuenta que mezcla algunas características de las cuentas de cheques y de ahorros, y las ofrecen las firmas de corretaje y los asesores virtuales. Está diseñada para personas con grandes reservas de fondos que quieren mantener su dinero seguro, pero fácilmente disponible. Las cuentas de administración de fondos ofrecen gran parte de la flexibilidad de las cuentas de cheques, que por lo general no dan rendimientos, pero suelen ofrecer tasas de interés mucho mayores que las cuentas de ahorro y de cheques tradicionales de muchos bancos, por las que cobran comisiones pequeñas o incluso nada.

### *Algunas características interesantes de las CAAR y las CAF*

**CAAR**

- **Tasas de interés superiores:** Las CAAR por lo general ofrecen tasas de interés más altas que las cuentas de ahorro comunes, en ocasiones hasta 25 veces el promedio nacional. La tasa exacta puede variar entre bancos e instituciones, y es importante compararlos para encontrar la mejor opción disponible. Es literalmente dinero gratis por tener tus fondos en el banco. ¡Nos encantan los ingresos pasivos!

- **Aseguradas por la Corporación Federal de Seguro de Depósitos (FDIC, por sus siglas en inglés):** Como una cuenta de ahorro tradicional, la mayoría de las CAAR tienen un seguro de la FDIC de hasta 250 000 por cada depositante, por banco. Esto significa que incluso si el banco fracasa, tus fondos están protegidos.

> La Corporación Federal de Seguro de Depósitos (FDIC) es una agencia independiente creada por el Congreso para mantener la estabilidad y la confianza pública en el sistema financiero nacional. La FDIC asegura depósitos, y examina y supervisa instituciones financieras en cuestiones de seguridad, solvencia y protección al consumidor. La cantidad estándar asegurada es de 250 000 dólares por depositante, por banco asegurado, por cada categoría de titularidad de cuenta. La FDIC provee herramientas, educación y actualizaciones para ayudar a los consumidores a tomar decisiones informadas y proteger sus activos. Ofrecen además el Estimador Electrónico del Seguro de Depósito (EDIE, por sus siglas en inglés), que te ayuda a calcular cuánto de tus depósitos queda cubierto por el seguro de depósito de la FDIC y qué parte de tus fondos (si acaso) excede los límites de la cobertura. También puedes usar su herramienta BankFind Suite para buscar en los registros de la FDIC información sobre instituciones bancarias aseguradas y verificar si una empresa tiene un seguro de depósito.

- **Fácil acceso a tus fondos:** Las CAAR normalmente ofrecen la flexibilidad de acceder a tus fondos siempre que lo necesites. Puedes hacer retiros o transferencias en línea, a través de cajeros automáticos o visitando una sucursal, dependiendo de las políticas del banco.

- **No se requiere un saldo mínimo:** Muchas CAAR no te piden un saldo mínimo, con lo que puedes abrir una cuenta y empezar a ganar intereses con cualquier cantidad que tengas disponible para depositar.

- **Sin comisión o muy bajas:** La mayoría de las CAAR no cobran comisiones mensuales por manejo de cuenta. Sin embargo, siempre es recomendable revisar los términos y condiciones para asegurarte de que comprendas cualquier comisión asociada con tu cuenta.

- **Bancos en línea:** Los bancos en línea suelen ofrecer las CAAR como parte de sus servicios. Esto permite una administración sencilla de tu cuenta por medio de plataformas en línea, aplicaciones móviles y transferencias electrónicas.

Yo soy gran fan de Ally Bank, que ofrece cajas de ahorro como una característica gratis de sus cuentas de ahorro de alto rendimiento en línea.

### CAF

- **Resguardo de efectivo:** Una CAF actúa como núcleo para tu efectivo, permitiéndote depositar y retirar dinero conforme lo necesites. Por lo general ofrece una tasa de interés más alta que las cuentas de cheques comunes de un gran banco, las cuales no suelen generar rendimientos.

- **Inversiones:** Muchas CAF ofrecen la capacidad de invertir en un rango de productos financieros, incluyendo acciones, bonos, fondos mutualistas y fondos cotizados en la bolsa. Esta integración te permite mover fondos con facilidad entre tu saldo y tu portafolio de inversiones.

- **Escribir cheques:** Las CAF muchas veces incluyen la opción de escribir cheques desde la cuenta, lo que puede ser útil para pagar recibos, hacer compras grandes o simplemente acceder a tus fondos.
- **Tarjeta de débito:** Algunas CAF te dan una tarjeta de débito que se puede usar para gastos diarios, retiros en cajero automático y compras en línea. La tarjeta está vinculada con el saldo de tu CAF.
- **Servicio de pagos:** Muchas CAF ofrecen servicios en línea para pagar cuentas, permitiéndote cubrir esos gastos directamente desde tu cuenta, lo cual puede optimizar tus finanzas al consolidar los pagos en un solo lugar.
- **Seguro de FDIC:** Si tu CAF está vinculada a un banco, los fondos en la porción de efectivo de la cuenta por lo general estarán asegurados por la FDIC hasta cierto límite, aportando un nivel de blindaje a tus depósitos.
- **Cuenta de transferencias:** Las CAF muchas veces tienen una característica automatizada llamada "cuenta de transferencias", la cual mueve excedente de saldo de tu CAF a otras opciones de inversión de alto rendimiento, ayudándote a maximizar tus rendimientos mientras tienes tus fondos disponibles en todo momento.
- **Herramientas de planificación financiera:** Algunas CAF proporcionan herramientas de planificación financiera y análisis para ayudarte a administrar tus finanzas de una manera efectiva, además de tomar decisiones informadas.

Las cuentas de administración de fondos son una manera flexible y conveniente de administrar tu dinero, combinando las características de una cuenta de cheques o de ahorros tradicional con opciones de inversión. Puedes encontrarlas en las principales firmas de corretaje, como Fidelity y Charles Schwab, o con asesores virtuales, como Betterment o Wealthfront.

## SÉ CUIDADOSA CON TU DINERO

Es facilísimo caer presa de la "tiranía de los deberías". Esta ominosa frase la acuñó la psicoanalista Karen Horney en la década de 1950. Ella creía que nos dividimos entre nuestro yo idealizado y nuestro yo real. Brincamos entre lo que somos y lo que creemos que "deberíamos ser". Nos la pasamos dándonos de topes cada vez que recordamos nuestros fracasos, debilidades y flaquezas, cayendo en los mismos "deberías" como un pez en una pecera con memoria a corto plazo. Es una batalla eterna por la perfección. ¿Soy la única que se ve reflejada en esto? Por Dios. Esto también se aplica a las creencias que puedas tener sobre lo que deberías estar haciendo con tu dinero. Yo definitivamente caí víctima de los deberías cuando decidí comprar mi primera casa, y aprendí algunas lecciones muy valiosas, pero muy caras. La gente nos dice cosas sin sentido, como "Estar endeudado es normal", "Rentar es un desperdicio de dinero", "Las tarjetas de crédito son peligrosas" y "Las inversiones solo son para ricos". Este tipo de discurso tóxico sobre el dinero te puede llevar a cometer toda clase de errores con tu dinero, y yo no quiero que eso te pase. Por eso es importante aprender cómo funciona el dinero, para que tú puedas estar al mando.

### *El complicado mundo del crédito*

Mis padres me inculcaron un miedo terrible a las tarjetas de crédito. Me dijeron que eran el demonio y que nunca tuviera una, porque, cito, "definitivamente arruinarían mi vida". Su opinión era merecida, pues ellos se endeudaron muy pronto en su matrimonio y tuvieron que acabar declarándose en quiebra por su deuda en las tarjetas de crédito. Así, cuando saqué mi primera tarjeta de crédito, a los dieciocho años, no les dije nada. Empecé a usarla para cuentas muy pequeñas, como la factura de mi celular o en un viaje relámpago al supermercado, pues estaba aterrada de cometer un error. Solo que, viéndolo en retrospectiva, no tenían ningún motivo para estarlo. Te lo aseguro: las tarjetas de crédito no son el demonio. Cuando las usamos con responsabilidad, las tarjetas de crédito son en realidad una maravilla.

Una tarjeta de crédito es una cuenta que te permite hacer compras a crédito, es decir, pidiendo prestado dinero del emisor de la tarjeta, por lo general un banco, para adquirir bienes y servicios. El proceso de usar una tarjeta de crédito comienza solicitándola a un banco o a un emisor de tarjetas de crédito, que entonces evalúa tu historial crediticio, tus ingresos y otros factores para determinar tu solvencia. Si la aprueban, recibes una tarjeta de crédito con un límite predeterminado, que es la cantidad máxima que puedes pedir prestada. Cuando haces una compra con una tarjeta de crédito, en esencia estás sacando un préstamo a corto plazo del emisor de la tarjeta para cubrir esa transacción. Las transacciones hechas durante el ciclo de facturación, que por lo general dura alrededor de un mes, se registran, y en el corte del ciclo recibes un estado de cuenta con tus compras, las comisiones y el pago mínimo pendiente. Si bien tienes la opción de pagar el saldo total, también puedes elegir hacer un pago mínimo, un pequeño porcentaje de tu saldo pendiente. Sin embargo, no es siempre lo más recomendable, pues puede dar lugar a cargos por intereses y deudas a largo plazo. Los cargos por intereses, en la forma de tasa de porcentaje anual (APR, por sus siglas en inglés), se aplica a cualquier saldo que sobrepase el ciclo de facturación. Las tarjetas de crédito también suelen ofrecer un periodo de gracia durante el cual se pueden evitar los intereses si el saldo se cubre en su totalidad para la fecha indicada.

Las tarjetas de crédito te pueden dar acceso a ciertos beneficios increíbles. Uno común son los reembolsos, en los que un porcentaje de tu compra se te devuelve como efectivo o abonos en cuenta, otorgándote un pequeño descuento para tus gastos en general. Muchas tarjetas de crédito ofrecen además recompensas en puntos o millas, que puedes canjear por viajes, mercancías o tarjetas de regalo. Asimismo, las tarjetas de crédito te ofrecen protección al momento de una compra, extendiendo garantías y cuidándote de robo o daño por objetos comprados con la tarjeta. Algunas tarjetas ofrecen periodos de cero por ciento de anualidad como introducción, lo que te permite hacer compras o transferir saldos sin incurrir en intereses durante un tiempo determinado. Otras ventajas podrían ser beneficios en viajes, como acceso a salas VIP en aeropuertos, seguro de viajero o cobertura para rentar autos. Y, por si fuera poco, las tarjetas de crédito también acostumbran proteger contra fraudes, quitándote la responsabilidad de transacciones no autorizadas.

Yo, en realidad, uso mis tarjetas de crédito para todas mis compras. A estas alturas, ni siquiera toco mi tarjeta de débito, como no sea para sacar efectivo de un cajero automático. Gracias a las recompensas de las tarjetas de crédito, también me han dado vuelos gratis, cuartos de hotel, *upgrades* y más. Nunca uso efectivo para comprar nada, a menos que tenga que hacerlo, pero me ha tomado años ser tan buena para aprovechar todas las ventajas de las tarjetas de crédito, en vez de dejar que ellas se aprovechen de mí. Antes de quedar libre de deudas, en 2020, usaba las tarjetas de crédito como la mayoría de la gente: compraba cosas que quería, no planeaba cómo las iba a pagar y con frecuencia terminaba endeudada. Ahora me aseguro de gastar solo lo que puedo costear, tengo todas mis tarjetas con pago automático, y no me estreso por pagar intereses porque pago el saldo total cada mes. Usar el crédito en beneficio tuyo requiere disciplina y conocimiento, así que hablemos un poco de la terminología básica del crédito, que probablemente hayas visto y no tengas idea de lo que significa.

Empecemos con la tasa de porcentaje anual (APR) y tasa de rendimiento anual (APY, por sus siglas en inglés). Ambos son términos de finanzas muy importantes que se utilizan para representar la tasa de interés o de rendimiento sobre productos financieros, pero se calculan y se usan de manera distinta.

**Tasa de porcentaje anual (APR):**

La APR se usa comúnmente para representar la tasa de interés en los préstamos, las tarjetas de crédito, las hipotecas y otros productos de crédito. La APR representa la tasa de interés que pagarás o ganarás por un producto financiero en el transcurso de un año, expresado en un porcentaje. Incluye solo la tasa de interés y cualquier comisión o cargo asociado que se requiera por obtener el préstamo o crédito, como cargos de apertura o puntos. La APR no toma en cuenta los efectos de la capitalización, lo que quiere decir que asume un interés calculado solo una vez al año, al inicio del año (que no siempre es el caso; más al respecto en unos momentos). La APR es útil para comparar el costo de pedir prestado entre diferentes entidades de crédito u opciones de tarjetas de crédito.

**Tasa de rendimiento anual (APY):**

La APY por lo general se usa para representar la tasa de interés de las cuentas de ahorro, los certificados de depósito y otros productos de inversión. La APY representa la tasa de interés anual efectiva que recibirás o pagarás sobre un producto financiero, tomando en cuenta la capitalización. No solo considera la tasa de interés, sino que muchas veces ese interés es compuesto (por ejemplo, mensual, trimestral, anual). La APY refleja el crecimiento o el rendimiento real sobre una inversión a lo largo de un año, considerando tanto el interés como los efectos de la tasa compuesta. Siempre es más alta que la tasa de interés nominal, asumiendo que el interés es compuesto. La APY ayuda a los inversionistas o ahorradores a comprender cuánto crecerá su dinero o cuánto acumularán con el tiempo, tomando en cuenta la capitalización.

Entonces, para recapitular, la APR se usa para los productos de crédito y representa la tasa de interés y los cargos asociados, mientras que la APY se usa para los productos de ahorro e inversión y representa la tasa de interés efectiva que considera la capitalización. Al comparar productos financieros o evaluar el costo del crédito o el retorno potencial de una inversión, es esencial considerar tanto la APR como la APY para tener una idea completa del costo o beneficio real.

Ilustremos la diferencia entre APR y APY con un ejemplo sencillo de una cuenta de ahorro:

### Escenario:
Imagina que tienes $1 000 para meter a una cuenta de ahorro y el banco te ofrece las siguientes dos opciones:

### Opción 1:
APR: 5%
Capitalización: Anual (una vez al año)

### Opción 2:
APY: 5%
Capitalización: Trimestral (cuatro veces al año)

Ahora calculemos cuánto tendrías en cada cuenta al terminar el año.

### Opción 1 (APR):
La APR es 5% y se capitaliza anualmente,
así que después de un año tendrías:
$1 000 + (5% de $1 000) = $1 000 + $50 = $1 050

### Opción 2 (APY):
La APY también es de 5%, pero se capitaliza al trimestre.
Eso quiere decir que tu interés se calcula y se añade al saldo cuatro veces al año.

Después del primer trimestre tendrías
$1 000 + (1 + .05/12) × 3 = $1 000 + ($4.17 × 3) = $1 012.50.

Después del segundo trimestre tendrías

$$\$1\,012.50 + (1 + .05/12) \times 3 = \$1\,000 + (\$4.22 \times 3) = \$1\,025.16.$$

Después del tercer trimestre tendrías

$$\$1\,025.16 + (1 + .05/12) \times 3 = \$1\,000 + (\$4.27 \times 3) = \$1\,037.97.$$

Por último, después del cuarto trimestre tendrías

$$\$1.037.97 + (1 + .05/12) \times 3 = \$1\,000 + (\$4.32 \times 3) = \$1\,050.95.$$

Entonces, con la opción 2 (APY) tendrías $1 050.95 en tu cuenta después de un año.

En este ejemplo, la diferencia entre la APR y la APY se hace evidente cuando se toma en cuenta la capitalización. Aun si ambas opciones ofrecen una tasa de 5 por ciento la cuenta con la tasa compuesta trimestral (APY) rinde más porque le permite a tu dinero ganar intereses sobre el interés que ya ganó. La APY refleja el crecimiento anual de tu dinero de una manera más precisa cuando se añade la capitalización.

Ahora bien, cuando hablamos de cómo se calcula tu interés en una tarjeta de crédito es un poco distinto. Por lo general se calcula usando un método llamado Saldo Promedio Diario. Así funciona:

**Cálculo de saldo diario:** Primero, la compañía de la tarjeta calcula tu saldo diario para cada día de tu ciclo de facturación. Lo hace sumando el saldo pendiente de tu tarjeta al final de cada día.

**Saldo promedio diario:** Después de calcular los saldos diarios, los suman en todo el ciclo de facturación y los dividen entre la cantidad de días del ciclo. Esto les da el saldo promedio diario.

**Tasa de interés periódica diaria:** Luego determinan tu tasa de interés periódica diaria, que es la tasa de interés anual (APR) dividida entre la cantidad de días en el año (por lo general 365).

**Cálculo del interés:** Por último, multiplican tu saldo promedio diario por la tasa periódica diaria para calcular el cargo diario de interés. Suman estos cargos diarios para obtener el total de intereses en el ciclo de facturación.

Aquí un ejemplo sencillo:

Digamos que tienes una tarjeta de crédito con un APR de 18%.
Tu ciclo de facturación es de 30 días.
Empezaste el mes con un saldo de $1 000.
Primero, calculan el saldo promedio diario:
[0 (día 1) + 10 (día 2) + ... + $1 000 (último día)] / 30 = Saldo Promedio Diario

Luego calculan la tasa de interés periódica diaria:
18% / 365 = Tasa Periódica Diaria

Por último, calculan el interés del ciclo de facturación:
(Saldo Promedio Diario) × (Tasa Periódica Diaria)
× (Cantidad de días en el ciclo de facturación)

En este ejemplo, si el saldo promedio diario es de 800 dólares, la tasa de interés periódica diaria será de aproximadamente 0.0493 por ciento (0.18/365), y el ciclo de facturación tiene 30 días, así que te cargarían alrededor de 11.84 dólares de intereses ese mes.

Es importante mencionar que las compañías de crédito pueden aplicar métodos ligeramente distintos para calcular los intereses, y algunas incluso podrían ofrecer un periodo de gracia en el que no se te carga el interés si cubres el saldo total antes de la fecha. Siempre revisa el convenio o el contrato de tu tarjeta de crédito para comprender los términos y condiciones específicos para calcular el interés de tu tarjeta.

Una gran forma de evitar preocuparte por ninguno de estos cálculos es pagar tus tarjetas de crédito en su totalidad cada mes, en lugar de hacer los pagos mínimos. Mientras hagas esto, no importará cuánto cargue de intereses la tarjeta de crédito. Si no puedes cubrir el saldo total de tu tarjeta de crédito cada mes, te recomiendo usar efectivo o tu tarjeta de débito. Los intereses de las tarjetas de crédito se acumulan muy rápido, tanto que podrías acabar pagando de intereses casi lo mismo que costó tu compra original. Veamos esto en acción.

Saldo de la tarjeta de crédito: $2 000
Tasa de porcentaje anual (APR): 27%
Pago mínimo: 3% del saldo o $25, lo que sea mayor.

### Escenario 1: Pagar el total
Si decides pagar el saldo total de la tarjeta de crédito de $2 000, no generará ningún cargo por intereses. Simplemente pagas $2 000 antes de la fecha límite.

### Escenario 2: Pagas el mínimo establecido
Si eliges hacer nada más el pago mínimo, que es 3% del balance o $25 (lo que sea mayor), así funciona:

### Mes 1:
Balance inicial: $2 000
Pago mínimo: $60 (3% de $2 000)
Saldo restante: $1 940 ($2 000 - $60)
Interés cobrado: $45.50
(27% anual de interés dividido en 12 meses)

### Mes 2:
Saldo inicial: $1 940
Pago mínimo: $58.20 (3% de $1 940, ya que el saldo disminuyó)
Saldo restante: $1 941.30 ($ 1940 - $58.20)
Interés cobrado: $45.28

Este proceso sigue cada mes con el pago mínimo disminuyendo conforme baja el saldo. Tomaría aproximadamente 4 años y 11 meses pagar la deuda de 2 000 dólares, y terminarías pagando además alrededor de 1827.42 dólares de intereses. Uy. Esto subraya la importancia de gestionar las deudas en las tarjetas de crédito y pagarlas lo más pronto posible para evitar cargos excesivos por intereses.

### *Comprender tu puntaje de crédito*

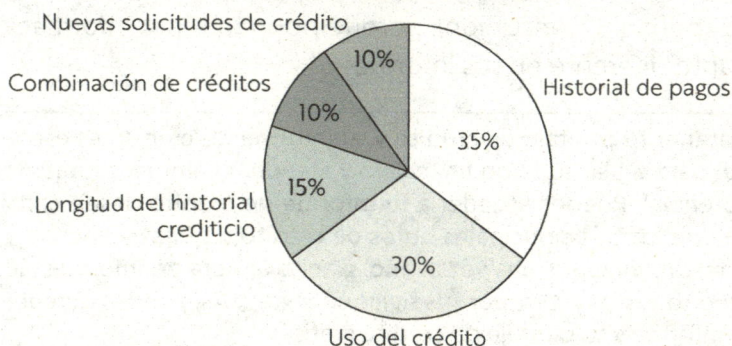

Un puntaje de crédito es la representación numérica de tu solvencia y las entidades crediticias lo utilizan para medir el riesgo de prestarte dinero. Si bien los modelos específicos de puntaje de crédito pueden variar, el que se usa más es el FICO, que se refiere a Fair Isaac Corporation, la empresa que desarrolló este sistema de puntaje. Tu puntaje de crédito FICO se compone de los siguientes factores:

**Historial de pagos (35%):** Es el factor más significativo de tu puntaje de crédito. Evalúa tu historial de pagos oportunos para tarjetas de crédito, préstamos, hipotecas y otras deudas. Los retrasos, incumplimientos y cuentas enviadas a cobranza afectarán de manera negativa tu puntaje.

**Uso del crédito (30%):** Este factor evalúa cuánto estás usando de tu crédito disponible. Se calcula dividiendo los saldos de tus tarjetas de crédito entre tus límites de crédito. Es fundamental mantener un uso bajo del crédito, idealmente menos de 30 por ciento de tu crédito disponible.

## % de puntaje de crédito

Nuevas solicitudes de crédito — 10%
Combinación de créditos — 10%
Longitud del historial crediticio — 15%
Uso del crédito — 30%
Historial de pagos — 35%

**Longitud de tu historial crediticio (15%):** Aquí se considera la edad de tus cuentas de crédito. Un historial crediticio largo tiene un impacto positivo en tu puntaje. Toma en cuenta la edad de tu cuenta más antigua, el promedio de edad de todas tus cuentas y la edad de tu cuenta más reciente.

**Mezcla de créditos (10%):** A los modelos de puntaje de crédito les gusta ver una mezcla variada de cuentas de crédito, como tarjetas de crédito, préstamos a plazos (como préstamos para autos o personales) e hipotecas. Tener una combinación de tipos de crédito te puede beneficiar si la manejas con responsabilidad.

**Nuevas solicitudes de crédito (10%):** Cada vez que solicitas un nuevo crédito se hace una investigación profunda de tu informe de crédito. Múltiples solicitudes recientes pueden sugerir un riesgo alto y esto puede afectar de manera negativa tu puntaje. Las solicitudes informales, como revisar tu propio crédito o autorizaciones previas, no afecta tu puntaje.

**Información negativa (varía):** Esta categoría incluye elementos como bancarrotas, embargos, embargos fiscales y cuentas en cobranza. Los elementos negativos pueden disminuir considerablemente tu puntaje de crédito y pueden quedarse varios años en tu informe.

Es importante mencionar que diversos modelos de puntaje de crédito, como VantageScore, podrían sopesar estos factores de un modo ligeramente distinto. Asimismo, tu puntaje de crédito podría variar entre los tres principales burós de crédito (Equifax, Experian y TransUnion), porque podrían tener información un tanto diferente en sus informes.

> Obtener tu puntaje de crédito y tu informe de crédito es esencial para vigilar tu salud financiera y atender cualquier problema potencial. Puedes acceder a tu informe de crédito desde cada uno de los tres principales burós de crédito (Equifax, Experian y TransUnion) gratis una vez al año, gracias al Acta de Informes de Crédito Justos (FCRA, por sus siglas en inglés). Así puedes obtener tu informe y tu puntaje de crédito gratis:

**AnnualCreditReport.com:** La forma más directa de obtener gratis tu informe de crédito es a través de AnnualCreditReport. com, la página web oficial autorizada por el gobierno de Estados Unidos. Es el único sitio que ofrece informes de crédito gratis anualmente para los tres burós de crédito principales. Esto es lo que tienes que hacer:

Entra a AnnualCreditReport.com.
Da clic en "Solicita tu informe de crédito gratis".
Llena la información necesaria, incluyendo tu nombre, dirección, número de seguridad social y fecha de nacimiento.
Elige el buró de crédito (Equifax, Experian y TransUnion) del que quieras solicitar el informe. Puedes elegir los tres informes al mismo tiempo o alternarlos a lo largo del año.
Completa cualquier paso de verificación adicional como se pida.
Revisa y guarda o imprime tus informes de crédito para tus archivos.

**A través de cada buró de crédito:** Por otro lado, puedes pedir el informe de crédito gratis directamente en la página web de cada buró de crédito. Ten en mente que este método te permite acceder a un informe a la vez, así que podrías distribuir tus solicitudes cada ciertos meses para vigilar tu crédito a lo largo del año. Se hace así:

**Equifax:** Visita la página web de Equifax (www.equifax.com) y navega por la sección de "Informe de crédito gratis". Sigue las indicaciones para solicitar tu informe.

**Experian:** Ve a la página de Experian (www.experian.com) y da clic en "Informe de crédito gratis". Sigue las indicaciones para obtener tu informe.

**TransUnion:** Visita la página de TransUnion (www.transunion. com) y localiza la sección "Obtén tu informe de crédito gratis". Puedes pedir tu informe ahí.

**Servicios de monitoreo de crédito:** Algunos servicios de monitoreo de crédito y aplicaciones financieras ofrecen acceso a tu puntaje de crédito y te dan un informe gratis. Mientras que estos servicios te pueden entregar tu información de crédito, quizá también te ofrezcan características adicionales y herramientas relacionadas con créditos. Asegúrate de revisar los términos y condiciones para comprender cualquier posible limitación.

**Estados de cuenta de la tarjeta de crédito:** Algunos emisores de tarjetas de crédito ofrecen acceso gratis a tu puntaje de crédito en tus estados de cuenta mensuales o a través de tu cuenta en línea. Pregunta en tu entidad crediticia si tienen disponible este servicio.

Recuerda que tienes derecho a un informe de crédito gratis de cada uno de los principales burós de crédito cada doce meses. Revisar con regularidad tus informes de crédito es crucial para vigilar la salud de tus finanzas y detectar cualquier error o actividad fraudulenta.

Para mantener y mejorar tu puntaje de crédito, enfócate en hacer tus pagos a tiempo, mantener bajos tus saldos de la tarjeta de crédito y evita hacer solicitudes excesivas de nuevos créditos. Revisar periódicamente tus informes de crédito para ver si hay errores o inconsistencias también es vital, pues las inconsistencias podrían afectar negativamente tu puntaje. Por último, recuerda que crear y mantener un buen crédito toma tiempo, así que ten paciencia y sé responsable con tu gestión del crédito.

Ser consciente de tu crédito es muy importante por el impacto tan profundo que puede tener en tu bienestar económico y tus perspectivas a futuro. Primero, te da acceso a una multitud de oportunidades financieras, que van desde préstamos y tarjetas de crédito hasta hipotecas y tasas de interés favorables. Un historial crediticio sólido sirve como pasaporte financiero, creando eventos significativos en tu vida, como ser dueña de tu casa, ser emprendedora y poder costear mejor una educación de nivel superior. Es más, tiene un papel determinante en la reducción de los costos de créditos, pues las entidades crediticias evalúan el riesgo de prestarte dinero a partir de tu puntaje de crédito. Un puntaje alto se traduce en tasas de interés más bajas, lo que a la larga puede ahorrarte grandes sumas de dinero.

Además del crédito, tu salud crediticia extiende su influencia hacia diversos aspectos de la vida. Puede influir en solicitudes de arrendamiento, facilitando que te quedes con ese nuevo departamento con vista al mar al que le echaste el ojo, mientras que un mal crédito puede llevar a rechazos o depósitos en garantía más altos. Tus oportunidades de empleo también se podrían ver afectadas, ya que algunas empresas realizan revisiones de crédito, en particular para puestos que suponen responsabilidades financieras. Es más, cuánto pagas por tus primas de seguros, servicios y hasta tu factura de celular puede afectar tu perfil de crédito. Por último, mantener un buen crédito es crucial para alcanzar tus metas económicas a largo plazo, tales como tener una casa, ahorros para el retiro y labores de emprendimiento. Observar con detenimiento tu crédito te puede ayudar a detectar robos de identidad o actividades fraudulentas, salvaguardando tu reputación financiera.

Tener presente tu crédito implica gestionar de manera meticulosa tu salud financiera y tu solvencia económica. Empieza con un monitoreo regular de tus informes de crédito de los tres principales burós de crédito, para asegurarte de que la información sea precisa y atender de inmediato cualquier error o señal de fraude.

Pagar tus cuentas a tiempo es crucial, ya que tu historial de pagos influye significativamente en tu puntaje de crédito. Para evitar consecuencias negativas, considera establecer recordatorios o pagos automáticos. Además, gestionar el uso de tu crédito al tener siempre los saldos de tu tarjeta de crédito relativamente bajos respecto a tu límite de crédito es esencial para mantener un perfil de crédito sano.

Sé cautelosa cuando agregues una nueva deuda y solo toma a crédito lo que puedas pagar en su totalidad. Es de sabios evitar abrir múltiples nuevas cuentas de crédito en un lapso corto, pues puede generar inquietudes entre las entidades crediticias. Una revisión de rutina de tus estados de cuenta de la tarjeta de crédito te ayuda a encontrar inconsistencias o transacciones no autorizadas, asegurando que tus registros financieros sigan siendo confiables. Crear un fondo de emergencia es otro aspecto clave de la conciencia en el manejo del crédito, ya que te sirve como red de seguridad financiera y disminuye la necesidad de usar créditos en emergencias.

Cuando requieras guía sobre cómo mejorar tu crédito o enfrentar problemas financieros, buscar asesores de crédito certificados es un buen paso. Puedes encontrar alguno por medio de varios recursos y organizaciones acreditados.

- **Fundación Nacional para el Asesoramiento Crediticio:** La NFCC (por sus siglas en inglés) es una organización sin fines de lucro que conecta a los consumidores con agencias acreditadas y certificadas en asesoramiento crediticio a lo largo de todo Estados Unidos. Puedes visitar su página web (www.nfcc.org) y usar su herramienta de localización para encontrar una agencia cercana que sea miembro de la NFCC.
- **Asociación Americana de Asesoría Financiera:** La FCAA (por sus siglas en inglés) es otra organización sin fines de lucro que ofrece un directorio de asesores de crédito certificados y asesores financieros. Su página (www.fcaa.org) te permite buscar asesores según tu ubicación.

Practicar la autodisciplina y ser paciente con tu vida financiera es quizá el mejor consejo que te puedo dar en lo que al manejo del crédito (y de tu dinero en general) se refiere. Recuerda que tu camino personal con las finanzas es un maratón, no un sprint, y vas a cometer errores en el trayecto. La clave es aprender de esos errores, seguir comprometida con tus metas y hacer un progreso continuo a lo largo del tiempo. Así, pues, amiga, ponte a trabajar en mantener ese puntaje de crédito alto y la deuda baja, y ya estarás bien encaminada para convertirte en una máster de las finanzas.

### *Los costos ocultos de ser dueña de tu casa*

Tener propiedades trae consigo muchos costos ocultos para los que yo no estaba preparada cuando compré mi primera casa, y si no estás preparada para una decisión financiera tan grande como esa, rápidamente puedes quedar sumergida en deudas y odiar tu vida. Cuando el inodoro se empieza a tapar, no puedes llamar a tu casero. No sé tú, pero yo no tengo ningún interés en convertirme en plomera amateur... ni electricista, ni en saber instalar techos. Por otra parte, ser dueña de tu casa implica que tú controlas los incrementos de la renta. Si arriendas tu casa, el casero te puede subir la renta, a veces mucho, cuando se acaba tu contrato, mientras que si eres la dueña y tienes una hipoteca fija, te dará gusto que tu pago mensual no suba tanto a largo plazo (aunque sí seguirá aumentando por cosas como incrementos en los impuestos sobre la propiedad y las tasas de interés). De cualquier manera, es importante estar preparada para los que serán tus gastos una vez que compres. Estas son algunas cosas a considerar:

- Seguro de la propiedad: En una casa de 350 000 dólares, esto puede variar entre 800 y 2500+ al año. Si vives en una zona con alto riesgo de desastres naturales, como huracanes y tornados, espera pagar tasas más elevadas.[3]
- Impuesto sobre la propiedad: La media del predial oscila entre 650 dólares en Alabama (el más bajo) hasta 8700 en Nueva Jersey (el más alto).[4] (Fluctúa según la ley del estado; algunos las cambian cada año, mientras que otros lo hacen con incrementos distintos, como una vez cada cinco años).

---

[3] https://www.forbes.com/advisor/homeowners-insurance/average-cost-homeowners-insurance/.

[4] https://www.forbes.com/sites/andrewdepietro/2023/09/01/property-taxes-by-state-a-breakdown-of-the-highest-and-lowest-property-taxes-by-state/?sh=.

- Reparaciones y mantenimiento, 1-2 por ciento del precio de compra de tu casa. Ejemplo: si pagaste 300 000 dólares por tu vivienda, deberías presupuestar 3 000-6 000 dólares de mantenimiento y gastos de reparación anuales.
- Cambios en leyes, estatutos y códigos de construcción.
- Plusvalía (diferencia entre el precio de compra y el precio de venta, es decir, la ganancia tributable que haces después de vender tu casa).
- Costos (legales, evaluación de los inquilinos, contabilidad, administración de la propiedad, etcétera).
- Costos de desocupación.
- Accidentes y reparaciones de emergencia.
- Y el costo más grande de todos: ¡tu tiempo!

Si bien estoy agradecida de haber podido hacer mi primera inversión en bienes raíces, la experiencia me enseñó que no estaba lista para la vida de casera en esa etapa económica y emocional. En aquel entonces no podía desembolsar miles de dólares para componer el aire acondicionado ni reparar el techo. Volví a rentar porque durante ese tiempo en mi vida valoré poder mudarme en cuestión de treinta días y no tener que preocuparme por lo que le pasaría a mi casa. Después de vivir en departamentos toda mi vida adulta, elegí rentar una casa unifamiliar porque quería la experiencia de una casa sin el compromiso a largo plazo, y porque valoro la paz y la tranquilidad, y no quiero tener que lidiar con la falta de privacidad que supone tener inquilinos viviendo en la misma casa que yo. Más que nada, ahora mismo valoro la libertad de rentar mi domicilio principal porque no estoy segura de dónde o cuándo querré establecerme definitivamente.

Uno de mis maestros en finanzas personales favoritos, Ramit Sethi, es aficionado a desmentir los grandes "mitos" de adquirir una vivienda. "Comprar una vivienda es una inversión cara que no debería tomarse a la ligera; sin embargo, la idea de que una propiedad siempre es una gran inversión se ha vuelto 'religión' en Estados Unidos", dice.

Dasha Kennedy, activista de finanzas y fundadora de la plataforma educativa Broke Black Girl, se hace eco de eso: "Mucha gente apoya la idea de comprar una vivienda.[5] Pero durante diez años me quedé en un departamento muy pequeño de dos recámaras, incluso cuando podía costear mudarme. No me fui hasta que tenía pleno sentido. Y cuando lo hice, elegí rentar de nuevo. Como mamá soltera, criando dos hijos por mi cuenta, valoro la flexibilidad. Soy muy abierta al respecto, porque para tener tu propio lugar no es necesario comprar. Rentar tiene sentido para mí, y para mucha gente es una opción buena y segura".

Dice Sethi: "Para mucha gente, comprar simplemente no tiene sentido, en particular ahora, cuando el precio de las viviendas ha subido mucho y el efecto, sobre todo en las personas jóvenes, gente sin dinero, minorías, es hacerles sentir que han fracasado. No fallaste en nada si rentas". ¡Gracias, Ramit!

---

**Piensa dos veces antes de pedir créditos adicionales**

Otro rubro en el que la gente a veces se enreda entre lo que **debería** y lo que **quiere** hacer es sacar posgrados. Un informe de 2019 de PayScale encontró que, en general, casi dos terceras partes de las personas con posgrados decían tener remordimientos relacionados con la universidad. Las personas con posgrados tenían altos niveles de estrés, en particular los *millennials*. La mayoría se arrepentían de haber sacado préstamos estudiantiles. Mientras que 24.6% de quienes obtuvieron un título universitario se arrepentían de sus préstamos estudiantiles, esa cifra subió a 31.5% entre quienes buscaron una maestría o un doctorado. Quienes tenían maestría que no fuera en administración de negocios sumaron el índice más alto de respuesta en esta categoría: 33.3%. ¡Esa es una lección de gastos que aprender!

---

5 https://www.thecut.com/2022/09/what-if-i-never-own-a-home.html.

## SÉ TÚ

Mujer, a nadie le incumbe lo que hagas con tu dinero. Es cosa TUYA definir tus prioridades económicas. Antes de tomar una decisión económica importante, como comprar una casa o sacar otro título, date el tiempo de poner pausa y reflexionar sobre tus valores fundamentales. Hazte preguntas como:

> *¿De verdad necesito esto?*
> *¿En serio yo quiero esto o más bien mis padres/amigos/seres queridos lo quieren para mí?*
> *¿Me traerá valor o felicidad a largo plazo?*
> *¿Se alinea con mis valores y mis metas financieras?*

Hacer esta pausa te permitirá evaluar tus motivaciones y tomar decisiones más meditadas.

### Comprender el verdadero costo

Habituarte a aplazar la gratificación es otra forma de evitar destruir tu presupuesto. Resiste la tentación de comprar impulsivamente dándote un periodo de enfriamiento. Retrasa la gratificación y espera por lo menos veinticuatro horas antes de hacer una compra, en particular para objetos que no sean esenciales. Si estás pensando en hacer una compra más grande, como una casa o un auto, toma tiempo para entender a fondo el verdadero costo de tenerlo. Esto significa ver más allá del precio de compra inicial de un objeto y considerar todos los gastos asociados con tener y mantenerlo durante su vida útil. Si haces este ejercicio, comprenderás de una manera más amplia los gastos asociados con ser dueña de algo y darle mantenimiento. Te permitirá tomar decisiones de compra informadas, gestiona tu presupuesto de manera efectiva y planear para gastos a largo plazo.

Este es un proceso paso a paso para ayudarte a calcular el verdadero costo de ser propietario:

1. **Identifica el objeto:** Empieza identificando el objeto específico que quieres evaluar. Podría ser un coche, una casa, un electrodoméstico o cualquier otra compra significativa.

2. **Precio de compra inicial:** Determina el precio de compra inicial del objeto. Es la cantidad que pagas de entrada por adquirirlo. Si estás considerando algo usado, incluye cualquier costo adicional, como impuestos, cuotas de registro o cargos de envío.

3. **Calcula los costos del financiamiento:** Si estás financiando la compra, considera los intereses y cualquier cargo adicional asociado con el préstamo. Usa calculadoras de préstamos o consulta con instituciones financieras para estimar el costo total del financiamiento. Por ejemplo: compraste un auto por 25000 dólares con un préstamo que tiene 8 por ciento de tasa de interés y un plazo de 60 meses para pagar. En el transcurso de esos cinco años pagarás 5414.59 dólares de intereses, así que el costo total del préstamo es realmente de 30414.59 dólares.

4. **Mantenimiento y reparaciones:** Calcula el mantenimiento continuo y los costos de reparación sobre el tiempo de vida previsto para el objeto. Considera gastos de mantenimiento de rutina, como cambios de aceite, afinaciones, inspecciones o actualizaciones de software. Además, toma en cuenta los costos de reparaciones que puedan requerirse por el desgaste o descomposturas inesperadas.

5. **Seguro:** Determina el costo del seguro requerido para proteger el objeto. Esto podría incluir un seguro para el auto, un seguro para la casa o cobertura de garantía para dispositivos electrónicos. Obtén cotizaciones de seguros

o consulta con tus proveedores de seguros para estimar las primas anuales o mensuales.

6. **Costos de gasolina o luz:** Para objetos que requieran un consumo continuo de combustible o luz, como vehículos o electrodomésticos, calcula el gasto promedio de luz o gasolina. Considera factores como la eficiencia de ese combustible, cuotas de luz y los precios de gasolina o electricidad preponderantes en tu zona.

7. **Depreciación:** Evalúa la posible depreciación del objeto con el tiempo. Investiga información histórica o consulta a expertos para calcular la tasa de depreciación promedio para ese objeto concreto. Son especialmente propensos a la depreciación bienes como vehículos, artículos electrónicos o ciertos equipos.

8. **Valor de reventa o residual:** Estima el valor potencial residual o de reventa del objeto al final de su vida útil. Esto se aplica sobre todo a objetos que puedan conservar cierto valor después de su uso. Factores como las condiciones, la demanda del mercado y las tasas de depreciación influyen en el valor de reventa o residual.

9. **Suma los gastos:** Suma todos los gastos determinados en los pasos anteriores: precio de compra inicial, costos de financiamiento, mantenimiento y reparaciones, seguro, costos de gasolina o luz, depreciación y valor potencial residual o de reventa. Esta suma representa el costo real de ser dueña del objeto durante el tiempo que dure.

10. **Compara alternativas:** Si estás considerando múltiples opciones, repite los pasos anteriores para cada objeto y compara el costo real de tenerlos. Este comparativo te puede ayudar a tomar decisiones informadas y elegir la opción que se alinee mejor con tus metas económicas y tu presupuesto.

Ser consciente de tu dinero también significa reflexionar sobre lo que tienes, en lugar de enfocarte en lo que no. Cultivar esa sensación de gratitud por lo que ya tienes te puede llevar lejos. En lugar de concentrarte en las carencias o lo que desearías tener, aprecia lo que sí tienes. Reconoce la abundancia de recursos, oportunidades y experiencias que ya se encuentran presentes en tu vida financiera. Abrazar la gratitud y la satisfacción te puede ayudar a frenar gastos innecesarios nacidos de un constante deseo de tener más. (Para más al respecto, ¡vuelve a leer el capítulo 1!).

## CUANDO ESTÉS LISTA PARA VOLVER TUS SUEÑOS REALIDAD

Después de tener ya muy claras mis creencias sobre el gasto basado en el valor, en 2022 otra vez me eché el clavado para ser dueña de una propiedad, pero en esa ocasión lo hice a mi manera. Siempre había soñado con tener una propiedad en Puerto Rico, y lo logré después de ahorrar suficiente dinero para comprar un condominio de ensueño con vista al mar. Hasta ese momento, nunca había imaginado que podría tener una vivienda en mi amada isla. A diferencia de mi primera incursión en los bienes raíces, cuando permití que la presión de "dejar de gastar dinero en la renta" fuera mi factor determinante, en esta ocasión me permití ser clara sobre lo que yo quería, identificando mis propósitos y practicando la paciencia en lugar de la desesperación. Confié en que la propiedad correcta vendría a mí en el momento correcto, y eso fue exactamente lo que pasó.

Unos días antes de volar a Puerto Rico en mi viaje sola anual, mi agente de bienes raíces en la isla me envió una propiedad que todavía no estaba listada. Los dueños estaban listos para vender y ella logró convencerlos de que esperaran a que yo llegara a Puerto Rico antes de listar públicamente el condominio. Vi el lugar y de inmediato me enamoré, les hice una oferta ¡y nueve días después tenía las llaves de la casa de verano de mis sueños! ¡Eso es manifestar nuestros sueños, mi gente! A veces corremos hacia nuestros "sueños", cuando en realidad un sueño más grande y mejor se volverá realidad si tan solo aminoramos la marcha. Hacer que mis gastos estén alineados con mis valores me ayudó a convertirme en la orgullosa dueña de una propiedad en Puerto Rico. Eso sí, todavía rento mi vivienda principal; entonces, sí, puedes invertir en propiedades y aun así decidir pagar renta.

Antes de gastar tu dinero es fundamental asegurarte de que la decisión se alinee con tus valores personales. No permitas que la sociedad, los amigos ni la familia te digan qué deberías estar haciendo con tu dinero. Rentar no tiene nada de malo, y comprar no necesariamente es bueno. No tiene nada de malo saltarte esa gran boda y escaparte a Las Vegas, ni gastar 100 000 dólares en las nupcias de tus sueños. No tiene nada de malo vivir en una mansión enorme o en una minicasita. No tiene nada de malo decidir no tener hijos, y tampoco tener un montón de bebés. Simplemente son opciones, y todos vamos a elegir una. ¿Cuál importa? La que tú quieras y ninguna otra. Decide qué te sirve más de acuerdo con tu estilo de vida, qué valoras, qué puedes costear... y qué se siente bien.

## CONOCER TU VALOR (NETO)

Uno de los errores más grandes que yo cometí fue comprar una casa sin conocer el impacto total que esa decisión tendría sobre mis finanzas. Ser dueña de tu casa siempre fue la decisión inteligente, según mis padres latinos, quienes nunca me explicaron cómo funcionan los intereses, cómo determinar qué puedes costear (probablemente porque no tenían idea de cómo funcionaba eso, aun cuando ellos mismos habían comprado su casa). Yo recuerdo a mis padres decir que estaban sudando la gota gorda cuando firmaron los papeles de la hipoteca y le rezaron a Dios para que siempre pudieran pagar la mensualidad. Yo supuse que, como podía pagar la hipoteca, esa era la única información que necesitaba considerar, pero muy pronto me di cuenta de lo equivocada que estaba. Cuando se trata de tomar buenas decisiones financieras, necesitamos saber dónde estamos parados. Esto empieza por saber cuánto vales.

### ¿Qué es el valor neto?

Tu valor neto es el valor total de todos tus activos, después de deducir tus pasivos. Los **activos** son las cosas que puedes traducir en dinero, como tus cuentas de banco, tus propiedades y tus cuentas de inversiones. Los **pasivos** incluyen la deuda de tu tarjeta de crédito, préstamos personales, préstamos para coches e hipotecas, por mencionar algunos. Si tienes un valor neto *positivo*, quiere decir que tus activos superan o sobrepasan tus pasivos. Si tu valor neto es *negativo*, tu deuda es mayor que tus bienes combinados.

### Cómo calcular tu valor neto

Si la idea de usar operaciones matemáticas te estresa, ¡no te preocupes! Calcular tu valor neto es en realidad muy simple.

Activos–Pasivos = Valor Neto

Los activos son cualquier cosa de valor, por ejemplo:
- Efectivo o equivalentes
- Bienes inmuebles
- Vehículos
- Negocios que poseas o en los que tengas participación
- Inversiones (acciones, bonos, criptomonedas)
- Joyería, arte y otros coleccionables

Los pasivos son cualquier cosa que debas, por ejemplo:

- Préstamos (automotriz, estudiantil, personal, médico, etcétera)
- Tarjetas de crédito u otras líneas de crédito
- Hipotecas
- Deudas legales o fiscales

Para calcular tu valor neto tienes que revisar los actuales estados de cuenta de tu banco y de tus acreedores, en todas las cuentas que tengas. Puedes calcular manualmente tu valor neto con una hoja de cálculo o puedes descargar la herramienta de cálculo del valor neto disponible en **yoquierodineropodcast.com/networth.**

Si prefieres una manera más automática de rastrear tu valor neto, hay múltiples herramientas en línea, como Empower, que registran y gestionan tu valor neto por ti. La simplicidad de esta opción es que te permite vincular con seguridad tus cuentas, como las de cheques, ahorro, crédito, préstamo y retiro. En vez de que tengas que revisar cada una de tus cuentas periódicamente, se actualiza en tiempo real para mostrarte cuánto suma tu valor neto en cualquier momento dado.

Tu valor neto toma en cuenta todos tus recursos y todos tus compromisos o restricciones financieras (pasadas, presentes y quizá incluso futuras). Te ayuda a comprender tus fortalezas y debilidades económicas, identifica áreas que necesiten mejorarse, y puedes tomar decisiones informadas sobre presupuestos, inversiones y manejo de deudas. Con un claro entendimiento de tu valor neto puedes desarrollar un plan integral para alcanzar tus metas financieras a corto y largo plazo.

Ya sea que tu meta sea comprar una casa dentro de tres años, empezar el fondo universitario de tus hijos o tomarte unas vacaciones magníficas para un cumpleaños especial, tener la imagen completa de tu posición económica te dará la oportunidad de llegar a cada uno de esos objetivos sin problemas.

Conservar estos datos a lo largo del tiempo también te ayuda a decidir si tus comportamientos anteriores con el dinero siguen la línea de cómo quisieras que fuera tu futuro comportamiento económico. El valor neto es clave para establecer metas; te dice si tu objetivo es demasiado pequeño o imposible de lograr. ¡Quién hubiera dicho que podríamos sacar tanta información de un simple cálculo!

Digamos que tienes 30 000 dólares de un préstamo estudiantil. Empiezas a invertir este año y llevas al límite tu cuenta de ahorro para el retiro 401(k) con 22 500. Pudiste acumular un fondo de emergencia de efectivo de 10 000. Rentas en una zona con un alto costo de vida y quieres comprar una casa el año que viene.

**Activos:** $10 000 de ahorros + $22 500 de 401(k) = $32 500 en total
**Pasivos:** $30 000 de préstamos estudiantiles
**Valor neto:** $32 500 - $30 000 = $2 500

Darle seguimiento a tu valor neto te permite evaluar si tus estrategias y decisiones económicas son efectivas. Si tu valor neto no crece como tú quieres, eso podría indicar la necesidad de reevaluar tus hábitos económicos, incrementar tus ahorros, disminuir tus deudas o aplicar algunos cambios en tu manera de invertir. Revisar con regularidad tu valor neto te permite hacer ajustes y corregir el rumbo según sea necesario.

Creo que podemos estar de acuerdo en que "presupuesto" no es la palabra más sexy del diccionario, pero también es el arma perfecta para lograr tus metas financieras. A pesar de su mala reputación, presupuestar es el arma secreta que te ayudará a gestionar tu dinero como una experta y alcanzar la libertad financiera. Con un presupuesto en la mano, te vuelves una ninja del dinero, totalmente consciente de cada dólar que entra o sale de tu vida.

¡No más gastos desenfrenados! ¡Nunca más ahogarte en deudas! Un presupuesto te ayuda a tomar el control de tus finanzas como una reina, garantizando que vivas dentro de tus posibilidades y evites la terrible trampa de gastar demasiado.

**¡Pero eso no es todo! Tener un presupuesto te permite mandar a volar esos monstruos** de las deudas para que puedas desendeudarte **más rápido y** centrarte en crear tu fortuna. Guardarás dinero más rápido, creando una fortaleza de ahorros para esos malos días y esos sueños futuros. ¿Quieres unas vacaciones de lujo? ¡Las tienes! ¿Sueñas con lanzar tu propia marca? Un presupuesto puede volverlo realidad. ¡Es como tener un hada madrina del dinero que te cumpla tus sueños económicos!

Dile adiós al estrés económico, porque estarás luciéndote con tu plan en la mano. Cuando la vida te lance una curva, la batearás con gracia. Nunca más jugar a las adivinanzas con tu dinero. Gracias a tu presupuesto, podrás tomar decisiones estratégicas como campeona. Los presupuestos son la base sobre la que construirás tu imperio financiero. Prepárate para que tus metas económicas se hagan realidad y tengas la mejor vida, porque con un presupuesto serás imparable.

## CAPÍTULO 5

# Hermana, necesitas un segundo ingreso

Si tienes una única fuente de ingreso, como un empleo en alguna empresa, es posible que estés a un paso de la calamidad financiera. Suena drástico, pero es cierto. Yo lo aprendí a la mala. Me han despedido una sola vez en toda mi vida y la experiencia me enseñó la importancia de nunca depender de un solo ingreso para vivir. Era la mañana de un frío lunes de enero de 2014. Los meteorólogos predijeron una tormenta de nieve, pero mi jefe decidió esperarse a ver qué pasaba en lugar de decirle a la gente que ese día podía trabajar desde su casa.

Por alguna razón, que solo puedo considerar intuición divina, revisé mi correo antes de ir a la oficina, algo que rara vez hacía. Vi que el sábado me habían enviado de la nada una invitación para una junta el lunes a las nueve de la mañana. *Mmm, qué raro*, pensé. Cuando vi la lista de invitados, eran mi jefe y alguien a quien nunca había visto. Cuando busqué cuál era su puesto, vi que era en Recursos Humanos. *Mierda*. Eso no iba a acabar bien, lo sabía.

Llegué a la oficina, dejé mis cosas y me fui a la sala de juntas, donde rápidamente me dieron mi liquidación, me soltaron una perorata para informarme que habían eliminado mi puesto y me concedieron un generoso plazo de treinta minutos para empacar mis pertenencias mientras mi exjefe me veía para asegurarse de que no me robara nada y abandonara las instalaciones. Fue una experiencia extracorporal, y la cereza en el pastel fue que la ventisca que siguió convirtió mi trayecto normal de cuarenta y cinco minutos en una odisea de tres horas. Cuando llegué a mi casa, ahí me pegó. La liquidación era suficiente para durarme tres meses, tal vez cuatro. El mercado laboral todavía se estaba recuperando años después de la Gran Recesión. Mis habilidades eran especializadas, así que probablemente me tomaría tiempo encontrar un puesto equivalente. ¿Qué demonios iba a hacer?

Ese día decidí que nunca me iba a permitir estar en esa posición otra vez. Decidí enfocar toda mi atención en un proyecto que había empezado seis meses atrás. Estaba molesta con mi carrera en general, así que había abierto un blog de comida, DelishDlites.com, como proyecto personal. Siempre he sido una gourmet y varias veces he hecho viajes expresamente para probar la comida. He ido con Paola, una de mis amigas de la hermandad de estudiantes, a San Francisco para comer pan de masa madre y *cioppino*, a Nueva Orleans por gumbo y ostiones a las brasas, y a Portland, Maine, para probar rollitos de langosta y sopa de mariscos. Gracias a este amor por la comida me aventé de lleno a hacer crecer mi blog, que más adelante se volvió mi segundo ingreso. Este trabajo me ayudó a pagar 39 000 dólares de préstamos universitarios en diecisiete meses. Este mismo trabajo me ayudó a pagar 10 000 dólares de deudas en mis tarjetas de crédito en menos de un año. Este trabajo me ayudó a maximizar mi aportación al plan de ahorro para el retiro 401(k) por primera vez en la vida y a invertir suficiente dinero para ser económicamente independiente a los treinta y cinco años. Fue el trabajo que me ayudó a renunciar a mi empleo y generar más de 100 000 dólares de ingresos pasivos en un mismo año. Espero que esto te convenza: tener otros ingresos es la forma de asegurarte de nunca permitir que un trabajo te desvíe de tu futuro financiero. En un mundo donde las mujeres reciben sueldos más bajos, podemos usar el poder que nos dan los ingresos adicionales para ganar más.

Amiga, lo más probable es que no te estén pagando lo suficiente. Gracias al racismo sistémico, los sesgos de género en las contrataciones, la naturaleza explotadora del capitalismo y esa maldita brecha salarial siempre presente, las latinas ganan alrededor de la mitad de lo que ganan los hombres blancos. Está del carajo, ¿no? Los estudios muestran que tomará 136 años salvar esa brecha salarial. Literalmente, no podemos esperar la oportunidad de reclamar nuestro poder adquisitivo. Aunque me encantaría que viviéramos en un mundo donde recibir una paga equitativa se diera por sentado, nuestra cartera no puede esperar a que les importe a los políticos, las cabezas parlantes y los presidentes ejecutivos darnos a las mujeres lo que valemos. Sí, podemos luchar por sueldos más altos y transparencia salarial, pero hasta que esas cosas se vuelvan una realidad, necesitas tomar cartas en el asunto. Y eso empieza convirtiéndote en tu propia imprenta de dinero.

Maribel Francisco, inmigrante experta en la gestión del dinero y fundadora de la plataforma educativa Our Wealth Matters, me contó que su mamá llegó a Estados Unidos desde México y encontró trabajo como costurera. Un día alguien le dijo: "Siempre vas a ser costurera". Así, la mamá de Maribel decidió que necesitaba un segundo trabajo, se fue a H&R Block para recibir capacitación y aprender a preparar declaraciones de impuestos, y después de un par de años de trabajar para ellos puso su propia firma. Cuando Maribel cumplió dieciocho, también se certificó para preparar declaraciones de impuestos y empezó a ayudar a su mamá con el negocio los fines de semana.

Nadie va a venir a salvarnos, y si me preguntas, el sector empresarial de Estados Unidos tampoco tiene un incentivo para quererte pagar lo que mereces. Ellos solo quieren tener acceso a tus habilidades por el menor costo posible. Si lo piensas, quien contrata es un corredor de talentos. Son una organización que te conecta (a ti, que tienes ciertas capacidades) con la oportunidad de usar esas capacidades para ganar dinero (un trabajo). A cambio de darte esa oportunidad, convierten tus capacidades en ganancia y te dan una pequeña tajada para que no te vayas.

Pero ¿qué pasaría si te deshaces del intermediario, si empiezas a cobrar el verdadero valor de tus capacidades y las vendes directamente a tus clientes? Es el regalo del emprendimiento, y puede empezar con un microtrabajo extra. La forma más inmediata de meter dinero a tu bolsillo ahora mismo es crearlo tú al aumentar tus ganancias con un segundo ingreso.

## ¿QUÉ ES UN SEGUNDO INGRESO?

Mi definición de segundo ingreso es algo que haces fuera de tu trabajo de nueve a cinco que te da satisfacción personal, capitaliza tus habilidades más valiosas y te genera un ingreso extra.

La parte de la satisfacción personal es clave. Si estás haciendo algo que no disfrutas por tener dinero extra, es más probable que se trate de un empleo de medio tiempo que no va a ninguna parte, ¿y quién tiene tiempo que perder, después de trabajar más de cuarenta horas a la semana, en algo que ni siquiera disfruta? A diferencia de tu trabajo principal, tu segundo ingreso debería ser algo que te emocione muchísimo. Es una oportunidad para que pruebes ser tu propia jefa sin la presión de levantar de inmediato un negocio de tiempo completo. Un segundo ingreso representa una oportunidad excelente para:

- Fungir como experta en algún área que no estés aplicando en tu trabajo diario.
- Aprovechar tus habilidades profesionales actuales para crear tu propio negocio de consultoría.

Cuando yo empecé a hacer otras cosas fue porque quería hacer algo completamente distinto de mi carrera superanalítica como ingeniera. Me encanta cocinar, así que empecé a explorar distintas actividades que pudiera hacer en las noches y los fines de semana. Probé suerte volviéndome chef personal y cociné para un par de eventos chiquitos ofreciendo mis servicios a algunas amigas de la hermandad de estudiantes. El trabajo era divertido, pero el horario era tremendo y no me permitía trabajar desde casa, algo que en verdad quería hacer. Dos eventos fueron suficientes para darme cuenta de que ser chef personal no era algo que pudiera promover más allá.

Eso me llevó al mundo de los blogs de comida y de inmediato supe que era un trabajo paralelo perfecto para mí. Podía compartir mi pasión por cocinar y comer, y crear contenido en línea desde la comodidad de mi propia casita. Empecé poco a poco, decidiendo qué clase de contenido quería crear y cómo juntar un público que a la larga convirtiera este proyecto por gusto en un negocio exitoso de seis cifras.

---

### Mi línea de tiempo de ese segundo ingreso

**29 de mayo de 2013**—$0: Empecé mi blog de comida *Delish D'Lites.*

**Enero de 2014**—$0: Empecé a tomarlo en serio e invertí en un taller de blogs en una escuela culinaria local ($90).

**Abril de 2014**—$0: Busqué otro trabajo como ingeniera y seguí trabajando en mi blog de comida después de mi hora de salida. Seguí refinando mi contenido y la calidad de mis creaciones, enfocándome en armar mi portafolio y lanzar una página web.

**2016**—:$2 295: Primeras ganancias reales con mi blog. ¡Para ese momento ya estaba enganchada!

**2017**—$10 589: ¡Mi primera ganancia anual de cinco cifras! También empecé a diversificar mis fuentes de ingresos para que incluyeran marketing de afiliación y creación de contenidos promocionales.

**2018**—$21 860: ¡Encontré mi ritmo! Comencé a usar ese dinero extra para pagar mi deuda del préstamo estudiantil.

**2019**—$46 033: El ingreso del blog seguía creciendo. Ese año lancé *Yo quiero dinero.*

**2020—$101000**: Entre *Delish D'Lites* y *Yo quiero dinero*, oficialmente empecé a ganar seis cifras por mis trabajos paralelos. Ese año pude pagar todas mis deudas gracias a ellos.

**2021—$443000**: Me volví económicamente independiente, renuncié a mi trabajo y me dediqué a mi negocio de tiempo completo.

**2022—**Mis negocios alcanzaron oficialmente la marca del medio millón de dólares de ganancias anuales y pude contratar a mi hermana y a mi mamá. Emprender me permitió tener logros económicos increíbles y crear un verdadero patrimonio. Todo empezó con un mero sueño y un trabajo aparte.

## MIS SECRETOS PARA ESOS SEGUNDOS INGRESOS DE SEIS CIFRAS

¿Sabías que levantar tu propio negocio es el camino más rápido para hacerte millonaria? En 2024, Tom Corley, experto en la gestión del dinero, se propuso averiguar cómo los millonarios se vuelven millonarios. ¡Sus conclusiones son fascinantes! Se pasó cinco años entrevistando a 233 personas ricas e investigando sus actividades diarias, sus hábitos y sus características.

Cada uno de los millonarios que Corley entrevistó entra en alguna de las siguientes cuatro categorías:

**Ahorrador-inversor:** Sin importar cuál sea su trabajo principal, hacen que ahorrar e invertir sea parte de su rutina diaria. Constantemente maquinan formas inteligentes de hacer crecer su fortuna.

**Escaladores corporativos:** Los escaladores trabajan para una gran empresa y dedican todo su tiempo y energía a subir el escalafón hasta llegar a una posición ejecutiva *senior*, con un sueldo altísimo.

**Virtuosos:** Se encuentran entre los mejores en lo que hacen y se les paga muy bien por su conocimiento y su experiencia. La formación académica suele ser un requisito, digamos, en ciertas especializaciones (por ejemplo, leyes o medicina).

**Soñadores:** Todas las personas en este grupo persiguieron un sueño, como empezar su propio negocio, tener éxito en la actuación o la música, o volverse autores superventas. Los soñadores aman lo que hacen para vivir y su pasión se refleja en su cuenta bancaria.

Adivina qué grupo se volvió millonario más rápido. Si contestaste que los soñadores, estás en lo correcto. Alrededor de 28 por ciento de las personas del estudio eran soñadoras. Tenían un valor neto promedio de 7.4 millones de dólares —mucho más que cualquier otro grupo del estudio— y pudieron acumular esa riqueza en un periodo de alrededor de doce años, antes que cualquier otro grupo. El camino de los soñadores, sin embargo, también parece ser el más difícil, el más riesgoso y el más estresante. Quiero ser honesta contigo... agarrarle el modo al emprendimiento toma tiempo y esfuerzo, pero cuando lo haces, puede cambiar tu vida por completo, tal como cambió la mía.

Pero ¿cómo empiezas? Veamos.

### *1. Encuentra tu sazón secreta (es decir, identifica tus habilidades y tus áreas de interés)*

Tu negocio solo será sustentable a largo plazo si se centra en algo que te encante hacer y para lo que seas buena. Así, pues, ¿para qué eres buena? ¿Qué te encanta hacer? Empieza haciendo una lista de las habilidades profesionales y personales que has ido adquiriendo a lo largo de tu vida. La idea para tu segundo ingreso seguramente saldrá de una de estas listas.

- ¿Cuáles son los temas sobre los que la gente siempre te pregunta?

- ¿Eres la persona a quien todos consultan sobre las últimas tendencias de moda y cómo combinar su ropa?
- ¿Eres la sibarita experta en tu círculo de amigos, a quien siempre le piden recomendaciones de restaurantes?
- ¿La gente ve tus fotos en Instagram y te manda mensajes directos pidiendo itinerarios de viajes?
- ¿Eres la amiga superorganizada que se dedica a ponerles etiquetas a los contenedores de su alacena digna de Pinterest?

Esas cosas que crees que no son aptitudes valiosas, ¡SÍ LO SON! Piensa en todos los productos y servicios por los que pagas. *Alguien* creó esas cosas. Así, ahora es tu turno de encontrar tu sazón, ese algo secreto... algo que solo tú puedes hacer increíble. Bien podrías convertirlo en alguna clase de magia para hacer dinero.

Tal vez trabajes en un banco en servicio a clientes, pero tu sueño es un día tener tu propia firma certificada de planificación financiera con la que puedas ayudar a otras mujeres a tener su dinerito y planear su futuro financiero. En algunos casos, tu segundo ingreso quizá requiera credenciales oficiales, certificaciones o una licencia para poder ejercer. Investiga qué conocimientos y títulos necesitarás para hacer ese trabajo. Si en la actualidad no tienes las habilidades necesarias para monetizarlo, es momento de aprender.

Hay muchos segundos trabajos posibles que puedes empezar, así que, si todavía te sientes atorada, te dejo una lista de veinte ingresos secundarios que puedes empezar a explorar; quizá alguno en particular te atraiga, y si no, puedes encontrar otros en mi página web: yoquierodineropodcast.com/blog.

| | |
|---|---|
| Correctora | Música |
| Editora | Asesora de negocios |
| Analista de datos | Consultora de marketing |

| | |
|---|---|
| Mercadóloga de contenidos | *Coach* de vida |
| Diseñadora gráfica | Consultora de redes sociales |
| Ilustradora | Instructora de *fitness* |
| Diseñadora web | *Coach* de liderazgo |
| Fotógrafa | Orientadora familiar |
| Videógrafa | Orientadora vocacional |
| Transcriptora | Consultora de belleza |
| Crítica literaria | Asesora de inversiones |
| Gestora de proyectos | Desarrolladora de aplicaciones |

### 2. Aclara tu mente (es decir, trabaja en tu mentalidad)

Amiga, arrancar un negocio es endemoniadamente aterrador, y nada menos que eso es lo que haces cuando creas un trabajo secundario. Así, antes de hablar sobre elegir el nombre de tu negocio y diseñar tu logo, tenemos que atender lo más grande que vas a enfrentar... esos jodidos pensamientos que aparecen cada vez que decidimos hacer algo nuevo. Inevitablemente empiezas a pensar cosas más o menos así:

- Soy un maldito fraude y no hay manera de que esté calificada para poner un negocio.
- ¿Por qué alguien me pagaría *a mí* por un producto o un servicio?
- Es estúpido/A nadie le importa/Nadie me va a pagar por mi tiempo ni por mi conocimiento.

Estoy dispuesta a apostar que uno o más de los pensamientos anteriores se te ocurrieron en el momento en que empezaste a leer este capítulo. El principal obstáculo que enfrentarás al inicio de ese trabajo paralelo es superar las creencias limitantes que puedas tener sobre tu capacidad o la idea de tu negocio. A lo mejor piensas que el mercado está sobresaturado y no hay manera de que puedas destacar entre todos. Es posible que te dé miedo pedirle a la gente que te pague por tus servicios. Quizá simplemente no tienes fe en que sí tienes la madera necesaria para lograrlo. El miedo es esperado, pero necesitas dejarlo atrás y empezar. El primer paso es preguntarte: "¿Qué tanto quiero que esto tenga éxito?".

Si la respuesta es cualquier cosa menos "¡A DARLE!", entonces tal vez todavía no estás lista para esto, y está bien. Relájate. ¡Tener miedo de exponerte al mundo es completamente normal! Hacer cosas que te hacen cagarte de miedo, pues... eso, ¡dan miedo! Lo bueno de esto es que puedes sentir el miedo, reconocer su presencia y hacerlo de todos modos, pero superarlo requiere esfuerzo.

Si el miedo te detiene, es hora de evaluar seriamente si estás dispuesta a hacer los sacrificios necesarios para lograr esto. Esos sacrificios requieren tiempo, dinero y energía. Una pregunta que debes hacerte a ti misma es: ¿Me emociona cómo será mi vida diaria cuando el negocio haya arrancado? En otras palabras, ¿hay excitación mezclada con esos miedos? Intenta enfocarte en permitir que sea la emoción lo que te impulse hacia adelante. Quizá también sea buena idea hablar con otras mujeres que hayan abierto sus propios negocios; hay puntos extra si sus productos o servicios son similares a los tuyos. ¿Cuál ha sido su experiencia? ¿Están contentas de haber dado ese salto al vacío? Cuando tengas tus respuestas a estas preguntas sabrás si debes seguir trabajando en tus miedos o si ya estás lista para seguir con el paso 3.

### 3. Muéstrame el dinero (es decir, investiga el comportamiento del mercado y valida tu oferta)

Un negocio exitoso ofrece una solución valiosa a un problema único. Piensa en los negocios de los que tú eres consumidora: ¿Qué problema te resuelven? Amazon me evita salir de mi casa y tener interacciones humanas innecesarias, y por eso soy una consumidora leal. Averigua qué problema resuelve tu negocio; esto será importante cuando pienses cómo empezarte a promover.

Después haz una investigación de mercado. Empieza identificando a tus competidores potenciales.

- ¿Quiénes son?
  - Haz una lista de cinco o diez competidores que signifiquen algo para ti y te inspiren.
- ¿Cuánto tiempo lleva su negocio?
  - Investiga todo lo que puedas sobre ellos visitando sus locaciones físicas, hablando con quienes consumen sus productos o indagando todo lo que sea posible.
- ¿Qué venden y por cuánto?
  - Observa las ofertas de sus productos y sus abanicos de precios para darte una idea de dónde puedes empezar a establecer tus propios precios.
- ¿Cómo se promocionan?
  - Revisa su página web, redes sociales, pódcast, blog, etc. ¿Regalan cosas, usan publicidad pagada, envían mensajes de texto o correos?
- ¿Qué dice la gente de ellos?
  - Busca pistas en los comentarios de sus redes sociales, reseñas y testimonios, y otra clase de retroalimentación de los consumidores.

Una vez que sepas qué problema vas a resolver y cómo otros han logrado hacerse de un lugar en tu nicho, es momento de determinar quién es tu cliente ideal. Empieza hablando con la gente para darte una idea de a quién puedes servir mejor con tus habilidades.

Puedes empezar haciendo una encuesta en tu círculo o sondeando con extraños en internet, ya sea en grupos de Facebook, hilos de Reddit u otros foros en línea. Algunas preguntas importantes que también debes incluir:

- Perfil demográfico: edad, ubicación geográfica, antecedentes étnicos, identidad de género, ocupación, etapa de la vida.
- Puntos débiles: ¿Con qué problemas están lidiando en la actualidad y cómo tu solución los puede ayudar? ¿Cómo cambiaría su vida si invirtieran en tu oferta?
- Dónde contactarlos: ¿Leen blogs o escuchan pódcast? ¿Se la pasan en TikTok o en Pinterest?
- Deseo de invertir: ¿Ya pagan por recibir ayuda en este rubro pero no están obteniendo lo que necesitan? Si es así, ¿qué les falta? Si en la actualidad todavía no invierten para arreglar el problema, ¿por qué? ¿Qué es lo que esperan de la solución propuesta?

Podría parecer mucho trabajo (y lo es), pero ¿quién dijo que empezar un negocio sería fácil? Si lo vamos a hacer, lo vamos a hacer bien. Toda esta investigación inicial asegurará que no estés creando una solución a un problema que en verdad no existe.

Una vez que hayas asegurado tus primeros clientes, ¡no se te olvide pedirles retroalimentación! Los testimonios son una forma muy importante de crear confianza y autoridad mientras haces crecer tu marca. Puedes usar cuestionarios, correos, formatos de Google o incluso mensajes directos por redes sociales para recabar las opiniones de tus clientes y respaldar tu marca.

### 4. Ten un sabor especial
#### (es decir, distínguete entre tus competidores)

Una vez que empieces a hacer un poco de investigación de mercado, podrías llegar a creer que el mercado al que quieres entrar está saturado y no hay manera de que puedas destacar. Es algo común, pero quiero que lo pienses: contrario a la creencia popular, nadie puede hacer lo que tú haces de la forma como tú lo haces. Imagínate si Bad Bunny dijera: "No voy a tener una carrera musical porque ya hay demasiados músicos urbanos de Puerto Rico". Suena ridículo, ¿no?

Tú eres singular e incomparable, un ser humano con dones divinos, una personalidad única y un cúmulo de habilidades imposibles de duplicar. Así, pues, dile al síndrome del impostor que se calle la boca, y descubramos cuál es tu sabor especial.

Nicole Nieves, experta en marketing digital y fundadora de la galardonada firma de mercadotecnia The Brand Vibe, me contó que, como mujer de color, cuando puso su propio negocio después de años de "cambiar de código" en el mundo corporativo de Estados Unidos, al fin se pudo centrar en la pregunta "¿Quién soy?". Nicole me dijo: "No me sentía capaz de ser quien soy en el mundo corporativo... Como mujer de color, tienes que ir más allá de ti misma para encajar y demostrar que sí puedes. Ahora ya me puedo encontrar a mí misma otra vez, no necesito preocuparme por cómo me ven los demás". Para tantas mujeres latinas, dejar atrás el mundo corporativo empieza con la oportunidad que su propio negocio les da la oportunidad de descubrirse a sí mismas de una manera significativa.

Lo que te hace ser *TÚ* se conoce como tu ventaja competitiva. Es "eso" que hace que los clientes te elijan a ti y vuelvan por más. Para poder aprovecharlo, tendrás que reevaluar tu historia y reconectarte con el trayecto que has seguido para llegar hasta donde estás hoy.

Se denomina tu historia fundacional, la razón por la que tuviste la inspiración de hacer lo que haces. La vulnerabilidad es un pedazo enorme de nuestras razones para conectarnos como seres humanos, así que haz una lista de los retos que has enfrentado y cómo los superaste. No olvides también compartir tus triunfos. La gente se conecta con las historias, no con los productos. Cuando alguien invierte en tu negocio es porque vieron en ti algo con lo que se identifican y quieren más. Tú quieres que tu cliente ideal pueda verse a sí mismo reflejado en tu historia. Eso crea confianza, y cuando la gente confía en ti, está mucho más dispuesta a pagar por tu ayuda.

Que no te dé pena determinar con exactitud quién es tu cliente ideal y entretejer ese mismo mensaje en tu plan de marketing. Sé clara sobre la persona a la que sirves y por qué, para que no atraigas a la gente equivocada. No es tu trabajo servir a todos... ¡No eres un bufet, mi amor!

### 5. No trabajes más duro, sino de una manera más inteligente (es decir, usa en tus metas el método SMART)

Al considerar cuál será tu segundo ingreso, puede ser que notes que estás emocionadísima, ¡y está genial! Tus metas son enormes, y luego te empiezas a abrumar. Comienzas a pensar: "¿Cómo carajos voy a hacer todo esto?". Estar ocupada y ser productiva no es lo mismo, así que asegurémonos de que estés trazando tu camino hacia el éxito. Si solo pones metas verbalmente, es fácil mandarlas a la goma y que se te olvide lo que esperabas conseguir. Cuando anotas tus palabras en papel, existen de una manera mucho más real, más tangible... y eso puede ser aterrador.

Si te cuesta trabajo alcanzar tus metas, tal vez no sean las más inteligentes. El método SMART (inteligente) para establecer metas te ayuda a aclarar tus ideas, enfocar tu esfuerzo, usar tu tiempo y tus recursos de manera productiva, y aumentar tus probabilidades de lograr exactamente lo que imaginaste.

**Las metas SMART son:**

e**S**pecíficas
**M**edibles
**A**lcanzables
**R**elevantes
**T**emporales

Cuando estés creando una meta SMART necesitas hacerte varias preguntas, que te ayudarán a definir una ruta clara hacia el éxito. Al establecer estos límites específicos en tus metas, se vuelve mucho más sencillo crear un plan práctico para lograrlas.

**eSpecíficas:** ¿Quién va a trabajar en esto? ¿Vas a trabajar con un socio? ¿Contratar empleados? ¿Qué quieres lograr? ¿Por qué es importante?

**Medibles:** ¿Qué parámetros estás usando para determinar tu éxito? ¿Cómo sabrás cuando ya llegaste a tus metas?

**Alcanzables:** ¿Esta meta es realista? ¿Te estás dando tiempo y recursos suficientes para hacerla posible?

**Relevante:** ¿Cómo se relaciona profesionalmente y de otras maneras con tu plan en general? ¿Cómo te acerca a la visión que tienes de tu vida?

**Temporal:** ¿Cuánto tiempo te va a tomar lograr esta meta? ¿Cada cuánto harás revisiones periódicas para ver que todo marche en orden? ¿Estás dispuesta a contratar a alguien para que te haga rendir cuentas si es necesario?

Sin aplicar las metas SMART, podrías decir: *Quiero sacar un negocio con el que pueda ayudar a la gente.* Si trabajas sobre metas SMART, podrías ajustarlo y decir: *Estoy lanzando un negocio de acondicionamiento físico que ayude a las mamás agobiadas a priorizar su salud física y compaginarla con la maternidad. Voy a comprar el dominio de mi página y me voy a dar treinta días para crearla y luego empezar a invitar clientas a inscribirse a mi programa uno a uno. Mi parámetro de éxito es tener mis primeras diez clientas a los seis meses de haber creado mi sitio.*

Nota qué concreta y enfocada suena la segunda meta.

**eSpecífica:** Lanzar mi negocio de acondicionamiento y crear mi página web.

**Medible:** Juntar diez clientas en seis meses de haber comenzado el negocio.

**Alcanzable:** Me doy un lapso razonable para organizar todo.

**Relevante:** Empezar mi propio negocio porque quiero estar autoempleada.

**Temporal:** 30 días para organizar y lanzar + 30 días para promocionar = línea de tiempo de 60 días.

### 6. Hazlo público (es decir, establece etapas que te obliguen a lanzar)

¿Tenemos perfeccionistas aquí? Escuchen, lo entiendo. Todas queremos que el logo y los gráficos y la combinación de colores y la página web sean perfectos antes de contarle a nadie sobre lo que estamos haciendo. Pero el perfeccionismo es meramente otra forma de síndrome del impostor; es decir, creer que solo actúas o pretendes ser *todo eso*, *versus* creer de verdad que tienes lo que se necesita para triunfar. Es una excusa que usamos para justificar por qué no hemos hecho lo que dijimos que íbamos a hacer. El hecho es que si esperas a que todo quede perfecto, estarás esperando para siempre. No te quedes atorada en el ciclo de procrastinación y retrasos. Si ya estás lista para empezar a generar ese segundo ingreso, es momento de contarles a todos y dejar de buscar razones por las que no estás lista.

Marca fechas límite reales y cúmplelas. Diles a todos tus amigos y familiares lo que estás haciendo. Responsabilízate y no te permitas poner más pretextos. Deja que todos en tu círculo sepan qué estás haciendo. Envía un correo masivo, súbelo a redes sociales o mándales un mensaje a tus mejores amigos. Escríbeles a todos tus contactos y pídeles que sean tus primeros clientes. ¡Lo único que necesitas es un *sí* para que tu negocio arranque!

### 7. Deja de hacer todo (es decir, delega, delega, ¡delega!)

No sé si ya te enteraste, pero, según las expectativas sociales, se supone que debes ser:

- La mejor mamá del mundo, que prepara los mejores almuerzos para cada uno de sus hijos.
- La esposa más candente del mundo, que siempre está lista para lanzarse sobre su pareja.
- La siguiente *top chef* de Estados Unidos, que prepara comidas de tres tiempos tres veces al día.
- Estar en la mejor forma de tu vida, sin excusas.
- Ser la mejor amiga que alguien haya tenido en la vida, disponible en todo momento.
- Una diosa-jefa-bombón bien vestida que está arrasando en su carrera.

¿Y se espera que ahora empieces también un maldito negocio?

El patriarcado es basura. Estás cansada. Te quieres sentir más plena en tu vida, pero ya te cuesta mucho trabajo llenar tu propio vaso. Para poder darte el espacio que necesitas para alcanzar tus metas de negocios, vas a tener que aprender a poner el "ego" de vuelta en "egoísta". Estoy aquí para darte permiso de hacerlo. Mereces la oportunidad de pedir ayuda y expresar tu oposición a ser todo para todos.

Delegar ciertas tareas en mi vida me permitió buscar mi segundo ingreso y aun así (o hasta cierto punto, si soy honesta) conservar la cordura. Mientras hacía malabarismos con mi trabajo de oficina y creaba mi negocio del blog de comida, empecé a contratar a otros para lavar la ropa y limpiar mi casa cada dos semanas. Fue un escenario exitoso para todos. Yo odio lavar ropa y limpiar, así que ya no tuve que hacer todo yo y recuperé varias horas de mi semana que pude dedicar a mi negocio, a ir al gimnasio, a pasar tiempo con mi familia ¡o a no hacer nada! Este simple acto de quitarme cosas de encima me hizo darme cuenta de que mi recurso más valioso es mi tiempo, y definitivamente valía la pena gastar un poco de dinero para recuperarlo.

Una de las claves de manejar con éxito tu segundo trabajo (y tu vida) es liberar la mayor cantidad de tiempo que puedas y buscar cosas que puedas eliminar de tu lista de pendientes. No puedes ser buena en todo, todo el tiempo, y tampoco deberías querer serlo. Es imposible, así que tiremos a la basura la idea de que tenemos que hacer todas las cosas todo el tiempo. Concéntrate en hacer las cosas para las que eres buena y que disfrutas, y busca delegar todo lo demás.

Tu meta es automatizar o delegar todo lo posible. Entre más tiempo liberes teniendo una herramienta u otra persona que resuelva, más tendrás para trabajar en tu negocio. Hay dos formas amplias de empezar a abordar la delegación: tienes que buscar herramientas y personas a las que puedas empezar a encargarles tareas.

Las **herramientas** te permiten automatizar tareas repetitivas, tanto en casa como en el negocio. Si pasas tres horas en el súper cada semana y preferirías usar ese tiempo para trabajar en tu proyecto, una aplicación de entrega de alimentos, como Instacart, te puede ahorrar tiempo y, potencialmente, dinero, ya que ves tu cuenta antes de pagar. Muchos supermercados ofrecen gratis este servicio si ordenas cierta cantidad de productos. Si tu tiempo libre los fines de semana se te va en hacer de comer, contratar un servicio de entregas podría ser la mejor solución para comprarte tiempo. Lo mismo para tu negocio. Una de las primeras cosas que enseño en mis talleres es delegar tareas repetitivas, como agendar citas con clientes potenciales y socios de negocios con una aplicación como Calendly o Acuity Scheduling. Si te encuentras obstáculos que te hagan perder tiempo, es posible que ya exista una aplicación para eso, así que investiga las opciones.

**La gente** te permite liberar tu propio tiempo y tu espacio mental para centrarte en las tareas que te dejan un mayor retorno de inversión. Un programa informático no podrá limpiar tu casa, comprar tu despensa o cuidar a tus hijos mientras trabajas en tu negocio. Cuando se trata de tareas manuales, vas a tener que encontrar a una persona que se encargue de eso por ti. Delegar a otra persona requiere más investigación y la debida diligencia de tu parte. Habla con tus contactos y pídeles recomendaciones de las personas que les proveen servicios y te puedan ayudar en la casa. Comparte tus necesidades en redes sociales. Busca en páginas como Care.com o TaskRabbit si necesitas ayuda con tus hijos o con las tareas de la casa. La meta es encontrar a otra persona que te pueda ayudar con las cosas que no quieres hacer.

Puedes escoger delegar tareas de la casa, del trabajo ¡o ambas! Puede ser difícil, así que empieza poco a poco. Un asistente virtual puede ser un gran cambio para liberar tiempo para tu negocio. Busca en lugares como Fiverr o Upwork, o pregúntales a tus amigos o familiares si alguien está necesitando un trabajo extra. Mi primera contratación fue una recién graduada de la universidad que quería un poco de experiencia en marketing digital, ¡y la encontré por Instagram! A mi parecer, para las mujeres la parte más difícil de delegar es reconocer que necesitan ayuda y admitir que eso no las convierte en malas personas/mujeres/mamás/esposas.

No tengas miedo de pedir ayuda; tus amigos y tu familia muchas veces estarán contentísimos de apoyarte, pero necesitas

hacerles saber qué necesitas. Escríbeles a tus amigos por separado o en un chat y expresa tu interés en un intercambio de conocimientos. Digamos que tienes una amiga que necesita que le reco-
jan a su hijo y cocina de maravilla. Puedes ofrecerle ir por su hijo
a cambio de que te prepare tus comidas. Comunica las habilidades que puedes ofrecer y las que estás buscando de vuelta. Deja
claro que se trata de un beneficio mutuo. La mejor parte es que
tanto pedir ayuda como hacer cosas a cambio de otras ¡es gratis!

### 8. Comunidad por encima de competencia (es decir, construye tu red de contactos)

Si tuviera que atribuir el crecimiento de mi negocio y mi éxito a
algo en específico, tendría que darle el crédito a mi red de contactos. He hecho decenas de miles de dólares dirigiendo eventos
en colaboración con otros creadores. Obtuve mi primera apari-
ción en medios porque mi amiga de Instagram me etiquetó en
un hilo de Twitter con un editor de la revista *Time*. Siendo alguien
muy independiente, me tomó tiempo sentirme cómoda con la
idea de que trabajar con otras personas era mejor que trabajar
sola. Al permitirme acercarme a otros y expandir mis contactos,
observé un impacto directo positivo en mi valor neto.

Es esencial rodearte de la gente que esté también en el
mismo camino. Tener a mi alrededor una red de personas que
piensan igual me ha ayudado a volver a centrarme y reenfocar-
me cuando siento que voy a tirar la toalla.

Las redes sociales son un gran lugar para conectar con otras
personas. ¡Que no te dé pena! ¡Cáeles a esos mensajes directos! Cuando le escribas a alguien por mensaje directo, evita los
formatos genéricos o automatizados. Toma tiempo para personalizar cada mensaje, mencionando algunas cuestiones específicas del perfil de esa persona, su reciente trabajo o intereses en común. Esto demuestra que tienes un interés genuino en

conectar con ella. Indica con claridad por qué le escribes y expresa tu interés en esa conexión. Comparte qué admiras de su trabajo, sus logros o su conocimiento de la industria. Señala cualquier afinidad o gusto que compartan para establecer una conexión. Muestra que estás dispuesta a ofrecer algo de valor a cambio de su tiempo y atención. Algunos ejemplos son enviarle un artículo interesante, aportar tu conocimiento sobre un tema concreto u ofrecer ayuda con algún proyecto. Ofrecer algo de valor a cambio aumenta la probabilidad de una respuesta positiva.

Antes de lo que te imaginas, ya tendrás una tribu de mujeres increíbles que te inspiren a seguir adelante con tu progreso. Agenda con regularidad oportunidades para conectar, como sesiones de *networking*, ocasiones para trabajar juntas o tiempos para intercambiar habilidades; esto podría mantenerte motivada para seguir adelante con tus metas.

### 9. Paciencia y fe
### (es decir, expande y crea tu estrategia de salida)

Crear un negocio sustentable toma tiempo, así que no te presiones innecesariamente para crear un negocio de seis cifras en dos semanas. No es realista, a pesar de lo que te puedan decir las redes sociales. Haz un plan para crecer y expandir tu negocio identificando qué mejoras necesitas hacer para llevarlo al siguiente nivel.

Y por favor, que no te despidan de tu trabajo. Si tu meta es que tu negocio secundario sea el principal, practica la renuncia silenciosa: haz lo que tengas que hacer en tu trabajo para evitar el estrés de tener que generar ganancias de inmediato en tu proyecto secundario. La renuncia silenciosa es exactamente eso: moverte en silencio (¡pero metódicamente!) hacia tu meta de irte sin hacer ningún ruido. En otras palabras, haz tu trabajo y hazlo bien, pero conserva la energía en lo que te sea posible;

no te preocupes por cosas triviales. Y por ningún motivo vayas a usar equipo o tiempo de la empresa para tu proyecto secundario: lo último que necesitas es que te corran antes de estar lista para dar el salto.

Conforme hagas crecer tu negocio, es muy importante SER CONSCIENTE DE LOS NÚMEROS. Yo solía usar hojas de cálculo básicas para cuadrar mis ingresos y mis gastos, y por lo general solo al final del año, así que no tenía idea de lo que pasaba a lo largo del año. Cuando en 2020 tomé la decisión de convertir mi proyecto por gusto en un negocio de tiempo completo, invertí en software de contabilidad que me permitía rastrear mis ingresos diarios. Tener a la mano esta información me ayudó a tener presente mi progreso. Para vigilar tus finanzas usa programas de cómputo como QuickBooks, Wave o Xero y registra tus gastos. Una vez que empieces a hacerlo con regularidad, podrás recortar gastos innecesarios que estén drenando tu saldo en tiempo real. Asegúrate de mantener separadas tus finanzas personales y las de tu negocio.

Organizar tus finanzas personales implica diversos pasos importantes para garantizar que manejes de una manera efectiva tus ingresos, tus gastos y tu salud financiera en general. Aquí tienes una guía para ayudarte en esa etapa inicial:

**Separa tus finanzas personales de las del negocio:** Crea cuentas de banco separadas para tu negocio y deja aparte tus finanzas personales. Esta división es crucial para llevar tus cuentas de una manera precisa y por cuestiones de impuestos.

**Elige un método de contabilidad:** Decide si vas a usar una contabilidad de caja o de valores devengados. La contabilidad de caja registra las transacciones cuando el dinero cambia de dueño, mientras que la contabilidad de valores devengados los registra cuando ocurren, sea que el pago se haya recibido o no. Consulta con un contador para determinar qué método es el adecuado para tu negocio.

**Crea un sistema de contabilidad:** Establece un sistema para registrar y dar seguimiento a tus transacciones de negocios. Puedes hacerlo con un software de contabilidad como QuickBooks o el programa de hojas de cálculo de tu elección. Divídelo en categorías de ingresos y egresos para facilitar el análisis de tus datos financieros.

**Registra lo que ganas y lo que gastas:** Registra toda clase de ingresos y anota tus gastos sin falta. Conserva recibos, facturas y cualquier otro documento financiero importante de una manera organizada. Revisa y corrobora con regularidad tus estados de cuenta para asegurarte de que estén bien.

**Haz un presupuesto:** Diseña un presupuesto que detalle la proyección de tus ingresos y egresos. Eso te ayudará a planear y tomar decisiones económicas informadas. Revísalo con periodicidad y haz los ajustes necesarios para reflejar los cambios que se den en tu negocio.

**Gestiona el flujo de efectivo:** Es vital para la salud financiera de tu negocio que gestiones el flujo de efectivo. Haz seguimiento de tus entradas y salidas de efectivo para asegurarte de tener suficiente liquidez para cubrir gastos y mantener activas las operaciones. Considera implementar estrategias como administrar las cuentas por pagar y por cobrar, negociar términos de pago favorables con los proveedores y tener una reserva de efectivo para emergencias.

**Planea tus impuestos:** Comprende cuáles son tus obligaciones fiscales y tus fechas límite. Consulta con un profesional para determinar la estructura adecuada de impuestos para tu negocio y asegurarte de que estés cumpliendo todas las leyes fiscales. Aparta fondos con regularidad para cubrir el pago de tus impuestos. Un buen punto de referencia es guardar 25 por ciento de las ganancias de tu negocio para cuestiones fiscales, pero esta cifra variará bastante a partir del estado en el que hayas registrado tu negocio, si acaso tienes que cobrar impuestos sobre tus ventas y si hay impuestos federales o locales sobre tus ganancias que apliquen en tu locación.

**Monitorea tu desempeño financiero:** Revisa tu información financiera con regularidad, tal como las declaraciones de ganancias y pérdidas, los saldos y estados de cuenta del flujo de efectivo. Esta información te dará una idea del desempeño económico de tu negocio, te ayudará a identificar qué áreas es necesario mejorar y te ayudará a tomar decisiones informadas.

A lo largo de este proceso será crucial que consultes con profesionales fiscales y abogados familiarizados con las necesidades específicas de tu negocio y con las regulaciones locales. Ellos te podrán dar recomendaciones adaptadas a tus circunstancias y asegurarse de que se estén cumpliendo todos los requisitos legales y financieros. Establecer un sistema de gestión financiera sólido salvará tu salud mental y tu negocio. ¡Me lo agradecerás cuando tengas que hacer tu declaración!

---

### Fluctuaciones en los ingresos

Las cuentas por cobrar y por pagar son dos términos fundamentales en contabilidad que se relacionan con el dinero que se le debe a un negocio y el que este debe, respectivamente. Las cuentas por cobrar, también conocidas como cobros o créditos por cobrar, representan el dinero que los clientes le deben a tu negocio por bienes vendidos o servicios prestados a crédito. Cuando provees bienes o servicios a un cliente con financiamiento, creas una cuenta por cobrar. Se espera que el cliente pague la cantidad debida dentro de un lapso específico, por lo general detallado en un recibo o acuerdo de ventas. Las cuentas por cobrar se registran como bienes en la hoja de balance de tu negocio.

Manejar las cuentas por cobrar de una manera efectiva es crucial para mantener sano el flujo de efectivo. Supone monitorear y registrar las facturas pendientes, darles seguimiento a los pagos atrasados e implementar estrategias para minimizar el riesgo de grandes deudas, como verificaciones de crédito e intentos de cobro.

Las cuentas por pagar, también conocidas como cuentas pagaderas y deudas comerciales, hacen referencia al dinero que tu negocio les debe a sus fabricantes, distribuidores o proveedores por bienes o servicios recibidos a crédito. Cuando compras bienes o servicios de un proveedor y accedes a pagar después, debes una cuenta por pagar. Las cuentas así se registran como deudas en la hoja de balance de tu negocio.

Manejar las cuentas por pagar supone llevar un registro de tus cuentas pendientes, asegurándote de pagar a tiempo para mantener buenas relaciones con los proveedores y aprovechar cualquier descuento que ofrezcan por pagar antes. Es importante gestionar con cuidado las deudas por pagar para evitar cargos por retrasos, penalizaciones y relaciones tensas con los distribuidores.

Tanto las cuentas por cobrar como las cuentas por pagar tienen un importante papel en el manejo del capital activo de tu negocio, el flujo de efectivo y la salud financiera en general. Para el éxito de tus operaciones comerciales es esencial vigilarlas de cerca, llevar registros precisos y gestionar de manera efectiva los pagos y los procesos de cobro.

### 10. Apila ese dinero (es decir, construye un negocio sustentable antes de renunciar a tu empleo)

Yo decidí irme de mi trabajo de nueve a cinco cuando ya obtenía de mi negocio paralelo suficientes ingresos para cubrir mis gastos sin tener que depender de ese salario y mi empleo ya empezaba a ser un obstáculo para ciertas oportunidades con *Delish D'Lites* y *Yo quiero dinero*. Por eso es tan importante tener claras tus cuentas. Saber cuánto estás aportando mensualmente y cuánto estás gastando es vital para entender el flujo de efectivo de tu negocio. Registrar tus ganancias te ayudará a ver qué tan constantes son tus ingresos, y mantener un colchoncito de dinero te puede ayudar a organizarte en los meses en que baje el trabajo.

Con la idea de tener listas mis finanzas para un autoempleo de tiempo completo, trabajé con un planificador financiero certificado para crear una estrategia con la que sintiera la seguridad de estar dando todos los pasos correctos antes de dar el salto. Junté en una cuenta de ahorro de alto rendimiento un fondo de emergencia que cubría ocho meses de mis gastos. Abrí un plan de ahorro para el retiro solo 401(k) para una persona a través de mi negocio, me puse en la nómina, saqué una póliza de compensación para los trabajadores, compré un seguro de vida, planifiqué mi herencia y hablé con mi entonces esposo sobre sumarme al seguro de gastos médicos de su empresa (después hablaremos más al respecto).

Luego, tres meses antes de dejar mi trabajo, empecé a pagarme un salario a través de mi negocio y usé todo mi sueldo corporativo para maximizar mi 401(k) en el trabajo y aumentar mis ahorros. Quería asegurarme de poder pagarme todo a través de mi empresa. También trabajé con mi contador para elegir un estatus de corporación S para mi LLC y así poder ahorrar dinero en impuestos. Cuando pienses en dejar tu trabajo para convertirte en dueña de tiempo completo de tu propio negocio, es importante contar con la colaboración de profesionales financieros —como un contador público, un abogado fiscalista, un planificador financiero y otros profesionales con licencia— para asegurarte de establecer un cimiento financiero sólido y entonces poder dejar tu trabajo de oficina en un momento oportuno.

## ¡ES HORA DE CLASIFICAR TU NEGOCIO!

También es buen momento para empezar a formalizar legalmente la estructura de tu negocio si todavía no lo has hecho. El modelo de negocio que elijas puede tener un impacto considerable en las cuestiones legales y fiscales asociadas con su dirección. Echemos un vistazo a las dos opciones y veamos cuáles podrían ser las implicaciones en tu situación particular.

### *Única dueña*

La mayoría de los emprendedores empiezan su negocio como únicos propietarios, que es el estatus básico para cualquiera que opere un negocio. En el nivel más primario, ser la única propietaria significa que tú y solo tú eres la dueña y operas el negocio. Como propietaria individual, no hay una frontera entre tus activos y tus pasivos personales y empresariales; se consideran uno mismo desde una perspectiva legal y fiscal. En lo legal, esto quiere decir que eres personalmente responsable de todas las deudas y obligaciones de tu empresa. En el caso de una propiedad individual, si tu negocio es demandado y pierde, tus activos personales —bienes inmuebles, automóviles, cuentas de banco— pueden ser blancos de las partes que busquen cobrar daños. Lo mismo se puede decir, en algunos casos, si incumples un préstamo empresarial y firmaste una garantía personal, o si la entidad crediticia hace una retención de tus activos.

Con frecuencia, los trabajadores independientes, consultores y emprendedores prefieren declarar sus impuestos como propietarios únicos. Si apenas comienzas a construir tu negocio, tal vez quieras esperar un poco para dejar que crezca antes de explorar la idea de establecer una LLC, pues, en primer lugar, hacerlo puede ser costoso, como veremos en la siguiente sección. Dependerá de cómo se desarrolle tu empresa y el tipo de negocio que tengas, pero quizá tenga más sentido a la larga permanecer como la única propietaria.

### LLC, corporaciones y corporaciones S, ¡ay, bendito!

Cuando vaya creciendo tu negocio secundario, podrías pensar en crear una LLC (Limited Liability Company, sociedad de responsabilidad limitada) o una sociedad anónima para protegerte del riesgo de demandas, pues una de las principales ventajas es que una LLC te ayuda a separar los activos de la empresa de tus activos personales. Por ejemplo, si tuvieras que declararte en quiebra, solo afectaría a tu negocio y no a tus finanzas personales. Otro beneficio de una LLC es que, si tienes empleados, te salvaguarda de ser legalmente responsable de sus actos. Quizá la ventaja más grande de una LLC sea que te permite empezar a aprovechar los beneficios fiscales adicionales disponibles para los emprendedores. El registro de una LLC se hace con el estado.

Empezar una LLC implica varios gastos; la cantidad total puede variar, dependiendo de varios factores. El gasto más básico es la cuota que exige el estado para registrar la LLC, la cual puede oscilar entre 40 y 500 dólares o más, dependiendo del estado. Por ejemplo, una LLC establecida o que tiene negocios en California debe pagar un impuesto anual de franquicia de 800 dólares. No estamos hablando de cacahuates. En algunos estados podría haber cuotas adicionales para reservar el nombre elegido para la LLC antes de conformar el negocio. Hay estados que además piden que las LLC publiquen un aviso de su formación en un periódico local, lo cual también puede suponer un costo extra. Asimismo, tener un representante legal, una persona o empresa que reciba documentos legales a nombre de la LLC, conlleva una tarifa anual de entre 50 y 300 dólares. Crear un convenio operativo que detalle los lineamientos y la estructura de la LLC, también podría sumar a los gastos si empleas un abogado o una plantilla. De la misma manera, dependiendo de la ubicación y la naturaleza del negocio, podría ser necesario obtener licencias o permisos específicos, sumando gastos extra. Es esencial investigar los requisitos y cuotas específicos en tu estado, o consultar con un asesor comercial local o un abogado para tener un cálculo más preciso de los gastos involucrados. Ten en mente que después de la formación inicial se harán ciertos pagos constantes, como impuestos y cuotas anuales para presentar las declaraciones.

Un contador podría recomendarte que consideres elegir el estatus de corporación S, también conocido como S corp, una estructura legal de negocios que aporta ciertas ventajas fiscales mientras sigue ofreciendo a sus dueños protección de responsabilidad civil limitada. La designación de "S" parte del subcapítulo S del código fiscal federal de Estados Unidos, que describe los reglamentos y las regulaciones para este tipo de corporación. También podría mencionarte formar una corporación C en lugar de una LLC. Una C corp es un tipo de estructura comercial grande y formal. Es como un enorme grupo de gente trabajando junta para dirigir una empresa. Los integrantes del grupo se llaman accionistas porque son dueños de "acciones" de la compañía. Así como con una LLC, una corporación C está separada de la gente a la que pertenece. Quiere decir que si la empresa es demandada, las cosas personales de los accionistas, como su dinero o sus casas, quedan protegidas y seguras. Algo peculiar de las corporaciones C es que pagan sus propios impuestos y los accionistas también pagan impuestos sobre el dinero que reciben de la empresa, lo cual se conoce como doble tributación. Esta clase de negocios tienen más reglas y requieren más papeleo en comparación con otros tipos, pero es buena para empresas de mayor tamaño o para las que planeen tener muchos accionistas del público. Habla con un contador público o un abogado corporativo para entender las leyes corporativas de tu estado y asegurarte de estar creando la entidad correcta para tus necesidades.

Te dejo un desglose de las diferencias entre las distintas entidades comerciales.

| Característica | LLC (sociedad de responsabilidad limitada) | Corporación C (C corp) | Corporación S (S corp) |
|---|---|---|---|
| Protección ante responsabilidades | Tus cosas personales están seguras si el negocio tiene problemas. | Tus cosas personales están seguras si el negocio tiene problemas. | Tus cosas personales están seguras si el negocio tiene problemas. |
| Propiedad | Los dueños del negocio son personas llamadas "miembros". | Los dueños del negocio son personas que tienen "acciones" de la compañía. | Los dueños del negocio son personas que tienen "acciones" de la compañía. |
| Impuestos | El dinero que ganas solo se suma a los impuestos de tus ingresos regulares. | Las corporaciones C enfrentan una doble tributación porque se les cobra un impuesto por sus ganancias y luego los accionistas pagan impuestos por los dividendos que reciben de la corporación. | Como las corporaciones S no pagan en sí mismas impuestos federales, las ganancias y las pérdidas "pasan a través" de los accionistas individuales y ellos las incluyen en sus declaraciones de impuestos personales. Puede resultar en un ahorro significativo de impuestos. |
| Administración | Miembros o directores dirigen el negocio. | Un grupo llamado mesa directiva toma las decisiones importantes. | Un grupo llamado mesa directiva toma las decisiones importantes. |
| Formalidades | Menos reglas y papeleo con que lidiar. | Más reglas y papeleo con que lidiar. | Más reglas y papeleo con que lidiar. |
| Cantidad de propietarios | Puede tener cualquier cantidad de dueños, incluyendo solo uno (¡que serías tú!). | Puede tener muchos dueños, incluyendo accionistas públicos. | Puede tener hasta 100 dueños. |

Recuerda, es un comparativo general y los detalles podrían variar dependiendo de las leyes y reglamentaciones específicas de tu localidad. Siempre es buena idea consultar con profesionales fiscales calificados y hacer tus propias investigaciones antes de tomar la decisión de poner un negocio.

## CONSEJOS FISCALES: RECORRER LA JUNGLA DEL AUTOEMPLEO

Trabajar por tu cuenta tiene sus ventajas, ¡incluyendo beneficios fiscales! Empecemos con la deducción de impuestos por estar autoempleada. ¡Es un alivio tener la capacidad de deducir la porción de patrona de los impuestos que pagas de Seguridad Social y Medicare! Eso quiere decir que sale menos dinero de tu bolsillo.

Pero espera, ¡no es lo único! Una de las mejores partes de estar autoempleada es que puedes deducir un montón de gastos de negocios legítimos, desde artículos de oficina, equipo, gastos de publicidad, honorarios y seguros para negocios, hasta gastos de viaje para tu negocio. Todo eso se puede sustraer directamente de tus ingresos y reducir tus obligaciones fiscales.

Ahora hablemos un poco de nuestro hogar dulce hogar. Si usas parte de tu casa exclusivamente para tu negocio, tienes derecho a deducir una oficina en casa. Esto quiere decir que puedes deducir una porción de tu renta, de los intereses de tu hipoteca, del predial y los servicios. Imagina ahorrar dinero mientras trabajas desde el rincón favorito de tu casa.

Pero eso no es todo. Al hacer planes para tu futuro, planes de retiro diseñados para individuos autoempleados, como el plan simplificado de pensiones para empleados en una cuenta de jubilación individual (SEP IRA, por sus siglas en inglés), los planes solo 401(k) para una persona o los planes individuales de 401(k), te pueden ahorrar más y tienen beneficios fiscales. No hay razón para dejar que los grilletes dorados de las prestaciones corporativas para la jubilación sean la razón de que no empieces tu propio negocio.

Y no olvidemos los gastos médicos. Si no tienes un seguro de gastos médicos patrocinado por una empresa, tienes la oportunidad de deducir tus primas de seguro de gastos médicos como gasto comercial. Esto se traduce en menos impuestos y más dinero en tu bolsillo para invertir en tu negocio. Las cuentas de ahorro con beneficios tributarios, como las cuentas de ahorro para gastos médicos (HSA, por sus siglas en inglés) o las cuentas de ahorro flexibles (FSA, por sus siglas en inglés), también están disponibles para ti. Puedes deducir las aportaciones a ambas cuentas y usar los fondos para cubrir gastos médicos admisibles. ¡Es parecido a tener una fórmula mágica para bajar tus impuestos y cuidar tu salud al mismo tiempo!

Los impuestos estimados trimestrales son una forma de que los emprendedores paguen sus impuestos a lo largo del año en vez de todo de un jalón; en lugar de esperar hasta el final del año fiscal, los emprendedores hacen pagos más reducidos cada ciertos meses. Así funciona: como emprendedor, tienes que estimar cuánto dinero crees que vas a ganar en un año. A partir de esa estimación, necesitas calcular cuánto deberías pagar de impuestos.

Agenda de pago de impuestos estimados trimestrales:

| Plazo de pago | Ingreso recibido | Trabajadores independientes (propietarios únicos, LLC) | Corporaciones |
|---|---|---|---|
| 1 de enero-31 de marzo | Ingresos de enero, febrero, marzo | 15 de abril | 15 de abril |
| 1 de abril-31 de mayo | Ingresos de abril, mayo | 15 de junio | 15 de junio |
| 1 de junio-31 de agosto | Ingresos de junio, julio, agosto | 15 de septiembre | 15 de septiembre |
| 1 de septiembre-31 de diciembre | Ingresos de septiembre, octubre, noviembre, diciembre | 15 de enero (del año siguiente) | 15 de diciembre |

Cuando es momento de hacer un pago trimestral, envías el dinero al Servicio de Impuestos Internos (IRS, por sus siglas en inglés) a través de su página web. Es importante hacer los pagos a tiempo, porque si no, tal vez tengas que pagar dinero extra por penalizaciones e intereses. Llevar un registro de tus ingresos y tus gastos y calcular tus impuestos puede ser un poco complicado, pero es una de las principales responsabilidades de los emprendedores. Los programas (software) de contabilidad en línea, como QuickBooks, Xero o Wave, te pueden ser útiles para llevar el registro de estas cifras tan importantes para tu negocio.

Si no estás segura de cómo sacar el estimado de tus impuestos, siempre puedes recurrir a un profesional fiscal, como un contador público certificado, para que te ayude. Él te puede guiar y cerciorarse de que lo estés haciendo bien. Las leyes fiscales pueden cambiar, y un profesional te puede ayudar a optimizar tu estrategia fiscal y asegurarse de que estés obteniendo todos los beneficios.

Así que, mi reina, ahora que ya tienes ese segundo ingreso, aprovecha las ventajas fiscales que te corresponden. ¡Tienes el poder de alcanzar el éxito en el mundo de los negocios y conquistar el mundo de los impuestos! ¡Arriba, latina emprendedora!

## SEGURO DE GASTOS MÉDICOS Y OPCIONES PARA EL RETIRO PARA LOS AUTOEMPLEADOS

Al ir creciendo tu negocio, llegará el momento en que empieces a hacer un plan para tu seguro de gastos médicos y tus prestaciones de jubilación, que usualmente son lo que nos ata a los trabajos corporativos. Estados Unidos necesita mejorar muchísimo los servicios de salud costeables que ofrece, pero mientras eso suceda, estas son tus mejores opciones.

**Algunas opciones de seguro de gastos médicos para los trabajadores independientes**
- Si es posible, obtén cobertura a través del plan de tu cónyuge o pareja de hecho. Suele ser la opción más económica.

- COBRA (a corto plazo, solo por dieciocho meses). Dado que tu empleador ya no divide el costo del seguro contigo, puede ser caro. Podrías terminar gastando miles de dólares al mes para asegurarte a ti y a tu familia.
- Mercado de seguros médicos (healthcare.gov), también conocido como ley de atención médica asequible u Obamacare. El mercado de seguros médicos es una plataforma en línea establecida dentro de la ley de atención médica asequible (ACA, por sus siglas en inglés) en Estados Unidos. Sirve como un mercado centralizado donde las personas y los pequeños negocios pueden buscar y contratar coberturas de seguros médicos. El mercado ofrece una variedad de planes calificados de salud que cumplen con ciertos estándares establecidos por la ACA, que aportan beneficios esenciales de salud y deben cubrir condiciones preexistentes sin cobrar primas más elevadas ni negar la cobertura por el estado de salud. Un sitio útil para explorar tus opciones de seguros médicos es HealthSherpa.com.
- Seguros de gastos médicos privados (United Healthcare, Aetna, Cigna, Blue Cross Blue Shield, etc.). ¡Esto no es barato! Espera pagar por lo menos 300 dólares al mes de primas por un plan muy básico.
- Medicaid. Es un programa de salud del gobierno en Estados Unidos que provee cobertura médica a individuos y familias de bajos ingresos. Por lo general, Medicaid está disponible para personas y familias con ingresos y recursos limitados, incluyendo niños, mujeres embarazadas, padres, adultos sin hijos dependientes, ancianos y personas con discapacidad. Es una posibilidad si eres dueña reciente de tu propio negocio y todavía no generas montones de dinero.
- Asociaciones profesionales (Sindicato de Trabajadores, Gremio de Escritores de Estados Unidos, Asociación de

Trabajadores, etc.). Dichas organizaciones ofrecen membresías que te pueden dar acceso a tasas negociadas de seguros.

- Paga en efectivo por los servicios de salud. Si no tienes un seguro de gastos médicos, puedes elegir la opción de pagar directamente los servicios médicos en efectivo o con otras formas de pago. Podría permitirte negociar las tarifas directamente con tus proveedores de cuidados médicos o usar instalaciones que ofrezcan descuentos en pagos en efectivo. Es más común que los haya si se trata de procedimientos de diagnóstico, como tomografías, rayos X y ultrasonidos, pero quienes pagan en efectivo también pueden obtener ofertas en análisis de laboratorio, medicamentos de prescripción, cirugías ambulatorias y servicios terapéuticos, como fisioterapia. Considera que puede ser caro. Por ejemplo, si necesitas rayos X o un procedimiento de imagenología, con seguro quizá tengas que cubrir un porcentaje del costo o un copago. La aseguradora negocia las tasas de descuentos con los centros de imagenología o los hospitales, lo cual puede reducir significativamente su costo total. La cantidad que debas dependerá de la cobertura de tu plan y los requisitos para dividir el gasto. Sin seguro, el costo de rayos X o un procedimiento de imagenología puede oscilar entre 200 y 1000 dólares o más, dependiendo del tipo de escaneo y el lugar. Serías responsable de pagar la cantidad entera de contado.
- Mudarte a un país con atención médica universal, como Canadá (¡en serio!).

**Opciones de planes de jubilación para trabajadores independientes**

- Los planes individuales o solo 401(k): Son un plan de retiro muy similar al 401(k) tradicional, pero con algunas excepciones:

No puedes tener otros empleados más que tú y tu cónyuge (los contratistas no aplican).

Al igual que una cuenta 401(k), la cantidad que puedes aportar como empleada tiene un tope anual. En 2023 tus aportaciones totales como empleada no podían exceder los 22 500 dólares (recuerda, estos topes a las aportaciones cambian cada año, así que mantente al día visitando la página del IRS en http://www.irs.gov).

Aparte de esta aportación como empleada, tu negocio también puede aportar 25 por ciento de tus ingresos netos ajustados como trabajadora independiente (es decir, lo que tu negocio gane después de gastos y deducciones), con un límite máximo de ganancia anual de 330 000 (para 2023) que puedas considerar. Si eres una S corp, puedes aportar hasta 25 por ciento de tu salario/compensación.

- SEP IRA: Un plan simplificado de pensiones (SEP) IRA es una cuenta diseñada para trabajadores independientes y dueños de negocios, similar a la cuenta de jubilación individual (IRA) tradicional, pero difiere en un par de cuestiones:

Lo primero es que tú como empleada no puedes aportar. En cambio, tu empleador aportará los fondos para la cuenta. Pero recuerda, como la dueña del negocio, tú eres tanto la empleadora como la empleada.

La segunda diferencia es que tu límite de aportación es significativamente mayor: 66 000 dólares o 25 por ciento de tu compensación como empleada de tu negocio, la que sea más baja (para el año 2023). El límite máximo de ingreso para las aportaciones de SEP IRA es de 330 000 dólares, igual que para un plan 401(k) individual. Las aportaciones también son deducibles de impuestos, pero tendrás que pagar impuestos al retirarlo en tu jubilación. Ten en mente que tu tope personal para aportar puede

fluctuar año con año a partir del ajuste a tus ingresos.
- Roth IRA o tradicional: Estas cuentas de retiro con ventajas tributarias están disponibles para cualquiera que genere ingresos, ya sea de sueldos corporativos o ganancias por trabajos independientes.

Hay un tope anual (2023) de 6 500 dólares sobre las aportaciones para cualquiera menor de 50 años; puedes aportar 7 500 si tienes 50 años o más.

## SEGUNDO INGRESO, SIMPLEMENTE

Convertirme en emprendedora de tiempo completo es una de las cosas más aterradoras que he hecho, pero, carajo, ha sido por mucho lo más increíble que haya hecho por mí. Por primera vez en mi vida siento que no existen los límites. Estoy en total control de mi agenda y de mi potencial de ingresos. Ya no tengo que pedir tiempo libre ni aceptar aumentos mediocres de sueldo. Ya no tengo que justificar lo que valgo ante un patrón que no me aprecia. Mi confianza ha crecido y me ha ayudado a tener una visión clara de cómo es mi vida ideal. Ahora puedo trabajar con mi mamá y con mi hermana, y distribuir mi riqueza entre mi familia. He podido crear un patrimonio familiar, y todo empezó con un trabajito paralelo y un sueño.

Si estás buscando convertir tu segundo ingreso en el principal, mi mejor consejo para ti es que empieces hoy, te comprometas con el viaje y te prepares para trabajar. Confía en mí; cuando estés del otro lado te darás cuenta de que valió completamente la pena.

## CAPÍTULO 6

# Invertir no es exclusivo de hombres blancos... ¡Tú también puedes!

De chica, en una casa latina, pensaba que la única forma de volverme millonaria era ganar la lotería. Yo veía a los miembros de mi familia hacer diligentemente su peregrinaje a la tienda cada semana, billete de 20 dólares en mano, listos para elegir los números ganadores de Powerball, que sin duda nos cambiarían la vida. Sigo esperando la llamada de mi mamá para contarme que ganaron el premio mayor. Ahora que soy inversionista, me doy cuenta de que volverte millonaria es muy posible, y sin tener que jugar a la lotería. Pero la primera vez que intenté convencer a mis papás de que también lo hicieran ni me escucharon. "Es demasiado riesgoso —dijeron—. Eso es para los blanquitos". Bueno, pues esta latina ha juntado más de medio millón de dólares de fortuna en la bolsa de valores, y si ella puede hacerlo, ¡tú también!

Nuestro miedo a perderlo todo nos detiene a muchos de participar en una de las herramientas más poderosas para crear riqueza que existen. Si en la actualidad no estás invirtiendo, no estás sola. De acuerdo con la plataforma de recursos para inversionistas Morningstar, más de dos terceras partes de los hogares latinos no están invirtiendo, y ya ni se diga ahorrando nada a través de vehículos de ahorro como los planes 401(k).[1] Desde el año 2020, las familias hispanas tenían una riqueza media de solo 52 190 dólares, considerablemente menor que el valor neto

---

[1] https://www.morningstar.com/lp/hispanic-household-finances.

medio para los hogares de individuos no hispanos (195600 dólares). Si vamos a crear abundancia, guardar dinero abajo del colchón o juntar monedas en un garrafón de agua no va a ser suficiente.

Otro factor siempre presente que afecta tu capacidad de acumular riqueza es la inflación. La inflación es el incremento en los precios de los productos que sufrimos como consumidores a lo largo del tiempo. Cuando eras niña, comprar una bolsa de papas y una soda en la tienda de la esquina te podía costar un dólar. Ahora, esas mismas papas y esa soda te cuestan 3 dólares, si tienes suerte. Así funciona la inflación. El mismo objeto (una bolsa de papitas, un coche, una casa, etc.) te costará más en veinte años de lo que cuesta ahorita. Entonces, ¿cómo ayudamos a nuestro dinero a crecer y le aguantamos el paso a la inflación si simplemente ahorrar más tal vez no sea suficiente? Ahí es donde entran las inversiones.

Muchas latinas con las que trabajo y he platicado se sienten abrumadas por la carga de tener que mantener múltiples generaciones —hijos y padres— al mismo tiempo. Esto ejerce mucha presión en las que intentamos ahorrar para nuestro retiro a la vez que planeamos ayudar a mandar a nuestros hijos a la universidad o apoyar económicamente a nuestros padres ancianos y otros miembros de la familia que viven lejos. Para romper el ciclo de pobreza generacional, debemos invertir. Es la mejor manera de hacer que tu dinero trabaje más duro, para que tú no tengas que hacerlo. Maribel Francisco, a quien conociste en el capítulo 5, me dijo que, aun cuando su mamá había abierto su propio negocio de preparación de declaraciones de impuestos, seguía preocupada por arriesgar en la bolsa de valores el dinero que tanto trabajo le costaba ganar. Esto cambió el día que le enseñó a su mamá su cuenta de inversiones. En un año había ganado 11000 dólares. Dijo Maribel: "Mi mamá se quedó sorprendidísima por cuánto había ahí. Y era solo un fondo indexado. Yo me fui por la vía de en medio, pero seguía ganando miles de dólares. Invertir me ha permitido volver a la escuela, y lo hice con dinero para el que no tuve que trabajar". El consejo de Maribel para sus clientes es: "Solo empieza. Nunca va a haber el momento perfecto".

Para entender por qué más latinos no invierten, primero debemos ser empáticos con las circunstancias de origen de nuestras familias. Culturalmente, en Estados Unidos al menos, hay una falta generalizada de confianza en las instituciones financieras porque muchas viejas generaciones de inmigrantes latinos venían de países y territorios donde la corrupción del gobierno, el fracaso de las políticas económicas y los conflictos sociales eran muy comunes. Es posible incluso que hayan sufrido abusos del sistema financiero de Estados Unidos; prácticas discriminatorias de los bancos, como la exclusión —la práctica de negarles hipotecas a los solicitantes que tenían suficiente solvencia solo porque vivían en ciertos barrios de bajos ingresos—, o estafas de depredadores usureros que los cazaban.

Encima de sentir una desconfianza general por las instituciones financieras, también se encuentra una falta de representación en la esfera de profesionales financieros con licencia. En 2020, el Consejo de Normas de Planificación Financiera informó que solo 2.46 por ciento de los planificadores financieros certificados eran hispanos, a pesar de que las personas hispanas suman 18.9 por ciento del total de la población de Estados Unidos. De acuerdo con información del censo de 2020, hay 62.1 millones de hispanos viviendo en Estados Unidos. ¡Con razón sientes que invertir no es algo para ti! El hecho es que nosotras las latinas enfrentamos distintas presiones económicas de otros grupos demográficos, y, salvo excepciones, la ayuda y las recomendaciones financieras no están dirigidas a nuestras necesidades y circunstancias. Sin embargo (y vale la pena repetirlo), para ahorrar no puedes esperar hasta volverte millonaria.

Es enteramente normal tenerles miedo a las inversiones, en especial porque muchos de nosotros no aprendimos cómo invertir. Es crucial tomarte el tiempo de informarte sobre las distintas opciones que hay para invertir, las estrategias y las técnicas de gestión de riesgos. Leer libros (como este) y artículos, asistir a seminarios presenciales y en línea, y buscar ayuda de asesores financieros son muy buenas opciones para empezar. Entre más aprendas, más confiada e informada te sentirás al invertir.

Comprender algo de los últimos cien años de historia de la bolsa de valores también te puede ser útil y ayudarte a generar más confianza alrededor de la idea de invertir. El mercado de valores sube y baja, pero devuelve un margen anual de 9.6 por ciento desde 1928. Aunque no se trata de una predicción de crecimiento futuro, es bueno saber cómo ha sido a lo largo del tiempo su desempeño general. Visita https://www.macrotrends. net/2324/sp-500-historical-chart-data para que te des una idea de las tendencias de los últimos treinta años.

Históricamente, limitarte a ahorrar tu dinero produce mucho menos crecimiento que invertir a largo plazo. Invertir es muy poderoso porque hace que tu dinero trabaje para ti sin que tengas que estar activamente intercambiando tiempo por ese dinero... lo cual también es una forma de ingreso pasivo. Cuando inviertes tu dinero en cosas como acciones, bienes inmuebles o incluso ciertos tipos de negocios, puedes generar un ingreso pasivo que te ayude a diversificar tus fuentes de ingresos, sumar a tu fortuna y alcanzar la independencia económica, ya que te da la posibilidad de que tus ganancias y tu estabilidad económica sean constantes.

Es importante aclarar que los ingresos pasivos sí pueden suponer algo de trabajo. Suele ser necesario un esfuerzo inicial, tiempo e inversión para organizar y establecer fuentes de ingresos pasivos. No obstante, una vez que estén en su lugar, pueden volverse un flujo constante de ingreso con menos involucramiento activo que un empleo tradicional.

Así, pues, si quieres crear una verdadera fortuna, invertir es obligado. ¿Mi mejor consejo? Empieza con pequeñas inversiones con las que te sientas cómoda. Eso te permitirá mojarte los pies en el agua y adquirir experiencia sin asumir un riesgo económico significativo. A lo mejor abres una cuenta de corretaje con 20 dólares y empiezas a hacer inversiones automáticas mensuales de 20 dólares. Al empezarte a sentir más segura y tener más conocimiento, gradualmente podrás incrementar el tamaño de tus inversiones. Recuerda, invertir es un viaje a largo plazo, y es normal tener cierto miedo o aprehensión. Sé amable contigo misma. Ahora veamos cómo.

## TERMINOLOGÍA DE INVERSIONES
## (PALABRAS BONITAS QUE SOLO SIRVEN PARA CONFUNDIRTE)

Antes de entrar en materia sobre las inversiones, revisemos primero un poco el vocabulario del mundo de las inversiones, es decir, ese lenguaje innecesariamente complicado, creado nada más para confundirte y hacerte sentir como una idiota. El mundo de las inversiones se diseñó con toda la intención de cerrarle la puerta a la gente como nosotras, y empieza con toda esa jerga que se puede sentir como un idioma de otro planeta.

**Invertir.** Cuando compras algo de valor (un "activo") con la esperanza de que aumente su valor con el tiempo. En algún momento futuro, tu intención es vender ese activo a un precio más alto del que lo compraste, ¡ganando dinero!

**Acciones.** Las empresas emiten acciones a sus accionistas como forma de obtener capital para extender sus operaciones. Cuando compras acciones estás adquiriendo una parte pequeñita de propiedad de la compañía que las emite. Alguien que posee acciones se conoce como accionista.

**Activo.** Cualquier cosa que se pueda utilizar para generar valor (acciones, bonos, bienes inmuebles, efectivo, criptomonedas, un negocio, propiedad intelectual, coleccionables, etcétera).

**Apalancamiento.** Implica usar fondos o deudas prestados para aumentar el rendimiento potencial de una inversión o para controlar una cantidad mayor de activos con una cantidad menor de tu propio capital. En pocas palabras, es como usar dinero prestado para amplificar tu capacidad de generar ganancias o pérdidas cuando se invierte o se cotiza. El apalancamiento te permite controlar una posición más significativa en una inversión o cotización de lo que sería solo con tu dinero. Sin embargo, también aumenta el nivel de riesgo, porque las pérdidas se magnifican de igual manera cuando usas el apalancamiento. Es una herramienta esencial en diversos mercados financieros, incluyendo el de valores, bienes inmuebles y el cambio de divisas, pero debería usarse con cautela y comprensión de los riesgos asociados.

Por ejemplo, si tienes 100 dólares y usas un apalancamiento de 10 veces, es como si invirtieras 1000. Es útil porque te da la opción de hacer más dinero si inviertes bien. No obstante, es crucial saber que el apalancamiento funciona en ambas direcciones. Así como puede amplificar tu ganancia, también puede amplificar tu pérdida. Entonces, si tu inversión va mal, podrías perder más dinero del que tenías inicialmente.

Piensa en él como una herramienta: puede ser útil, pero necesitas usarla con cuidado. Se parece un poco a manejar un auto rápido: puede ser emocionante, pero necesitas saber cómo controlarlo para estar segura.

**Apreciación.** El aumento en el valor de un activo con el tiempo.

**Bienes inmuebles.** Las propiedades que consisten en terrenos y cualquier estructura o mejora adherida a ellos, como edificios, casas, departamentos y propiedades comerciales. Los bienes inmuebles son una clase de activos tangibles que tienen valor y se pueden comprar, vender o rentar con propósitos residenciales, comerciales o de inversión. Además de ser dueña de un bien inmueble físico, hay oportunidades de inversión disponibles en el mercado que te permiten invertir en bienes inmuebles sin ser la propietaria:

**Sociedad de inversión inmobiliaria.** Conocidas como REIT (por sus siglas en inglés), son empresas dueñas o gestoras de bienes inmuebles que producen ingresos. Les permite a los inversionistas individuales invertir en un portafolio diversificado de propiedades sin ser dueños directamente. Las REIT cotizan en la bolsa de valores, por lo que son accesibles para los inversionistas a través del mercado. Invertir en REIT te puede ofrecer la manera de participar en el mercado inmobiliario sin tener que lidiar con cosas como cobrar la renta y filtrar inquilinos, y potencialmente ganas dividendos.

**Fondo inmobiliario mutualista o fondo de inversión cotizado (ETF).** Los fondos mutualistas y los ETF enfocados en las inversiones inmobiliarias en un portafolio de valores relacionados con los bienes inmuebles, incluyendo REIT, promotores inmobiliarios y títulos respaldados por hipotecas. Los fondos cotizan en el mercado, dándoles a sus inversionistas exposición a activos inmobiliarios a través de un vehículo de inversión diversificada.

**Inmobiliarias.** Algunas empresas constructoras, gestoras o promotoras de desarrollo inmobiliario cotizan públicamente en la bolsa. Invertir en ellas permite a los inversionistas participar de manera indirecta en la industria inmobiliaria. Sin embargo, es importante mencionar que el desempeño de esas empresas no necesariamente refleja el panorama del mercado inmobiliario.

**Bono.** Un instrumento de deuda que representa un préstamo hecho por un inversionista a un prestatario. Los gobiernos, las municipalidades y las corporaciones emiten por lo general los bonos como medio para incrementar su capital. Cuando compras un bono, esencialmente le estás prestando dinero al emisor a cambio de pagos regulares de intereses y el retorno del principal cuando se vence el bono. Los bonos son una posibilidad de que los emisores tomen dinero prestado de los inversionistas y de que estos ganen un ingreso fijo a lo largo de un periodo específico. Se consideran inversiones relativamente seguras comparadas con las acciones, pues suelen ofrecer pagos regulares de intereses y el retorno del principal al término. No obstante, es relevante mencionar que todas las inversiones conllevan cierto nivel de riesgo, incluyendo el riesgo de incumplimiento del emisor. Es común que los bonos con menor riesgo paguen menores tasas de interés; los bonos con más riesgo pagan tasas más elevadas.

Los **bonos de bajo riesgo** son cosas como los bonos del gobierno, que emiten los gobiernos estables con buenas calificaciones de crédito. Estos bonos se consideran los más seguros. Algunos ejemplos son los **bonos del tesoro** y los bonos emitidos por países con economías estables. Los **bonos corporativos de grado de inversión** son los que emiten corporaciones grandes y económicamente sanas con buenas calificaciones de crédito; estos son relativamente seguros. Ofrecen rendimientos un poco mayores que los bonos del gobierno, pero conservan un riesgo bajo. Los bonos de bajo riesgo son como prestarle dinero a una persona o una empresa segura y de confianza. Cuando les prestas dinero, te prometen devolvértelo y pagarte un poco más (interés) por usar tu dinero. Estos bonos se consideran seguros porque es menos probable que la gente o las empresas a las que les prestes tengan problemas y no te lo devuelvan.

Los **bonos de alto riesgo** pueden ser **bonos de alto rendimiento** o **bonos chatarra,** que son emitidos por entidades con calificaciones de crédito más bajas o un historial no tan establecido. Conllevan un riesgo mayor de incumplimiento, pero ofrecen rendimientos más altos para compensar a sus inversionistas. También pueden ser **bonos de mercados emergentes,** emitidos por gobiernos o corporaciones en países en desarrollo y que pueden ser más riesgosos debido a cuestiones de inestabilidad política, fluctuaciones de la moneda y volatilidad económica en la región. Los bonos de alto riesgo tienen esta característica porque estás prestando dinero a gente o empresas que podrían presentar algunos problemas financieros. Quizá te paguen con intereses de todas maneras, pero hay una probabilidad mayor de que no lo hagan. Debido a este riesgo, ofrecen más dinero (intereses más altos) para atraer a la gente y que les preste dinero. La cuestión con los bonos de alto riesgo es que te pueden hacer ganar más dinero, pero también hay una alta probabilidad de que pierdas parte de tu dinero, si no es que todo. Entonces es como una forma más arriesgada, pero potencialmente más redituable, de hacer dinero.

El tipo de bono que elijas dependerá de qué tan cómoda te sientas tomando riesgos y cuánto dinero quieras ganar. Si quieres irte por lo seguro y tener un ingreso estable, los bonos de bajo riesgo podrían ser lo mejor para ti. Pero si te sientes bien arriesgándote un poco más con la probabilidad de ganar más dinero, los bonos de alto riesgo son una opción. Solo recuerda que todas las inversiones implican cierto riesgo.

**Cambio de divisas.** También conocido como Forex, el cambio de divisas hace referencia al mercado global, en el que los participantes intercambian una moneda por otra con la idea de generar una ganancia a partir del tipo de cambio. El cambio de divisas implica comprar una moneda mientras se vende otra simultáneamente. Quienes cotizan especulan si el valor del par de divisas se elevará (apreciará) o se caerá (depreciará). El cambio de divisas puede ser muy riesgoso. Los precios cambian rápidamente y podrías perder dinero si tomas decisiones equivocadas. Es esencial usar solo dinero que puedas darte el lujo de perder y haber creado una buena estrategia. Dicho brevemente, Forex es como un enorme juego en línea donde cambias la moneda de un país por la de otro con el objetivo de tener una ganancia comprando bajo y vendiendo alto. Pero recuerda, es un juego con dinero real y riesgos reales, así que necesitas tener cuidado y aprenderte las reglas antes de empezar a jugar.

**Capital de riesgo.** Una forma de inversión en la que se juntan fondos de varias fuentes, como individuos con un alto valor neto, fondos de pensiones e inversionistas institucionales, y luego se usa para adquirir una participación en empresas privadas o volver privadas empresas públicas. Las firmas de capital de riesgo suelen agrupar cantidades considerables de capital de sus inversionistas para crear un fondo.

**Capitalización de mercado.** Es cuánto vale una empresa que cotiza. Esta cantidad se calcula si multiplicas el precio de las acciones de una compañía por la cantidad actual que posee cada accionista. Entre más alta sea la cifra, más grande (y más establecida/menos riesgos) tiende a ser la compañía.

**Gran capitalización.** Valor total de la capitalización de mercado de más de 10 000 millones de dólares.
**Media capitalización.** Valor total de la capitalización de mercado entre 2 000 millones y 10 000 millones.
**Baja capitalización.** Valor total de la capitalización de mercado entre 300 millones y 2 000 millones.

**Contratos a futuro.** Un contrato a futuro es el acuerdo de comprar un activo a un precio y una cantidad establecidos en una fecha futura. Los negocios usan contratos a futuro para cubrir riesgos y quienes cotizan los usan para meter apuestas especulativas. Por ejemplo, un agricultor que planta maíz puede usar contratos a futuro para fijar cierto precio por su maíz meses antes de tiempo. Una aerolínea usa contratos a futuro para protegerse contra el riesgo de que suba el precio del combustible.

**Corretaje.** Una institución financiera o empresa que facilita la compra y venta de diversos valores financieros en nombre de sus clientes. Las firmas de corretaje actúan como intermediarias entre compradores y vendedores de los diversos mercados financieros, ejecutando intercambios y proveyendo servicios relacionados. Los corretajes suelen ofrecer plataformas bursátiles o de *trading*, en línea o electrónicas, que les permiten a los inversionistas meter órdenes de compra y venta de una gran gama de instrumentos financieros, como acciones, bonos, opciones, contratos a futuro y mercancías. En una firma de corretaje abres una cuenta de inversión.

**Criptomonedas.** Se refiere a las divisas digitales o virtuales que usan criptografía por seguridad y operan en redes descentralizadas llamadas cadenas de bloques. A las criptomonedas no las emite ni regula una autoridad central, como un gobierno o una institución financiera, por lo que son independientes y descentralizadas de sistemas bancarios tradicionales. Las criptomonedas se usan con diversos propósitos; por ejemplo, compras en línea, como una inversión, para enviar dinero a otra gente, o, similar al oro, como reserva de valores. La primera criptomoneda y la más conocida es Bitcoin. Visita yoquierodineropodcast.com/crypto para leer más sobre el tema.

**Diversificación.** El proceso de repartir y mitigar tu riesgo de inversión al invertir en montones de activos diferentes. Entre más te diversifiques, menos riesgo enfrentarás en el caso de una recesión económica.

**Diversificación de inversiones.** Es una frase muy elaborada para tu estrategia de inversión. La diversificación de tus inversiones son los distintos porcentajes de clases de activos que tienes en tu portafolio, como efectivo, acciones y bonos. Estos porcentajes se determinan evaluando tu tolerancia al riesgo y tus metas de inversión.

**Dividendo.** Un pago por lo general trimestral que una empresa hace a sus accionistas por sus ganancias. Se usa para incentivar a los accionistas a conservar sus acciones (¡y comprar más!).

**Fondo de inversión cotizado.** Muy similar a un fondo mutualista, es un tipo de inversión que agrupa los fondos de inversores para comprar activos. Parecidos a un fondo indexado, los fondos de inversión cotizados (ETF, por sus siglas en inglés) son canastas de muchos valores que se manejan de manera profesional, así que están diversificados (es decir, contienen muchos tipos distintos de valores y cada uno se comporta a su manera). A diferencia de los fondos mutualistas, que solo cotizan una vez al final del día, los ETF pueden cotizar a lo largo del día. Cotizan como acciones; puedes comprar o vender tu inversión en un ETF siempre que los mercados estén abiertos. Esto te da más flexibilidad de comprar y vender ETF, pero también implica que su precio fluctúa, igual que el de una acción.

**Fondo indexado.** Es un tipo de fondo mutualista creado para imitar un índice de mercado o un sector específico de la economía (salud, tecnología, energía, etc.), así que su composición se crea por algoritmos de computadora *versus* un humano. Estos fondos por lo general tienen menos relación de gastos que los fondos mutualistas, los cuales cuentan con humanos reales decidiendo qué acciones entran en el fondo. Los fondos indexados suelen indicar un mínimo para invertir (como 3000 dólares en Vanguard), lo cual quizá sea inaccesible para un inversionista que apenas empieza.

**Fondo mutualista.** Una pila de dinero que viene de muchos inversionistas como tú y luego se invierte en activos, como acciones y bonos. Un fondo mutualista puede contener cientos o hasta miles de acciones con el propósito de repartir el nivel de riesgo para los inversionistas. En la mayoría de los casos, los gestores toman decisiones de compra y venta para el fondo mutualista en tu representación.

**Fondos con fecha límite.** Un fondo con fecha límite, también conocido como fondo de ciclo de vida o fondo de jubilación con fecha, es un tipo de fondo de inversión diseñado para simplificar las inversiones a largo plazo, en particular para los planes de retiro. Las instituciones financieras, como empresas de fondos mutualistas o proveedores de planes para el retiro, como los planes 401(k), muchas veces ofrecen estos fondos. La principal característica de un fondo con fecha límite es que automáticamente ajusta su distribución de activos (es decir, el porcentaje de acciones y bonos) con el tiempo a partir de una fecha específica de retiro.

**Índice de mercado.** Es un grupo de empresas cuyo desempeño se registra y se usa para medir la solidez en general de la economía. Por ejemplo, el Promedio Industrial Dow Jones (DJIA, por sus siglas en inglés) es un índice de treinta grandes empresas estadounidenses que cotizan; es uno de los índices más antiguos y uno de los que los inversionistas monitorean con más frecuencia. Hay cientos de índices diferentes y pueden observar empresas que cotizan al público en sectores específicos (como tecnología, salud, energía, etc.) o un grupo de empresas en particular, con base en su tamaño, locación geográfica y más.

**Ingreso pasivo.** Las ganancias obtenidas de fuentes que requieren un mínimo esfuerzo o involucramiento continuo una vez terminada la configuración inicial. Es un ingreso que sigue generando, aun cuando no trabajes activamente ni intercambies tu tiempo por dinero. El flujo de ingresos pasivos muchas veces puede provenir de diversas fuentes, incluyendo inversiones, iniciativas comerciales o proyectos creativos.

**Interés compuesto.** En el contexto de las inversiones, se trata del interés que *ganas* sobre el interés. En el contexto de los préstamos, es el interés que *pagas* sobre el interés. En otras palabras, el interés compuesto es lo que ayuda a que tu dinero crezca más rápido y también lo que hace que tu tarjeta de crédito y otras deudas con tasas de interés variable sean tan caras. Piénsalo como una pequeña bola de nieve que cae rodando por la montaña, juntando constantemente más nieve y haciéndose más grande. A la larga tienes una avalancha entre las manos. En términos de riqueza, es genial... Con las deudas, no tanto.

**Inversión en dividendos.** Una estrategia de inversión en la que los inversionistas se enfocan en elegir y conservar acciones u otras inversiones que les paguen dividendos de manera regular. La meta de la inversión en dividendos es generar un flujo de ingreso constante de los pagos de estos dividendos.

**Mercancía.** Materia prima o producto agrícola que se puede comprar y vender en el mercado global. Las mercancías se usan como inversiones para diversificar los portafolios. Puedes invertir en petróleo y gas, metales como plata y oro, o productos agrícolas, como trigo, maíz, cacao ¡e incluso ganado!

**Opción.** Una opción es un contrato que te da la opción (de ahí el nombre) de comprar algo en algún momento en el futuro por un precio especificado, llamado precio de ejercicio. Por ejemplo, Saida adquiere una opción de compra de acciones de XYZ Empresa, y el precio de ejercicio son 75 dólares. Entonces el valor de mercado de las acciones de XYZ Empresa se dispara a 150 dólares por acción. Si ella quiere, Saida puede aplicar su opción y comprar a 75 dólares la acción, en lugar de pagar la tasa de 150 del mercado.

Una nota importante en este punto es que se trata de inversiones de nivel avanzado, ya que las opciones de compra suponen riesgos y complejidades. Es importante entender bien las opciones y sus riesgos asociados antes de participar en operaciones bursátiles de este tipo.

**Participaciones.** Una participación, también conocida como acción, representa la propiedad de una compañía. Cuando eres dueña de una acción, te vuelves dueña parcial o accionista de esa empresa. Las empresas que cotizan públicamente, listadas en la bolsa de valores, por lo general emiten estas participaciones de la propiedad, permitiendo que los inversionistas las compren y vendan.

**Plusvalía.** La ganancia por la venta de una inversión. Esta diferencia es sobre la que pagas impuestos.

**Promedio de costos en dólares.** El promedio de costos en dólares (DCA, por sus siglas en inglés) es un método para invertir en el que metes regularmente cantidades fijas de dinero a una inversión específica, en intervalos calendarizados, por ejemplo, mensual o trimestralmente, sin importar cómo se esté comportando el mercado, ya sea que la bolsa esté al alza o a la baja.

Así funciona: digamos que tienes 100 dólares para invertir cada mes. En lugar de poner los 100 dólares de inmediato, inviertes 25 dólares cada semana durante cuatro semanas. Esto quiere decir que compras más acciones cuando los precios bajan y menos cuando los precios suben. Con el tiempo, esto ayuda a que tengas un precio promedio más bajo por tus inversiones. ¿Por qué es una buena idea? Le quita el estrés a tratar de elegir el momento perfecto para invertir, porque lo haces con regularidad. Además, te ayuda a seguir tranquila cuando el mercado sube y baja, pues sabes que te está yendo bien cuando los precios bajan. El DCA te ofrece ventajas, como eliminar la necesidad de estimar los tiempos precisos del mercado, instaurar disciplina en tu estrategia de inversión, ayudarte a manejar las emociones durante las fluctuaciones del mercado y mitigar los riesgos a la baja.

**Reequilibramiento.** Reequilibrar tus inversiones es parecido a ajustar los ingredientes de una receta para conservar el sabor adecuado. Imagina que tus inversiones son los ingredientes de un platillo, cada uno con su propio sabor. Con el tiempo, algunos ingredientes (o inversiones) podrían volverse más prominentes que otros debido a su desempeño. Reequilibrar implica ajustar las cantidades de dichos ingredientes para asegurar que el platillo (o tu portafolio de inversiones) sepa tal y como te gusta. Con una revisión y un reajuste periódico de tus inversiones, puedes tener tu "receta" financiera bien equilibrada y alineada con tus metas. Qué rico.

**Relación de gastos.** El porcentaje de tu dinero que se va a los gestores del fondo mutualista en el que estás invirtiendo. Es el precio que pagas a cambio de que ellos hagan el trabajo de encontrar "buenas" inversiones. Por ejemplo, un fondo puede cobrar 0.30 por ciento. Eso quiere decir que pagas 30 dólares al año por cada 10 000 que hayas invertido en ese fondo. Lo pagas anualmente si tienes el fondo un año.

**Token no fungible.** Los NFT (por sus siglas en inglés) son un activo digital que representa propiedad o prueba de autenticidad de un único elemento o pieza de contenido. Los NFT usan la misma tecnología de cadena de bloques que las criptomonedas. Cuando alguien compra NFT, adquiere un token único que representa la propiedad o los derechos de acceso a un activo digital en específico. Este activo podría ser una obra de arte, un videoclip, una pista de música, un elemento virtual en un videojuego o cualquier otra forma de contenido digital. Mientras que el contenido digital en sí mismo muchas veces se puede copiar o compartir libremente, el NFT sirve como un certificado de autenticidad y propiedad, permitiendo que el comprador demuestre que posee el original o la versión autorizada del bien. *Escucha el episodio #124 del pódcast* Yo quiero dinero *para aprender más sobre* NFT.

**Tolerancia al riesgo.** Se refiere a la disposición y capacidad de un individuo de soportar fluctuaciones en el valor de sus inversiones o el potencial de pérdida económica en la búsqueda de sus objetivos. Es una característica personal influida por factores como objetivos económicos, marcos de tiempo, situación económica actual, conocimiento y experiencia en inversiones, temperamento emocional y grado de diversificación de su portafolio de inversiones. Comprender tu tolerancia al riesgo es crucial para tomar decisiones sensatas sobre tus inversiones, que se alineen con tu nivel de confort. Te ayuda a elegir qué inversiones empatan con tu disposición a tomar un riesgo, ya sea que prefieras opciones más seguras, como los bonos, o estés abierta a activos más riesgosos, como las acciones.

Ahora que ya tenemos el vocabulario correcto, podrías pensar que ya estás lista para invertir, ¿verdad? No tan rápido. Correr con algo que no comprendes puede dar lugar a mucha ansiedad y unas cuantas malas decisiones. Como creadora de patrimonio de primera generación, quizá no tengas a nadie disponible para que conteste tus dudas sobre las inversiones. Tal vez ya hiciste una gran investigación, googleaste preguntas de finanzas, seguiste a un montón de "finfluencers" de finanzas personales, leíste un montón de blogs o viste más TikToks de lo que te gustaría admitir. Sea cual sea tu nivel de familiaridad con el mundo de las finanzas, si estás aquí, estás tomando un primer paso muy poderoso en tu viaje hacia construir tu fortuna.

Si esta no es tu primera incursión en las finanzas personales y la creación de riqueza, es posible que ya hayas hecho bastante investigación. Es importante aprender las diferencias entre un plan 401(k) y un Roth IRA, o entre tus opciones de inversión y los distintos corretajes, pero el concepto más importante de todos los que debes entender es interés compuesto.

## EL PODER DEL INTERÉS COMPUESTO
## Y TU MAPA PARA EL MUNDO DE LAS INVERSIONES

El interés compuesto es el interés que se calcula sobre el principal original del préstamo o depósito. En otras palabras, es el interés que puedes ganar sobre el interés a lo largo del tiempo.

Es más sencillo entenderlo cuando lo ves en acción, así que sigue este ejemplo:

Tienes 1000 dólares (es tu principal o tu cantidad original) y recibes 10 por ciento de interés al año en tu cuenta de inversión.

Al final del primer año, tendrás $1 100.
$$1\,000 \times 0.10 = \$1\,100.00.$$
Al final del segundo año, tendrás $1 210.
$$1\,100 \times 0.10 = \$1\,210.00.$$
Veamos qué pasa después de 20 años…

**Ahorro total**

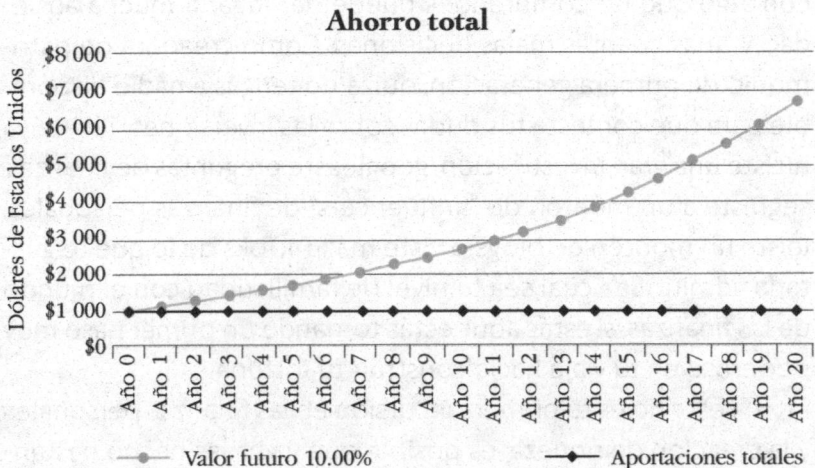

Investor.gob.

Conforme crece tu principal, así lo hace también el interés que obtienes por él.

Este es el poder del interés compuesto. Es magia pura, y es la razón por la que invertir es tan poderoso.

Nada le gana. Ni las tasas altas de rendimiento anual ni las tasas bajas de interés anual, ni siquiera hacer recortes en tu presupuesto. Entre más pronto empieces y más tiempo estés en el mercado, más podrán experimentar tus inversiones el poder del interés compuesto. Revisa nuestra calculadora favorita de interés compuesto en Investor.gov.

Ahora es momento de crear un mapa para tus inversiones. Te dejo cinco preguntas esenciales que debes hacerte como apoyo en el momento de crear tu estrategia de inversión.

### 1. *¿Cuáles son tus metas de inversión?*

"Quiero invertir" no es una meta. ¿Recuerdas nuestras metas SMART del capítulo 5? Empieza con esto:

- ¿Estás invirtiendo para tener un retiro tradicional o para jubilarte joven?
- ¿Tienes una meta en específico que invertir te podría ayudar a alcanzar, como comprar propiedades?
- ¿Inviertes para pasar tu riqueza a tus padres, hijos o a alguna institución de beneficencia?
- ¿Quieres invertir fondos para usarlos con algún propósito en concreto, como gastos médicos o académicos?

Una vez que tengas claro por qué inviertes, esto te ayudará a elegir la cuenta adecuada para alcanzar ese objetivo.

## 2. ¿Con qué tanto riesgo te sientes cómoda?

Invertir siempre conlleva cierto grado de riesgo y recompensa; por eso lo hacemos. Saber qué tanto riesgo estás dispuesta a permitir forma parte de definir tu estrategia de inversión. Imagina el riesgo como una escalera. Cerca del suelo, te puedes bajar de la escalera con facilidad, sin riesgo de que te rompas un tobillo. Pero conforme vas subiendo la escalera, el riesgo de que te caigas y te lastimes aumenta, así que necesitas cerciorarte de que en verdad estás consciente de lo que está pasando a tu alrededor antes de seguir escalando. Lo podemos visualizar de la siguiente manera.

### La escalera del riesgo

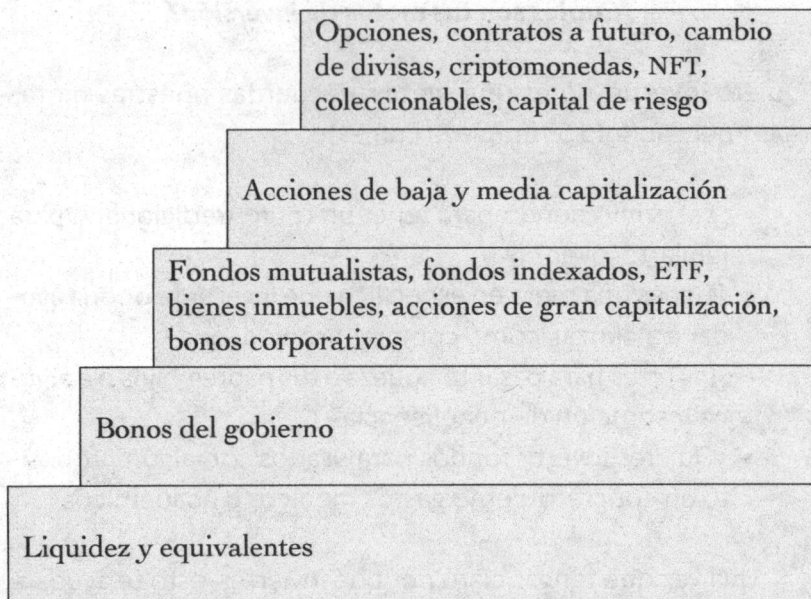

Opciones, contratos a futuro, cambio de divisas, criptomonedas, NFT, coleccionables, capital de riesgo

Acciones de baja y media capitalización

Fondos mutualistas, fondos indexados, ETF, bienes inmuebles, acciones de gran capitalización, bonos corporativos

Bonos del gobierno

Liquidez y equivalentes

El término técnico para evaluar tu riesgo como inversionista se llama **tolerancia al riesgo**.

Conocer cuál es tu tolerancia al riesgo personal te ayudará a decidir qué inversiones empatan con tu personalidad. Una vez que sepas qué tanto del riesgo del mercado puedes aguantar, podrás crear una estrategia de inversión que se alinee con tus valores y tu nivel de confort, y así crear un portafolio acorde.

Para determinar tu tolerancia al riesgo, la empresa de gestión de inversiones Vanguard tiene un excelente cuestionario en línea para inversionistas en https://investor.vanguard.com/ tools-calculators/investor-questionnaire. El formulario contiene varias preguntas para poder recomendarte una buena distribución de activos a partir de tus metas, tu marco de tiempo, tu tolerancia al riesgo y tu situación económica. Algunos ejemplos:

1. ¿Qué opinas de las inversiones que suben y bajan con frecuencia? ¿Preferirías que, en general, tuvieras una menor ganancia si implicara menos volatilidad, o te sientes cómoda con la fluctuación del mercado?
2. Si vieras una pérdida de 30 por ciento en cierta inversión de tu portafolio en un lapso de tres meses, ¿comprarías más de la inversión, venderías todo o solo aguantarías?

Es una buena idea volver a contestar el cuestionario de tanto en tanto para reequilibrar la distribución de tus activos a partir de los cambios que se den en tus circunstancias económicas.

### 3. *¿Cuál es tu presupuesto para invertir?*

Es tal vez la pregunta más importante que debes hacerte: ¿Cuánto puedes contribuir a tus objetivos cada mes?

Antes de tener esa cifra, comprende tu presupuesto general, como comentamos en el capítulo 4.

- **¿Tienes un fondo de emergencia?** Si no, enfócate en ahorrar por lo menos un mes de gastos antes de empezar a invertir. No hay nada capaz de descarrilar tus planes de riqueza como una emergencia económica que requiera usar una costosa tarjeta de crédito. Una vez que hayas alcanzado esta cifra, empieza a invertir sistemáticamente con una pequeña cantidad que puedas manejar y continúa sumando a tu fondo de emergencia hasta tener seis meses de gastos.

- **¿Cuentas con un plan para pagar deudas como tarjetas de crédito con una tasa de interés alta?** Otra forma garantizada de anular el poder del interés compuesto como inversionista es tener esa misma cosa actuando en tu contra con una deuda de interés alto. Si recibes 10 por ciento de retorno en tu portafolio de inversiones pero pagas 20 por ciento de interés en tus tarjetas de crédito, vas a ganar un montón de nada. Planea cómo deshacerte de tus deudas más costosas lo más rápido posible. Consulta el capítulo 4 para estrategias para pagar deudas.

Cuando ya tengas fijo tu presupuesto, tendrás una mejor idea de cómo es para ti una estrategia sustentable de inversión. Es probable que al principio empieces con aportaciones únicas de vez en cuando, siempre que puedas costearlo, ¡y está bien! La meta, sin embargo, es desarrollar una estrategia alrededor de eso y desarrollarlo hasta que estés invirtiendo de manera continua.

## ELEGIR TUS INVERSIONES

No te puedo decir lo devastador que es escuchar a los clientes que asesoro y empezaron a invertir... o eso creían. Me cuentan cosas como "No sé qué esté pasando, pero mi dinero no hace nada". Al observarlo de cerca, me doy cuenta del problema... ¡En realidad no compraron ninguna inversión! Si transfieres dinero a tu cuenta de inversión sin comprar inversiones, básicamente estás usando tu cuenta de corretaje como una cuenta de banco glorificada. Para crear tu riqueza debes comprar inversiones cuando tu cuenta de inversión tenga fondos. Invertir requiere un proceso de tres pasos:

1. Abrir una cuenta.
2. Transferir fondos.
3. Comprar inversiones (¡y automatizar!).

### Fondos mutualistas versus fondos indexados

Muchas de las personas que apenas empiezan a invertir se sienten abrumadas ante la idea de elegir sus inversiones. ¿Y si no eliges bien? No tienes nada que temer. No tienes que elegir una acción individual y esperar que solita se vaya a la luna. La mayoría de los inversionistas se pueden beneficiar de abordarlo de una manera pasiva, dejando que otra gente (o las computadoras) haga el trabajo de elegir las mejores inversiones. ¿Por qué elegir una sola inversión cuando puedes invertir en cientos o incluso miles de empresas con una sola compra? Este tipo de inversión diversificada es un fondo mutualista en acción.

Los fondos mutualistas tienen un objetivo específico de inversión, como el crecimiento, el ingreso o la conservación del capital. Los operan gestores de fondos activos, quienes reciben honorarios por su trabajo. Como resultado, los fondos mutualistas suelen venir con índices de gastos más elevados (es un porcentaje, así que mientras más compras, más te pagan). A muchas personas las convencen de tener fondos mutualistas gente como Dave Ramsey (yo tengo mis propias opiniones sobre él), y porque los gestores de fondos activos venden promesas de "ganarle a la bolsa". Sin embargo, la información sugiere que no son muy buenos en su trabajo. De hecho, *79 por ciento* de los gestores de fondos tuvieron un desempeño mediocre en el índice S&P 500 en 2022.[2] ¿Por qué pagarle a alguien para que haga un mal trabajo cuando puedes pagar mucho menos y tener un mejor desempeño con un fondo indexado?

Los fondos indexados no solo se manejan a través de gestores de fondos, sino con un algoritmo. A cambio de contratar a una computadora para tomar las decisiones de inversión en lugar de a un humano, los fondos indexados son, además, más baratos. Veamos esto en la práctica:

Abres una cuenta de inversión con $1 000 y aportas $1 000 al año durante 30 años, a un retorno de 10%.

En el primer escenario, tu única inversión se encuentra en un fondo mutualista gestionado activamente, tratando de superar a todo el mercado bursátil de Estados Unidos. Ellos cobran una tasa de 0.8% de gastos. Después de 20 años:

Valor final (neto con cargos): $168 533.13

Valor final (bruto): $198 392.83

Costo de honorarios: **$29 859.70**

Ahora veamos un fondo indexado de bajo costo con una tasa de 0.04% de gastos, como VTSAX de Vanguard. ¿Qué pasa entonces? Después de 20 años:

Valor final (neto con cargos): $196 773.56

Valor final (bruto): $198 392.83

Costo de honorarios: **$1 619.27**

En este escenario ahorraste $28 240.43 por elegir un fondo indexado de bajo costo. ¡Estamos hablando de un buen fajo de

---

[2] https://www.cnbc.com/2022/03/27/new-report-finds-almost-80percent-of-active-fund-managers-are-falling-behind.html.

dinero! Puedes ver cómo elegir inversiones de alta calidad con la tasa más baja de gastos posible es una buena estrategia en general que te da la oportunidad de invertir en muchas compañías a la vez, a un precio menor. VTSAX, el fondo indexado Vanguard Total Stock Market, registra el índice CRSP US Total Market, y se diseñó para permitirte invertir en todo el mercado bursátil de Estados Unidos con un solo clic. Loco, ¿no?

Una estrategia de inversión indexada busca imitar el desempeño de un índice de mercado en particular, consistente en "un portafolio hipotético de inversiones financieras que representa un segmento del mercado financiero". En Estados Unidos, los tres índices más conocidos y más observados a detalle son el Promedio Industrial Dow Jones, el S&P 500 y el índice compuesto NASDAQ. Cada uno mide un segmento distinto del mercado general. El S&P 500 representa las 500 empresas estadounidenses más grandes que cotizan al público, el Promedio Industrial Dow Jones sigue a treinta compañías específicas de diversos sectores y el NASDAQ se enfoca en empresas de tecnología.

Dado que una estrategia de inversión indexada solo busca imitar el desempeño de un índice en particular, podemos considerarla una estrategia de inversión pasiva. Significa que no tendrás que administrar tu propio portafolio invirtiendo. Esencialmente, dejas que el mercado haga lo suyo y cuentas con él para que siga subiendo. Si algo hemos aprendido de la historia, es que el mercado, a largo plazo (es decir, después de veinte años o más),[3] siempre subirá. Esto es todavía más cierto cuando practicamos la estrategia de comprar y conservar, en la que compras inversiones y las mantienes (y compras más con el tiempo).

Los fondos indexados son una gran manera de comprar participaciones en cientos o incluso miles de empresas con una sola transacción. Puedes automatizar tus inversiones con los fondos

---

[3] https://money.com/stock-market-chart-rolling-returns/#:~:text-Year-to year%2C%20the%20S%26P%20500%20can%20fluctuate%20wildly%2C%20 from,for%2020%20years%20they%20are%20all%20but%20nil.

indexados. Todas las firmas de corretaje más importantes que ofrecen acceso a fondos indexados te permitirán establecer una inversión recurrente. Solo vincula tu cuenta de banco, determina la frecuencia deseada (semanal, quincenal, mensual, etc.), elige el fondo (o fondos) que quieras que compre automáticamente y en un abrir y cerrar de ojos estarás encaminada a tener ese estilo de vida de la tía burguesa.

## FONDOS DE INVERSIÓN COTIZADOS (ETF)

Como vimos, un fondo de inversión cotizado representa un sector específico del mercado. Piensa en una acción como si fuera una fruta. Un ETF es una canasta de fruta. En ella tendrás toda clase de frutas, es decir, podrás tener una variedad de acciones.

Los ETF, al igual que los fondos indexados, pueden seguir un índice, pero algunos invierten además en un solo sector. Entre los ejemplos de estos ETF centrados en sectores se encuentran:

- ETF de acciones
- ETF equilibrados, que son una mezcla de acciones y bonos
- Los ETF de bonos
- Los ETF centrados en industrias específicas, tales como:
  - Inmuebles
  - Tecnología
  - Productos médicos
  - Cannabis

Los ETF, al igual que los fondos indexados, tienen porcentajes de gastos bajos, ya que también se gestionan pasivamente a través de un algoritmo.

### *Fondos indexados y ETF... ¿Cuál es la diferencia?*

Ambas inversiones son muy similares en realidad, pero tienen algunas diferencias clave que deberías conocer.

1. **Método de compra y venta.** Si bien los ETF operan como cualquier otra acción, que puedes comprar y vender a lo largo del día, los fondos indexados solo se compran y venden al final de cada jornada bursátil (4 p. m. tiempo del Este, cuando cierra la Bolsa de Valores de Nueva York).

   Si vas a seguir una estrategia indexada, no importará realmente, ya que tu estrategia es comprar y conservar. No obstante, si eres un inversor que vende y compra inversiones a diario, entonces el precio en el que compres importa. Para tal estrategia, un ETF queda mejor, ya que controlas el precio en el que eliges comprar un ETF.

   Para un fondo indexado, el precio que pagas por una participación se decide al final de la jornada bursátil en la que metiste tu orden.

2. **Requisito de un mínimo de compra.** Un fondo indexado puede requerir en ocasiones una inversión mínima. El fondo indexado pionero de Vanguard, VTSAX, tiene un mínimo de 3 000 dólares de inversión. Una vez que lo compras, puedes hacer inversiones regulares (por lo menos 100 dólares) para seguir comprando más participaciones. Cualquier cantidad que aportes a ese fondo te dará la parte equivalente a una participación. Esto, sin embargo, se está volviendo menos común desde que invertir se ha vuelto más accesible. Fidelity, por ejemplo, ofrece fondos indexados sin un mínimo de inversión, como FZROX.

   Con los ETF puedes empezar hasta con unos cuantos dólares. Gracias a la inversión fraccionada, en la que puedes comprar una fracción de una acción o un ETF a la vez hasta finalmente comprar acciones enteras, no tienes que empezar con una inversión mínima específica en casi ninguna de las firmas importantes de corretaje. Fidelity, Charles Schwab y TD Ameritrade son solo unas cuantas que ofrecen inversiones fraccionadas. Como empiezas con una pequeña cantidad de dinero, los ETF son la elección popular entre inversionistas principiantes.

3. **La capacidad de automatizar.** Puedes invertir de manera automática en tus fondos indexados después de cubrir el requisito mínimo inicial. Es fabuloso si prefieres el viejo método de configúralo y olvídate de él.

No puedes invertir de manera automática en los ETF, así que deberás recordar entrar manualmente y comprarlos con cierta periodicidad. Si eres la clase de inversionista a largo plazo que compra y conserva, esta opción es justamente una preferencia personal. Hay muchos fondos indexados que tienen ETF equivalentes y viceversa.

### *Fondos con fecha límite...*
### *La mejor inversión para no volver a pensar*

Un fondo con fecha límite es la guía del inversionista flojo para retirarse con estilo. En serio, no podría ser más fácil. Imagina que planeas retirarte en, digamos, 2050. Eliges un fondo con fecha límite de ese año. Lo bueno es que no tienes que preocuparte mucho por administrar tus inversiones; el fondo lo hace por ti.

Mientras eres joven, digamos en tus veinte, treinta o cuarenta, el gestor de fondos distribuye tu dinero en una mezcla predeterminada de acciones, bonos y otra clase de inversiones. Ellos deciden cuánto de cada uno a partir de cuánto tiempo falta para que te retires y qué tan riesgosas quieres que sean tus inversiones.

Con el paso de los años, ya que te vas acercando al retiro, el fondo cambia automáticamente tus inversiones de acciones riesgosas a algo de menor riesgo, de bonos a equivalentes de efectivo, para que tu dinero tenga menos probabilidad de fluctuar y puedas retirar dinero con confianza llegada tu jubilación.

No tienes que hacer mucho una vez que eliges el fondo correcto para tu año de retiro. El fondo se encarga de todo por ti, como asegurarse de que no pongas todos los huevos en una sola canasta, dispersando tu dinero entre distintos tipos de inversiones. Los fondos con fecha límite son una medida sencilla para la gente que no quiere meterse demasiado en el mundo de las inversiones y solo quiere dejar sus ahorros para el retiro en piloto automático. Pero recuerda, distintos fondos podrían hacer las cosas un poco diferente, así que es importante investigar y elegir el que más se parezca a lo que deseas para tu retiro.

## TIPOS DE CUENTAS DE INVERSIÓN

Ahora que ya estableciste el plan general para tus metas y tu nivel de tolerancia al riesgo, es hora de tomar decisiones. ¿La primera? Qué clase de cuenta usarás para empezar a invertir. Tienes varias opciones para escoger. Mientras consideras cómo empezar a invertir, tienes que inclinarte por la(s) cuenta(s) que tenga(n) más sentido para tus propósitos. Factores como tu nivel de ingreso y estatus laboral determinarán los tipos de cuentas a las que tengas acceso. Veamos tus opciones. Estas son las dos categorías principales de cuentas de inversión:

- **Cuentas con beneficios tributarios**
- **Cuentas de inversión tributable**

Desglosemos en qué consiste cada una.

### *Cuentas con beneficios tributarios*

Las cuentas con beneficios tributarios están exentas de impuestos, tienen impuestos diferidos u ofrecen alguna otra forma de estímulo fiscal. Es posible que hayas escuchado hablar de estos tipos de cuentas con otro nombre, sobre todo si ya trabajaste en una empresa o institución grande que ofrece prestaciones para la jubilación:

- **401(k):** Un tipo de opción de retiro con beneficios tributarios para empleados corporativos.
- **401(b):** Se les ofrece a empleados del gobierno local o estatal, como los maestros.
- **457(b):** Se les ofrece a empleados del gobierno local o estatal, como oficiales de policía.
- **Plan de ahorro para la jubilación de empleados del gobierno federal (TSP, Thrift Savings Plan):** Se les ofrece a los empleados del gobierno federal y a miembros de las fuerzas armadas.

¿Te suenan? Son conocidos como planes patrocinados por el empleador y son un tipo de cuenta con beneficios tributarios. Un plan patrocinado por el empleador es un tipo de plan de beneficios que se les ofrece a los empleados gratis o a un costo relativamente bajo. Si trabajas de manera independiente, tienes la opción de ofrecerte a ti misma y a tus empleados uno o más de estos planes, como un plan 401(k) individual o un SEP IRA, a través de tu negocio.

Dependerá del tipo de empleador para el que trabajes, pero podrías tener acceso a uno o más de estos planes. En algunos casos, por ejemplo, ciertos empleados del sector público tienen acceso tanto a un plan 403(b) como a un 457(b). Esto permite ahorrar en dos cuentas de retiro distintas al mismo tiempo. Si tienes un ingreso secundario y un trabajo corporativo en el que te hagan retenciones, puedes abrir una cuenta de retiro de autoempleo como la de SEP IRA y ahorrar ahí, mientras también aportas al plan de tu empresa. Es un buen truco para acelerar tu inversión hacia la independencia económica. Es el camino que yo tomé para llegar a ella.

Tiene múltiples beneficios participar en una cuenta de retiro patrocinada por el empleador. Veamos algunas de las características más comunes.

**Aportaciones compartidas.** Algunos empleadores ofrecerán igualar un porcentaje dado de tu aportación total, lo cual se traduce en dinero gratis a cambio de tu participación en el plan. Me oíste bien... ¡DINERO GRATIS! No hay muchos lugares en la vida donde alguien te ofrezca dinero gratis por cualquier motivo, así que sacar ventaja de un programa de aportaciones compartidas con tu empleador es obligado. Casi todos los empleadores aportan de 3 a 6 por ciento de tu salario,[4] que puede incrementar de manera significativa tus ahorros totales para el retiro. Imagina poner 6 por ciento de tu salario y recibir una iguala de la empresa, dólar por dólar, de ese 6 por ciento. Literalmente duplicaste la aportación a tu inversión y no te costó nada extra. Se puede acumular, así que, si te es posible, siempre intenta aportar lo suficiente a tu plan para recibir eso mismo de la compañía. El dinero es parte de tu paquete de compensaciones, así que no lo dejes en la mesa.

| Ejemplo de un plan de | | | | | |
|---|---|---|---|---|---|
| Salario anual | % de aportación del empleado | Aportación del empleado | % de aportación del empleador | Aportación del empleado | Aportación combinada |
| $75 000 | 1% | $750 | 50% | $375 | $1 125 |
| $75 000 | 2% | $1 500 | 50% | $750 | $2 250 |
| $75 000 | 3% | $2 250 | 50% | $1 125 | $3 375 |

---

[4] https://www.investopedia.com/401k-without-employer-match-5443070#:~:-textMost%20traditional%20401(k)%20plans,employer%20match%2C%20in-cluding%20tax%20benefits.

| Ejemplo de un plan de | | | | | |
|---|---|---|---|---|---|
| Salario anual | % de aportación del empleado | Aportación del empleado | % de aportación del empleador | Aportación del empleador | Aportación combinada |
| $75 000 | 4% | $3 000 | 50% | $1 500 | $4 500 |
| $75 000 | 5% | $3 750 | 50% | $1 875 | $5 625 |
| $75 000 | 6% | $4 500 | 50% | $2 250 | $6 750 |
| $75 000 | 7% | $5 250 | 50% | $2 625 | $7 875 |
| $75 000 | 8% | $6 000 | 50% | $3 000 | $9 000 |

Fuente: Annuity.org.

**Una lista preestablecida de opciones de inversión.** Tu empleador hace una preselección de las opciones de inversión disponibles en tu plan patrocinado por la empresa; por lo general consiste de fondos mutualistas, fondos indexados, fondos con fecha límite y opciones de acciones de la compañía (si aplica).

Por lo general, tus opciones de inversión están más limitadas en una cuenta de retiro patrocinada por el empleador que en una IRA (veremos más sobre sobre las IRA en un momento). Este tipo de cuentas tienen límites anuales de aportación y solo son accesibles después de los 59 años y medio de edad. Se aplican penalizaciones por retirar fondos de estas cuentas antes de tiempo, con algunas excepciones. Si dejas a tu empleador, puedes convertir tu 401(k) en una IRA.

## IRA: CARACTERÍSTICAS PRINCIPALES

Quizá estés leyendo este libro y te des cuenta de que nadie te mencionó las cuentas de retiro durante tu proceso de contratación. Contactas a tu representante local de recursos humanos en el trabajo sobre abrir una 401(k) y te dicen: "¿Una 401 qué? No tenemos de esas". Entonces, ¿eso quiere decir que no puedes invertir para tu jubilación y vas a tener que picar piedra en este trabajo para siempre? ¡Por supuesto que no! Puedes tomar el control de la situación y abrir una IRA, otro tipo de cuenta con beneficios tributarios.

Como su nombre indica, se trata de una cuenta de retiro individual, y están disponibles para cualquiera que perciba ingresos. Quiere decir que puedes abrir una IRA siendo empleada con retenciones (W-2), de formulario 1099 o autoempleada. Si tu empleador no te ofrece un plan 401(k), puedes usar una IRA para ahorrar para tu retiro e incluso puedes tener una cuenta IRA conyugal si eres madre y te dedicas al cuidado de tus hijos. Sin excusas, amiga: tienes el poder de crear tu fortuna, y tu estatus laboral es irrelevante.

- Las IRA están disponibles con opciones antes de impuestos (tradicional) o después de impuestos (Roth) para la diversificación fiscal.
- Las IRA ofrecen una variedad de opciones de inversión, tales como acciones, bonos, ETF y fondos indexados.
- Las IRA tenían un límite de aportación anual de 6 500 dólares en 2023 si eras menor de 50 años, y de 7 500 si tenías 50 años o más.
- Puedes retirar las aportaciones de la versión Roth IRA en cualquier momento, por cualquier motivo, sin pagar impuestos ni penalizaciones.
- Si retiras las ganancias de la Roth IRA antes de los 59 años y medio, por lo general aplica una penalización de 10 por ciento.
- Retirar antes de los 59 años y medio de una IRA tradicional causa un impuesto de penalización de 10 por ciento, ya sea que saques las aportaciones o las ganancias.
- En ciertas instancias aprobadas por el IRS, podrías hacer retiros tempranos de una IRA sin penalización.

---

### ¿Por qué el IRS establece límites de aportación?

El Servicio de Impuestos Internos (IRS, por sus siglas en inglés) es parte del Departamento del Tesoro de Estados Unidos y es responsable de aplicar y administrar las leyes fiscales federales. Incluye establecer límites anuales a qué tanto puedes aportar a una cuenta de retiro con beneficios tributarios.

Las aportaciones a una cuenta de retiro individual (IRA) tradicional, Roth Ira, 401(k) y otros planes de ahorro para el retiro presentan límites legales para que los empleados con salarios altos no se beneficien más que los trabajadores promedio de las ventajas fiscales que proveen.

Puedes consultar los últimos límites de aportaciones visitando https://www.irs.gov/retirement-plans/plan-participant-employee/retirement-topics-contributions.

---

### *Roth* versus *tradicional*

Ambos términos hacen referencia a la estrategia de impuestos de la que te beneficiarás como dueño de la cuenta. No puedes tener una "cuenta Roth" o una "cuenta tradicional", pero puedes tener una "cuenta IRA tradicional" o una "cuenta Roth 401(k)".

La versión tradicional quiere decir que el dinero que aportas tiene un impuesto diferido, lo que significa que tus aportaciones se restan de tus ingresos tributables durante el año que hiciste la aportación. Veamos cómo funciona. Es posible que ganes 75 000 dólares de ingresos anuales brutos al año. Tienes treinta años, estás soltera y no tienes hijos:

**Con una aportación de $6 000 (2022) a una IRA tradicional**
Ingreso tributable: $56 450
Tasa efectiva de impuestos: 14.5%
Impuestos federales estimados: **$8 167**

**Sin una aportación de $6 000 (2022) a una IRA tradicional**
Ingreso tributable: $62 450
Tasa efectiva de impuestos: 15.2%
Impuestos federales estimados: **$9 487**

Ahorrarías 1320 dólares en impuestos si maximizas tu IRA tradicional. ¿Cuidar a tu yo futuro mientras te ahorras impuestos hoy? ¡Eso sí es sexy!

Aportar a una cuenta antes de impuestos como la IRA tradicional o la 401(k) puede reducir tu tributación en el presente. Sin embargo, dado que no pagaste impuestos por este dinero, tendrá que pagar impuestos sobre el dinero aportado y las ganancias recibidas cuando retires dinero de tu cuenta (puedes empezar a hacer retiros a los 59 años y medio sin penalizaciones; cualquier retiro antes de ese tiempo incurrirá en una penalización de 10 por ciento del IRS —así es, básicamente, como te disuaden de tocar los fondos muy seguido—).

Con una Roth IRA, el dinero que aportas a la cuenta es después de impuestos, así que al retirar no te cobrarán impuestos sobre las ganancias ni sobre los retiros. Las cuentas Roth son francamente increíbles, porque, una vez que hayas hecho una aportación, nunca más deberás impuestos. Digamos que invertiste 10 000 dólares en tu Roth y crece hasta 10 millones. La única cantidad por la que tendrás que pagar impuestos son los 10 000 de inversión inicial. ¡Está loquísimo, en mi opinión!

Las Roth IRA están acompañadas de una regla de cinco años. Establece que una cuenta Roth IRA se debe abrir por lo menos cinco ejercicios fiscales antes de que se puedan retirar ganancias sin impuestos y sin penalización, siempre y cuando el titular de la cuenta tenga menos de 59 años y medio. Esta regla aplica a las ganancias de las aportaciones, así como a las cantidades convertidas. Para evitar sanciones e impuestos, los retiros de las ganancias deben cubrir un requisito de cinco años y una de las siguientes condiciones: el titular de la cuenta tiene 59 años y medio o más, quedó incapacitado, acaba de comprar un inmueble por primera vez (hasta un límite vitalicio de 10 000 dólares) o, en caso de muerte, el beneficiario puede retirar las ganancias libres de impuestos. El reloj empieza a correr para esos cinco años el 1 de enero del ejercicio fiscal en que se haga la primera aportación o conversión, y cada conversión tiene su propio reloj de cinco años.

Puedes tener ambas cuentas, tradicional y Roth. Muchos empleadores también ofrecen una opción Roth 401(k), así que pregúntale al administrador de la empresa sobre su plan de retiro para los empleados y ve si esa opción está disponible para ti.

---

### Antes de impuestos o después de impuestos: esa es la cuestión

Las aportaciones "antes de impuestos" y "después de impuestos" hacen referencia a la forma en que el dinero está sujeto a impuestos antes de aportarse a las cuentas de retiro o a otras inversiones financieras.

Las aportaciones antes de impuestos, también conocidas como aportaciones de impuestos diferidos, consisten en que el dinero se aporta a las cuentas de retiro antes de que se haga la retención de impuestos. La cantidad que aportes a tu cuenta de retiro se resta de tu ingreso bruto antes de calcular los impuestos. Eso reduce tus impuestos tributables para ese año.

Ejemplos: las aportaciones de 401(k) tradicional e IRA tradicional se hacen casi siempre antes de impuestos. Quiere decir que las aportaciones disminuyen tus ingresos tributables para ese ejercicio fiscal, disminuyendo potencialmente la cantidad de impuestos que pagas en general.

Las aportaciones después de impuestos hacen referencia al dinero que se aporta a las cuentas de retiro después de la retención de impuestos. No aportan una disminución inmediata de tu ingreso tributable. El dinero que contribuyes ya estuvo sujeto a impuestos en tu tasa regular.

Ejemplos: las aportaciones de Roth 401(k) y Roth IRA se hacen después de impuestos. Mientras que estas aportaciones no disminuyen tus ingresos tributables en el año que las hagas, los retiros calificados, incluyendo de las ganancias, ya estarán libres de impuestos cuando estés jubilada.

### *Cómo decidir*

Hay algunas cosas que considerar en el momento de decidir si debes hacer aportaciones Roth o tradicionales:

**Tu grupo impositivo actual.** Puede influir en qué tanto aportas a las cuentas con beneficios tributarios. En general, los grupos de mayor nivel impositivo se benefician más de maximizar las aportaciones a cuentas con beneficios tributarios para reducir los ingresos tributables y potencialmente disminuir las obligaciones fiscales. Comprender tu grupo impositivo te puede servir de guía en tu estrategia de aportación, ayudándote a sacar toda la ventaja posible de los beneficios fiscales disponibles.

**Tu grupo impositivo futuro.** Para cuando te retires, ¿esperas estar en un grupo impositivo más alto o más bajo? Saber cuáles son tus expectativas es útil para que evalúes qué tipo de cuenta se alinea mejor con tu situación fiscal actual y futura. Por ejemplo, si hoy estás en un grupo impositivo más alto y esperas estar en un grupo impositivo más bajo durante tu retiro, una IRA tradicional o una 401(k) te pueden dar de entrada deducciones fiscales, pues difieren los impuestos al retiro. Por otro lado, si te encuentras en un grupo impositivo más bajo ahora y esperas estar en uno más alto, una Roth IRA o una Roth 401(k) te permitirán hacer retiros libres de impuestos al jubilarte.

**¿Beneficiarte ahora o beneficiarte más adelante?** Al entender tu grupo impositivo puedes diversificar estratégicamente tus ahorros para el retiro entre las cuentas tributables y las que cuentan con beneficios tributarios. Te da flexibilidad para gestionar tus obligaciones fiscales durante el retiro. Por ejemplo, tener una mezcla de cuentas tributables y libres de impuestos te permite retirar estratégicamente de cuentas distintas según tu grupo impositivo, optimizando potencialmente tu carga fiscal en el retiro.

**¿Cuál es tu nivel de ingresos?** Por ejemplo, en 2023, si ganas más de 153000 dólares y haces declaraciones individuales de impuestos o más de 228000 dólares y haces declaraciones conjuntas con tu cónyuge, no calificas para una cuenta Roth IRA (las cifras cambian cada año; puedes revisar la página del IRS para conocer los límites actuales).[5] Saber cuál es tu grupo impositivo te permite tomar decisiones de inversiones que vayan a la par de tu situación fiscal. Por ejemplo, si te encuentras en un grupo impositivo alto (ingresos altos), podrías querer priorizar las inversiones que generen plusvalía a largo plazo, las cuales por lo general pagan un impuesto de menor tasa.

Si prevés que recibirás un ingreso menor en el retiro, y por tanto crees que estarás en un grupo impositivo más bajo, sería mejor que te enfocaras en disminuir tus obligaciones fiscales hoy aportando ingresos antes de impuestos a una cuenta tradicional. Si prevés tener un ingreso mayor en el retiro, y así estar en un grupo impositivo más alto, hacer aportaciones después de impuestos por medio de una cuenta Roth tendría más sentido. Podrías consultar con un profesional financiero con licencia para determinar tu estrategia individual de inversión. Te recomiendo trabajar con un planificador financiero con certificado fiduciario que trabaje por honorarios. Más al respecto en el capítulo 8.

---

[5] https://www.irs.gov/retirement-plans/plan-participant-employee-retirement-topics-contributions.

## CUENTAS TRIBUTABLES, ES DECIR, CUENTAS DE CORRETAJE

Una cuenta tributable, también conocida como una cuenta de corretaje, no tiene beneficios fiscales inmediatos, pero sí menos restricciones y más flexibilidad que las IRA y las cuentas patrocinadas por el empleador. Puedes retirar tu dinero en cualquier momento, por cualquier motivo, sin ninguna restricción de edad ni penalización por retiros tempranos. Puedes abrir una cuenta tributable en casi todas las firmas de corretaje más importantes (ve tu lista de recomendaciones más adelante). Tus opciones de inversión son ilimitadas; por lo general tienes acceso a cualquier clase de valores, como acciones, bonos, fondos con fecha límite, REIT, ETF y fondos indexados. Las cuentas de corretaje tributables ofrecen ciertas ventajas y desventajas en comparación con las cuentas de beneficios tributarios como las IRA o 401(k). Ambas opciones tienen pros y contras.

### *Los pros*

**Flexibilidad:** Las cuentas de corretaje tributables te dan flexibilidad en términos de aportaciones y retiros. No hay límites a las aportaciones y puedes depositar o retirar fondos en cualquier instante, sin penalizaciones ni restricciones. Eso las vuelve más adecuadas para metas de ahorro a corto plazo o fondos de emergencia.

**Sin restricciones ni penalizaciones por retiros:** A diferencia de las cuentas de retiro, las cuentas de corretaje tributables no causan penalizaciones por retiros tempranos ni requieren distribuciones mínimas obligadas, la cantidad mínima que debes retirar de tus cuentas de jubilación cada año, por lo general cuando llegas a los 72 años (o 73 si cumpliste 72 después del 31 de diciembre de 2022). Puedes acceder a tus fondos siempre que lo necesites sin incurrir en penalizaciones.

**Opciones de inversión diversas:** Las cuentas de corretaje tributables ofrecen una amplia variedad de opciones de inversión, incluyendo acciones, bonos, fondos mutualistas, ETF y más. Tienes la libertad de elegir las inversiones que se alineen con tu tolerancia al riesgo y tus objetivos al invertir.

**Beneficios tributarios potenciales:** Si bien las cuentas de corretaje tributables están sujetas a impuestos, pueden ofrecer algunos beneficios tributarios. Por ejemplo, la plusvalía a largo plazo por las inversiones que se conservaron durante más de un año suele tener tasas de impuestos menores que los ingresos regulares. Asimismo, la cosecha de pérdidas fiscales te permite compensar la plusvalía con la minusvalía, reduciendo tus obligaciones fiscales en general.

---

### Un vistazo más de cerca a la cosecha de pérdidas fiscales

La cosecha de pérdidas fiscales es una estrategia financiera que los inversionistas emplean para disminuir los impuestos que tienen que pagar por sus inversiones. Funciona así:

Imagina que tienes un portafolio de diferentes inversiones, como acciones o fondos mutualistas. Quizá no les esté yendo muy bien a algunas de esas inversiones en un momento dado y su valor podría haber bajado desde que las compraste. Lo llamamos "pérdida" porque valen menos de lo que pagaste por ellas.

Ahora, en lugar de conservar las inversiones que están perdiendo y esperar a que se recuperen, la cosecha de pérdida fiscal supone venderla para fijar esas pérdidas. Cuando vendes una inversión con pérdida, puedes usarlo a tu favor cuando llegue la temporada de impuestos.

Esta es la parte genial: el sistema fiscal te permite usar esas pérdidas para compensar cualquier ganancia que puedas haber recibido con otras inversiones durante el año. Digamos que tuviste ganancias con otras inversiones que aumentaron de valor. Esas ganancias se llaman "plusvalía" y tal vez debas pagar impuestos por ellas.

Pero cuando cosechas la pérdida fiscal, usas la pérdida de las inversiones vendidas para "cancelar" o disminuir la cantidad de impuestos que debes sobre las ganancias. Es como equilibrar una balanza: las pérdidas hacen que caiga la cantidad de ganancias tributables que tienes, ahorrándote dinero en impuestos.

Si tus pérdidas superan tus ganancias, puedes usar esas pérdidas extra para disminuir tus ingresos tributables, lo que quiere decir que podrías acabar pagando menos impuestos en general y tener más de ese dinero bien ganado en tu bolsillo.

Es crucial recordar que las regulaciones fiscales son un poco complicadas, por lo que siempre es una buena idea colaborar con un asesor financiero experimentado o un asesor fiscal profesional para garantizar que estés haciendo la cosecha de pérdidas fiscales de la manera correcta y saques todo el provecho posible de tu estrategia de inversión. Con la cosecha de pérdidas fiscales estás jugando el juego de los impuestos de una manera mucho más astuta, ¡y esto puede crear una diferencia real en la cantidad que puedes extraer de tus inversiones!

## *Los contras*

**Ganancias tributables de las inversiones:** Una desventaja considerable de las cuentas tributables de corretaje es que las ganancias de las inversiones están sujetas a impuestos. Se determina un impuesto para cualquier dividendo, ingreso por intereses o plusvalía generada dentro de la cuenta, en el año en que se recibieron, aumentando potencialmente tu carga fiscal.

**Impuestos de la plusvalía:** Cuando vendes inversiones dentro de una cuenta de corretaje tributable, podrías quedar sujeta a impuestos sobre la plusvalía. Las ganancias de capital a corto plazo (inversiones que se conservan durante menos de un año) tienen un impuesto como los ingresos normales, mientras que las ganancias de capital a largo plazo (inversiones que se conservan durante más de un año) reciben un impuesto con una tasa menor, aunque afectan de igual manera tus obligaciones fiscales.

**Beneficios tributarios limitados:** Las cuentas de corretaje tributables no comparten los mismos beneficios tributarios que las cuentas de retiro. Las aportaciones que se hacen a las cuentas

tributables son con dinero después de impuestos y no hay deducciones de impuestos ni retiros libres de impuestos en la jubilación.

**Ineficiencia fiscal de ciertas inversiones:** Algunas inversiones, como los fondos mutualistas gestionados activamente o las
inversiones con un elevado índice de rotación, pueden generar
eventos tributables a través de la distribución de la plusvalía, aun
cuando no hayas vendido la inversión. Puede tener implicaciones de impuestos que disminuyan tus rendimientos en general.

**Efecto en el apoyo financiero:** Si tú o tus hijos están buscando apoyo financiero para educación, tener fondos en una cuenta de corretaje tributable puede contar en su contra, ya que se
considera un activo. Podría reducir la posibilidad de que califi-
ques para ciertos tipos de apoyo financiero basados en la necesidad, como becas o subsidios.

Es importante sopesar las ventajas y desventajas de las
cuentas de corretaje tributables en relación con tus metas financieras y tus circunstancias individuales. Considera consultar con
un asesor financiero o un asesor fiscal profesional para evaluar
las mejores inversiones y estrategias fiscales a partir de tus necesidades y objetivos en específico.

### ¿SUMA GLOBAL O PROMEDIO DE COSTOS EN DÓLARES?

Imagina que ya ahorraste 1000 dólares y quieres invertirlos en el
mercado de valores. Tienes dos opciones: invertir los 1000 dólares de un jalón (suma global) o extenderlos a lo largo de varios
meses (promedio de costos en dólares). La decisión entre invertir una suma global o usar la estrategia del promedio de costos
en dólares (DCA, por su nombre en inglés) depende de tus circunstancias individuales, tus metas económicas y tu tolerancia
al riesgo. No hay una respuesta correcta para todos, y ambos
métodos tienen sus ventajas y desventajas. Te dejo un desglose
de ambas para que tú decidas:

**Inversión de suma global:**

Ventajas:

- **Potencial de rendimientos más altos:** Históricamente, la bolsa de valores ha tendido en general al alza con el tiempo. Invertir una suma global podría capturar de inmediato ganancias de la apreciación del mercado.
- **Sin riesgo de que se te vaya el momento:** Evitas el riesgo de perder ganancias potenciales del mercado si este se mueve al alza después de tu inversión.

Desventajas:

- **Riesgo inmediato:** Quedas expuesta al riesgo total del mercado desde el principio. Si el mercado cae poco después de que tú inviertas, podrías tener pérdidas considerables.

**Promedio de costos en dólares (DCA):**

Ventajas:

- **Atenuación del riesgo:** El DCA ayuda a repartir el riesgo porque inviertes gradualmente con el tiempo, disminuyendo el impacto que tenga la volatilidad del mercado.
- **Confort emocional:** El DCA puede ser menos estresante porque no necesitas preocuparte por encontrar el momento perfecto en el mercado. Es útil para ayudarte a ser disciplinada con tus inversiones.

Desventajas:

- **Ganancias potenciales perdidas:** Si el mercado constantemente sube después de haber empezado tu DCA, podrías perderte algunas ganancias potenciales.
- **Costos de transacción más altos:** El DCA supone múltiples transacciones, lo cual puede llevar a cuotas de corretaje más elevadas.

Así, pues, ¿cuál es la mejor? Depende de qué tan cómoda te sientas con el riesgo y durante cuánto tiempo planees invertir. Si puedes manejar unas cuantas subidas y bajadas y vas a invertir a largo plazo, poner todo tu dinero de entrada puede ser mejor. Pero si estás un poquito preocupada por el mercado o si vas a invertir para una meta más a corto plazo, repartir tus inversiones usando el DCA puede ser una buena estrategia. Recuerda, no hay nada que sea lo mejor para todos, y es crucial que reflexiones sobre lo que tiene más sentido para tu situación.

## INVERTIR PARA TUS HIJOS

Cuando se trata de crear un patrimonio, nunca es demasiado pronto para empezar. ¡Invertir puede y debe ser también para los niños! Si eres la primera generación que está creando su fortuna, sabes que una de las motivaciones principales que nos hacen seguir es la meta de sentar las bases para que las futuras generaciones puedan cosechar todas las recompensas de nuestro esfuerzo. ¡Empezamos en el suelo y ahora estamos aquí, nena! No solo queremos hacer nuestra fortuna por nosotras, sino que deseamos transmitir esta educación financiera y este capital a nuestras familias, incluyendo a los niños que forman parte de nuestra vida.

Como ya mencioné, el verdadero poder de las inversiones es permitir que el interés compuesto haga su magia. Si inviertes por más tiempo, más tiempo tendrá tu dinero para crecer y crecer. Puedes incluso empezar a invertir antes de que tu hijo nazca. Dependerá del tipo de cuenta que uses, pero también puedes darles un poco de ventaja cuando llegue el momento de pagar su escuela, cuando compren su primera casa e incluso para retirarse jóvenes. Por último, invertir con tus hijos es una gran forma de enseñarles de finanzas.

A la hora de decidir qué tipo de cuentas de inversión usar para tus hijos, es importante primero pensar en tu objetivo... siempre es sobre tu objetivo. Cada vez que sopeses opciones de cuentas de inversión, debes tener clara tu meta. Podría ser una cifra específica, pero quizá lo más importante sea el resultado o el propósito de esa cuenta. Así que, antes de aventarte a invertir para tus hijos, necesitas asegurarte de ya tener una comprensión sólida de la meta final, sea pagar su universidad o darles un empujón para empezar sus jubilaciones.

Estas son las cuentas de inversión más comunes que puedes usar para acumular riqueza para tus hijos.

### *El plan 529 (plan de ahorro universitario)*

Esta cuenta de inversión se diseñó específicamente para ahorrar para cubrir los gastos, libres de impuestos, de una educación superior, como colegiaturas y cuotas de facultades, universidades, escuelas de formación profesional y escuelas de comercio, e incluso primarias y secundarias públicas, privadas o parroquiales. Además, es posible usar los fondos para opciones de escuelas virtuales. Un plan 529 es similar al Roth IRA. Aportas dinero después de impuestos y puedes invertir en una variedad de fondos mutualistas o ETF, dependiendo del plan. Un plan 529 ofrece crecimiento libre de impuestos sobre tus inversiones y retiros también libres de impuestos, siempre y cuando se use para gastos que califiquen como educativos. Encontrarás una lista completa de gastos en savingforcollege.com.

Lo grandioso de este tipo de cuenta es que es muy sencillo que otras personas de tu familia contribuyan. Piénsalo: en lugar de regalos, la gente puede hacer una aportación a la cuenta 529 de tu hijo. Me encanta la idea de una colaboración colectiva para la educación de un niño, en lugar de comprarles otro juguete que va a acabar en la basura.

Técnicamente, la cuenta 529 no tiene límite oficial de aportaciones. Sin embargo, las aportaciones que se hagan están topadas por la exclusión anual del impuesto federal sobre donaciones, que en 2023 era de 17000 por donador. Cada estado ofrece su propio plan 529 y no se restringe por el estado de residencia. Nueva York tiene un programa 529 muy popular porque ofrece las tasas más bajas de cualquier estado. Y si te preocupa que tu hijo decida no ir a la universidad, puedes transferir el plan 529 a otro hijo, ¡o incluso a ti misma, para tu propia educación superior! Un cambio reciente en la legislación de Estados Unidos da todavía más flexibilidad para los activos de los planes 529. Desde 2014, los dueños de las cuentas 529 tienen la opción de acumular hasta 35000 dólares en una Roth IRA para el beneficiario del plan.[6]

Dicha opción, que entró en vigor en 2024, les da a los beneficiarios dinero libre de impuestos para el retiro. Es importante mencionar que de todas maneras te tienes que regir por los límites de aportaciones a Roth, que son entre 6 500 y 7 500 al año (para 2023), dependiendo de la edad del beneficiario del plan, así que tal vez tome cinco o seis años mover todo el dinero a la cuenta. Asimismo, solo puedes mover aportaciones que hayan estado en una cuenta durante más de cinco años.

Hasta que la ley entrara en vigor, si los beneficiarios usaban los activos de un plan 529 para cualquier otra cosa que no fueran gastos educativos aceptables, la porción de ganancia de cualquier distribución no calificada quedaba sujeta a impuestos sobre la renta regulares y una penalización de 10 por ciento. Toma en cuenta que cada estado es diferente y tiene sus propias reglas para los planes 529, así que, para estar al pendiente de las últimas noticias sobre estos cambios, visita https://www.collegesavings.org/find-my-states-529-plan/.

---

[6] https://www.ameriprise.com/financial-news-research/insights/new-529-plan-rules#:~:text=Lifetime%20maximum%3A%20The%20529%20transfer, subject%20to%20change%20every%20year.

## *Cuenta de corretaje de custodia*

Si estás buscando un poco más de flexibilidad, podrías considerar una cuenta de corretaje de custodia. En ella, el padre o tutor es el beneficiario de la cuenta hasta que el niño cumple 18 o 21 años, dependiendo de las leyes del estado.

A diferencia del 529, donde tus opciones de inversión se encuentran topadas, una cuenta de custodia ofrece más variedad en términos de inversiones: desde acciones individuales hasta ETF y fondos mutualistas; tienes múltiples opciones. Sin embargo, la cuenta no ofrece los mismos beneficios fiscales que el plan 529. Cualquier ingreso de las inversiones es tributable con la tasa impositiva del niño, que en ocasiones puede ser hasta de cero por ciento, pero también podría ser más si el niño recibe otro ingreso.

Sería bueno que meditaras cómo quieres integrar a los niños mismos en el proceso. Hacer partícipes a los hijos de sus inversiones es una gran manera de enseñarles sobre educación financiera, el poder del interés compuesto y la creación de patrimonios a largo plazo. Empieza con lo básico: primero explícales los conceptos de dinero y ahorro, y luego la importancia de establecer metas económicas. Enséñales los distintos tipos de inversiones, como acciones, bonos y fondos mutualistas, simplificado de una manera adecuada para su edad. Por ejemplo, puedes hablarles de las empresas con las que estén familiarizados, como las marcas que usan o los productos que les gustan. Esto vuelve la idea de invertir más tangible y más próxima a su vida cotidiana. Y tú, en tu papel maternal, puedes considerar cómo y cuándo tu hijo tendrá acceso a este dinero. Hablaremos más sobre distribución de la riqueza en el capítulo 10.

Con el aumento de inversionistas minoristas, muchas firmas de corretaje también han creado tipos de cuentas destinadas a los jóvenes, con características singulares que permiten más participación del niño. Si ya tienes una firma favorita, pregunta si ofrecen cuentas para los jóvenes.

### Roth IRA de custodia

Las cuentas Roth IRA son buenas para los niños por la misma razón que nos encantan para todos los demás: sus beneficios tributarios y la variedad de vehículos de inversión que ofrecen. Sin embargo, se aplican las mismas limitaciones para niños que para adultos.

Este tipo de cuenta solo es una opción si tu hijo tiene un ingreso o salario tributable. Mientras que existen ciertas formas en que tus hijos pueden calificar legalmente para esto a través de ingresos, por lo general no sucederá hasta que tengan su primer empleo a los 15 o 16 años. Quedan aún unos buenos dos o tres años antes de que cumplan 18 y ese interés compuesto pueda hacer su trabajo. Durante esta etapa, la Roth IRA funciona como cuenta de custodia, y la titularidad absoluta se traspasa al niño hasta que cumple 18.

Ten en cuenta que se trata de una cuenta de *retiro*. Aunque las aportaciones se pueden sacar en cualquier momento, hay estipulaciones para el uso permitido de los fondos de inversión. Fuera de cosas como educación o primeras compras de bienes raíces, si estos fondos se usan antes de que el beneficiario tenga 59 años y medio, incurrirá en una penalización. Si abres esta clase de cuenta, debe ser porque quieres echar a andar el plan de retiro de tu hijo, no necesariamente para ayudarlo a pagar su educación ni comprar su primera casa.

### Asegúrate de enseñar

Más allá de qué tipo de cuenta elijas abrir, una pieza fundamental del proceso es involucrar al niño para el que quieres invertir. En el pódcast lo comentamos con Kevin L. Matthews, ex asesor financiero y autor *bestseller* de *From Burning to Blueprint: Rebuilding Black Wall Street After a Century of Silence*. Kevin me dijo que es crucial incluir a los niños en la conversación tan pronto como sea posible para empezar a asegurarnos de que no van a hacer un mal uso de sus bienes cuando se les entreguen legalmente, aparte de transmitirles la educación financiera, tan ausente en las comunidades de primeras generaciones.

Anima a tus hijos a participar activamente en las decisiones de inversión, discutiendo opciones de inversión e involucrándolos en el proceso de toma de decisión. Podría incluir investigar y elegir acciones o fondos juntos a partir de sus intereses o valores. Usa recursos educativos y libros apropiados para su edad para mejorar su comprensión. Aunado a cómo invertir, enséñales otros aspectos de las finanzas personales, como hacer presupuestos, ahorrar y gestionar las deudas. Ayudarlos a comprender la relevancia de la responsabilidad financiera y el papel que tienen las inversiones en la riqueza a largo plazo los encaminará a un futuro de éxito. Al involucrar a los niños en inversiones desde temprana edad, los estás ayudando a desarrollar hábitos financieros sólidos y los dejas ya rumbo al éxito financiero.

Invertir para los niños de nuestra vida no consiste nada más en hacer un nidito de efectivo para ellos. Se trata de asegurarte de que sepan cómo entender el dinero, cómo manejarlo y cómo hacerlo crecer con eficiencia. ¡Así es como el patrimonio se vuelve un patrimonio multigeneracional!

---

**Truco para la fortuna: usar tu negocio para crear un patrimonio**

Como dueña de tu negocio, puedes contribuir a una Roth IRA de custodia en nombre de tu hijo o de otro menor, mientras hayan percibido un ingreso de tu negocio. Sin embargo, hay ciertas regulaciones y principios que debes tomar en cuenta:

**Condiciones del ingreso percibido:** El niño debe haber recibido un ingreso para contribuir a la cuenta Roth IRA. Entre los ingresos se consideran honorarios, salarios, propinas y cualquier otra clase de compensación. Los ingresos por inversiones o donaciones no cuentan.

**Límite de contribución:** El límite de contribución en 2023 era de 6 500 dólares o el total que recibió el niño en un año, el que sea menor. Esto aplica a todas las cuentas IRA que pueda tener el niño.

**Tratamiento de impuestos:** Las aportaciones a las Roth IRA se hacen con dólares después de impuestos; esto significa que las aportaciones no son deducibles de impuestos. Sin embargo, las ganancias de una Roth IRA se acumulan libres de impuestos y los retiros calificados en la jubilación también quedan libres de impuestos.

**Cuenta de custodia:** Las Roth IRA para los menores de edad por lo general se establecen como cuentas de custodia en las que el custodio (por lo general el padre o tutor) maneja la cuenta hasta que el niño llega a la mayoría de edad (la cual varía según el estado).

Las leyes y regulaciones fiscales pueden ser complejas, sobre todo para los dueños de negocios. Te recomiendo consultar con un experto en materia fiscal o un asesor financiero con experiencia en planes de retiro para tener una guía personalizada relativa a tu situación en particular.

## NUNCA ES DEMASIADO TARDE PARA EMPEZAR A GENERAR RIQUEZA

Es posible que te sientas muy presionada ahora para "recuperar el tiempo perdido" porque nadie en tu familia ha invertido hasta este momento. Tal vez hayas pensado: "Nunca voy a poder crear mi fortuna, es muy tarde para mí". Quizá incluso estés maldiciendo mentalmente a tu familia por no enseñarte todo esto. Créeme, lo entiendo. Ser estadounidense de primera generación "es sentir que estás intentando arreglar y sanar todas las cicatrices financieras de múltiples generaciones antes de ti, mientras tratas de alcanzar a las demás personas que te llevan generaciones de ventaja, todo en una sola vida", dice Berna Anat, educadora financiera filipino-estadounidense, autora y creadora de Hey Berna, una plataforma de educación financiera para personas de primera generación. ¡Tiene tanta razón, mi gente! La presión es real, pero necesito que te tengas un poco de compasión, y también a tus seres queridos. Es importante entender que tu familia no podía enseñarte a invertir porque ellos no lo estaban haciendo. Y lo más probable es que tu escuela tampoco te enseñara. Te conmino a que veas tu camino hacia la creación de tu patrimonio desde una perspectiva equilibrada. No es tu responsabilidad romper el ciclo de pobreza intergeneracional y hacerlo sola. ¡Tan solo pensarlo es superestresante! Solo con decidir que vas a invertir siendo una hija de primera generación ya estás poniendo cimientos económicos fuertes para los que vengan después de ti. De hecho, estás cambiando su trayectoria financiera. Eso sí es proyectar una buena energía de bichota, si me permites decirlo.

CAPÍTULO 7

# Cómo volverte una mujer económicamente independiente, es decir: #Metas

Como mujer latina en la esfera de la independencia financiera y la jubilación en la juventud, muchas veces he percibido la clase de novedad que represento en este espacio. Cuando la gente escucha mi historia sobre cómo ahorré e invertí medio millón de dólares a mediados de mis treinta, su sentir oscila entre el escepticismo y la intriga. Quedan aún más en *shock* cuando se enteran de que siendo latina, sin antecedentes profesionales de finanzas, pude investigar hasta poner mi propio negocio en línea, el cual me permitió renunciar a un salario corporativo de seis cifras. La total incredulidad de que alguien de mi comunidad pudiera crear su riqueza, invertir o empezar un negocio nos dice que esa falta de representación en el mundo de las finanzas personales afecta nuestro progreso. Estoy aquí para darte ánimos, para que sueñes más allá de los obstáculos.

Sabemos cómo son esos obstáculos; estamos demasiado familiarizadas con ellos. Lo que se necesita ahora es **liberación financiera.** Por generaciones hemos tenido que depender de que novios, esposos, padres y otras figuras masculinas de nuestra vida decidan qué es lo mejor para nosotras económicamente hablando. Puedes darles las gracias por ello al patriarcado y al machismo tóxico. Piensa en las mujeres de tu familia, estancadas en matrimonios y relaciones de mierda porque no tienen una red de seguridad para irse sin caer en el caos financiero, en la indigencia o peor. Estoy HARTA de la idea de que estemos siempre a merced de gente que no tiene nuestro bienestar en mente.

En este capítulo te enseñaré **cómo defenderte, con FUEGO.** El movimiento FIRE (Financial Independence/Retire Early), que quiere decir "ten independencia económica y jubílate joven", es un estilo de vida financiero en el que los practicantes buscan ser independientes en sus finanzas y retirarse antes de los márgenes de edad del retiro tradicional. Porque, contrario a lo que te han dicho, amiga, retirarse no tiene nada que ver con llegar a cierta edad. De lo que se trata es de llegar a cierta cifra.

¿Por qué debería importarte este fuego? Porque una mujer independiente económicamente es imparable.

### ¿QUIERES RENUNCIAR A TU TRABAJO? PRÉNDELE FUEGO

Si bien la principal meta del movimiento FIRE es la independencia económica, no quiere decir necesariamente que renuncies a tu trabajo. Sin embargo, te puede dar la flexibilidad suficiente para tomar decisiones sobre tu vida laboral.

El movimiento FIRE hace énfasis en ahorrar una porción considerable de tus ingresos e invertir sabiamente. Al adoptar un estilo de vida frugal, reducir gastos innecesarios y priorizar los ahorros, puedes acumular un colchoncito sustancioso con el tiempo. La independencia económica te puede dar la libertad de elegir si sigues trabajando en algo o no, si empiezas un negocio o un nuevo pasatiempo, o si te pasas la vida haciendo jardinería. No juzgo a nadie. Como dice Jamila Souffrant, fundadora del popular pódcast de FIRE *Journey to Launch*, "no se trata de tener más dinero, sino de tener más opciones".

Un día, en 2018, Jamila tuvo que empacar su cubículo y salir por la puerta de su oficina por última vez. ¿Cómo? "Porque finalmente había alcanzado mi libertad económica y necesitaba dejar mi trabajo". Le gustaba lo que hacía, pero le exigía trasladarse hora y media o más de ida y de regreso, dependiendo del tráfico, de su hogar en Brooklyn hasta su trabajo en Nueva Jersey. Un día, embarazada, el viaje de regreso le tomó tres horas, y ahí empezó a planear su estrategia de salida. Quería tener más hijos y sabía que ya iba a ser demasiado malabar con su trabajo y su pódcast, el cual empezaba a despegar. Jamila habló con su marido sobre recortar gastos lo más posible y ahorrar más de su habitual "lo que nos sobra". En dos años pudieron ahorrar e invertir 169 000 dólares, enfocándose en maximizar sus aportaciones antes de impuestos para sus planes de retiro. Al final, ese esfuerzo le permitió a Jamila dejar su trabajo y centrarse en criar a sus hijos y levantar su negocio. Logró ser económicamente libre.

A través de ahorros e inversiones diligentes, personas que siguen el movimiento FIRE pueden crear un flujo de ingresos pasivos. A diferencia de los "ingresos activos", que se ganan a través de un empleo o un proyecto de negocio que requiere participación activa, los ingresos pasivos son ganancias que se obtienen con un mínimo esfuerzo. Puede provenir de fuentes como portafolios de inversiones, bienes inmuebles o negocios. Al generar un ingreso pasivo que cubra tus gastos de vida, puedes reducir tu dependencia al ingreso de un empleo tradicional, dándote la opción de renunciar.

El movimiento FIRE promueve que la gente explore carreras alternativas o proyectos de emprendimiento alineados con sus pasiones e intereses. Lograr la independencia financiera a través de FIRE puede darte una red de seguridad, al tiempo que transiciones hacia una carrera que podría ser más satisfactoria o ser más afín a tus objetivos. Tendrías la libertad de explorar nuevas oportunidades sin la presión inmediata de depender de un sueldo fijo.

Al seguir los principios del movimiento FIRE, priorizas un mejor equilibrio entre el trabajo y la vida, lo cual significa trabajar menos horas, buscar condiciones laborales flexibles o de medio tiempo, o tomar sabáticos para recargarte y perseguir tus intereses personales. Este balance incremental y la reducción del estrés contribuyen a un bienestar y una satisfacción total con tu vida profesional. ¡¿No te suena increíble?! Pero, un momento, ¡hay más!

### ¿Quieres dejar esa relación tóxica? FIRE te puede ayudar

La independencia financiera te permite asumir el control de tu propia vida y tomar decisiones que se alineen con tus aspiraciones y metas personales. Posibilita que tengas una sensación de autonomía y la capacidad de moldear tu propio futuro, en lugar de solo ser dependiente de una pareja como apoyo financiero.

La independencia financiera promueve la equidad en una relación. Cuando ambos miembros de una pareja tienen sus propios ingresos y recursos, disminuyen las dinámicas de poder que surgen cuando una persona tiene más control financiero. Asegura que las decisiones dentro de la relación se tomen dentro de un marco de igualdad y que ambos contribuyan al bienestar económico de la casa.

Mantener tu independencia económica te da la flexibilidad para tomar decisiones que se adapten mejor a tus necesidades y deseos. Te permite perseguir TUS propias metas profesionales, invertir en TU desarrollo personal y participar en actividades que te hacen sentir plena A TI. A pesar de los comportamientos de autosacrificio que pudieras haber visto a través del ejemplo de tu mamá o de tu abuela, ¡tus metas y tus sueños también importan, mujer!

Las relaciones pueden ser impredecibles y la independencia económica te da una capa de protección y seguridad. En el caso de un rompimiento, un divorcio o la muerte de una pareja, una mujer con finanzas independientes se encuentra en mejor posición para sortear esas dificultades. Tienes los medios para mantenerte, para conservar tu nivel de vida y para mantener a quienes dependen de ti si es necesario.

Cuando conservas tu independencia económica te vuelves un modelo a seguir para las siguientes generaciones. Puedes tomar un papel activo en la ruptura de ese ciclo de dependencia monetaria e inspirar a otras niñas y mujeres a que luchen por ser independientes, persigan sus sueños y tengan un empoderamiento económico. Al poner el ejemplo, motivas a otras para que asuman el control de su vida financiera y promueves la igualdad de género en la sociedad en general. ¡Qué *cool*!

Tener tus finanzas aparte no implica que te encuentres en aislamiento económico ni que no haya responsabilidades y metas económicas compartidas con tu pareja. Simplemente te ofrece la capacidad de mantenerte económicamente y contribuir de una forma significativa a tu relación sin que el dinero forme parte de la dinámica de poder. Es vivir en un mundo donde tú mandas. Tomas tus propias decisiones en lugar de depender de que alguien más las tome por ti. Sabes que cuidas tu propia espalda y que si una relación se vuelve tóxica o abusiva te puedes marchar sin dudarlo ni por un momento. Hablaremos más sobre el amor y el dinero en el capítulo 9.

### Sé el cambio

Cuando eres independiente económicamente, nadie puede joderte en lo económico. Por eso creo que ser una mujer que disfrute una independencia financiera es un acto revolucionario que todas deberíamos esforzarnos por realizar. Y lo más importante: es algo para lo que nos tenemos que preparar, porque en algún momento de nuestra vida vamos a tener la obligación de gestionar nuestras finanzas por nuestra cuenta.

Estadísticamente hablando, las latinas de Estados Unidos pueden esperar vivir muchos años. A los 84 años, la expectativa de vida latina es superada solo por las mujeres asiático-estadounidenses (85.8 años). Mientras que las latinas tienen el don de la longevidad, los hombres hispanos no, y solo viven hasta una edad promedio de 79.2 años, de acuerdo con los Centros para el Control y la Prevención de Enfermedades. A otras comunidades les va peor. Los hombres blancos no hispanos viven en promedio 76.5 años y los hombres negros no hispanos solo 72 años.

Los hombres, como regla general, tienen una propensión mucho mayor a estar solteros de jóvenes, casarse más grandes (o acumular matrimonios) y seguir casados hasta su muerte. Lo opuesto también es cierto para las mujeres: son más propensas a casarse jóvenes, pero terminan divorciadas o viudas y viviendo solas en la edad madura. Una expectativa de vida más longeva significa que probablemente necesitarás más recursos financieros para mantenerte a lo largo de tu vida, sobre todo en los últimos años.

Debido a que reciben salarios más bajos, interrumpen sus carreras para criar a los hijos y tienen la responsabilidad de cuidar a otros, las mujeres muchas veces terminan con ahorros mucho menores en sus cuentas de retiro si se comparan con las de los hombres. Esto te puede dejar más vulnerable a la inseguridad financiera y la pobreza en una edad avanzada. Buscar la independencia económica no es cuestión de gustos, mujer: es cuestión de vivir una vida digna. Así que, consciente de esto, ¿qué necesitas hacer para independizarte económicamente? Lo primero es comprender qué significa eso.

## ¿QUÉ ES FIRE?

FIRE son las siglas de Financial Independence/Retire Early, "ten independencia económica y jubílate joven", y el concepto incluye:

- Ahorrar una gran cantidad de tus ingresos (por lo general 50 por ciento o más).
- Vivir muy por debajo de tus posibilidades.

- Invertir considerablemente en fondos indexados de bajo costo.

Con estos principios, los partidarios de FIRE son capaces de quitarle años, incluso décadas, a la edad de jubilación tradicional, que por lo general es a los 65 años (pero oficialmente, en términos de los beneficios de Seguridad Social, no antes de los 67).

### ¿Cómo empezó?

Los principales conceptos detrás del movimiento FIRE se originaron en el libro *bestseller* de 1992 *La bolsa o la vida*, de Vicki Robin y Joe Domínguez. Ellos popularizaron la idea de alcanzar la independencia económica en lugar de pasar los mejores años de tu vida trabajando de nueve a cinco para hacer dinero.

El concepto central de su libro es que la mayoría de nosotros vamos por la vida sin saber cómo intercambiar nuestro tiempo por dinero. Gastamos tiempo, nuestro recurso más preciado y más escaso, ganando dinero para que podamos comprar bolsas caras, los dispositivos electrónicos de última generación, la gran casa y el auto nuevo. Robin y Domínguez argumentaron que la gente está intercambiando su vida por la capacidad de comprar cosas que en realidad no les aportan valor alguno. *Y así nació un movimiento.*

### La comunidad FIRE de hoy

Si bien *La bolsa o tu vida* le dio impulso como movimiento popular, se necesitaron otros veinticinco años antes de que FIRE empezara a tomar forma en serio, durante la Gran Recesión de 2008 e inmediatamente después. En ese entonces, mucha gente perdió todos sus ahorros para el retiro, sus casas, sus trabajos y más. Fue un momento cultural inmenso que causó la desilusión de muchas personas con el "sueño americano" de ir a la escuela, conseguir un empleo, ahorrar para el retiro y consumir como descerebrados.

Algunos empezaron a darse cuenta de que casi todas las recomendaciones relativas a las finanzas personales simplemente instan a comportamientos que te mantienen atorado en un ciclo interminable de ganancia, ahorro y gasto hasta que estás viejo y arrugado, sin la opción de escapar por completo de ese desenfreno. ¿Y si pudieras acelerar tus ahorros, disminuir tu costo de vida y retirarte a los cuarenta o incluso antes? La respuesta: perseguir la idea de FIRE. Este movimiento se volvió un antídoto para los que quieren dejar de estar duro y dale picando piedra en el mundo corporativo.

Uno de los defensores más conocidos de FIRE es Mr. Money Mustache, también conocido como Pete Adeney. Después de retirarse a los treinta, empezó su blog homónimo, donde comparte con sus seguidores (llamados mustachianos) su viaje con FIRE y consejos para que sus lectores también lo logren. Se centra en el concepto de extrema frugalidad para alcanzar la libertad financiera. Su ahora exesposa y él ahorraron más de 60 por ciento de sus ingresos en sus veinte y ambos se retiraron poco después de tener a su hijo.

Al principio encabezaba el movimiento un grupo de hombres blancos, muchos de los cuales estaban en carreras bien pagadas en empresas de tecnología, de modo que tenían a su disposición abundantes ingresos que podían pasar a sus inversiones. Otros *influencers* conocidos en esta esfera, hombres blancos también, son The Financial Samurai, Grant Sabatier y The Mad Fientist. Algunos libros populares sobre FIRE son *Financial Freedom*, *How to Retire Early with Real Estate*, *Work Optional*, *ChooseFI*, *Quit Like a Millionaire*, *The Simple Path to Wealth* y *The Millionaire Next Door*.

Con el paso del tiempo, las mujeres y la gente de color se han sumado poco a poco al coro de voces que promueve el estilo de vida de FIRE como una alternativa a esa cultura del trabajo 24/7 que muchas personas de color presenciaron con sus padres. Las mujeres latinas, negras y asiáticas han sido cruciales en la diversificación del espacio y han añadido más relevancia cultural a la conversación.

---

**Mis amigos favoritos en FIRE**

**Delyanne Barros:** Antes una inmigrante indocumentada de Brasil, Delyanne empezó a documentar su viaje por Instagram con la cuenta @delyannethemoneycoach durante la pandemia de 2020 y amplió su pasión por enseñar a las personas de color sobre FIRE y sobre invertir en un negocio de asesoría multimillonario.

**Jamila Souffrant:** Jamila, fundadora y presidenta ejecutiva del popular blog y pódcast financiero *Journey to Launch*, comparte su viaje para alcanzar la independencia económica mientras ayuda a otros a hacer lo mismo. ¡Su pódcast fue la chispa que arrancó mi propio viaje hacia la independencia financiera!

**Julien y Kiersten Saunders (*rich & REGULAR*):** Este dúo de marido y mujer empezó su blog en 2017 después de que una temporada invirtiendo en bienes inmuebles los llevó a descubrir el movimiento FIRE. Hoy, *rich & REGULAR* ha crecido hasta convertirse en una comunidad de mentalidades afines que quieren mejorar la conversación sobre el dinero.

**A Purple Life:** Una bloguera anónima, mujer de color, que empezó a bloguear en APurpleLife.com en 2015 para documentar su viaje hacia su retiro a los treinta años. Lo logró en 2020 (sip, durante la pandemia) y ahora comparte su viaje postjubilación a través de redes sociales. La amo porque es muy transparente con sus números, ¡y todos necesitamos más transparencia en lo que a finanzas personales respecta!

**Shang Saavedra:** Shang es la creadora de Save My Cents. Su esposo y ella ya podían trabajar por gusto para cuando ella cumplió treinta y uno (¡y mientras residían en Manhattan!). Shang comparte su conocimiento sin complicaciones y motiva a perseguir la independencia económica de una manera holística.

### ¿QUÉ ES LO MARAVILLOSO DE FIRE?

No es tan fácil alcanzar la independencia económica. Es un largo camino, que le toma a la gente una década o más alcanzar. ¿Qué es lo que la gente consigue cuando se vuelve independiente financieramente? ¿Qué la impulsa a crear un plan y ceñirse a él?

**La libertad de trabajar en lo que te gusta.** Para muchas personas en el movimiento FIRE, la independencia económica en realidad no se trata de jubilarse, sino de tener la posibilidad de elegir el trabajo que disfrutas hacer. La independencia económica te da la oportunidad de escoger qué trabajo haces sin preocuparte por cuánto ganas. Te da la libertad de explorar nuevas opciones, tomar riesgos, crear una vida que se alinee con tus metas y aspiraciones. Se trata de la libertad, más que de ninguna otra cosa.

**La libertad para pasar más tiempo con la familia.** La independencia económica significa que puedes pasar todo el tiempo que quieras con tu familia. Te puedes quedar en casa con tus hijos mientras están chicos, disfrutar el tiempo que pasas con tu pareja e ir a visitar a tus padres por largos periodos sin preocuparte por lo que piense tu jefe. La independencia económica te permite tener más control sobre tu vida en general. Te da la capacidad de escoger a qué le inviertes tiempo y de tomar decisiones a partir de tus valores personales, en lugar de tus limitaciones económicas. Los seguidores de FIRE están súper conscientes de que el mañana no está asegurado y están decididos a sacarle el mayor provecho posible.

**La libertad de viajar, vivir y trabajar donde sea.** Estados Unidos es la única economía desarrollada en el mundo que no les garantiza a sus trabajadores vacaciones pagadas ni días feriados pagados. Eso significa que los empleados pueden trabajar meses e incluso años sin darse un respiro, perdiéndose de ese equilibrio trabajo-vida que es tan importante para el bienestar físico y mental. El trabajador estadounidense promedio solo recibe once días de tiempo libre pagados al año. *En resumen, la política de Estados Unidos para el tiempo libre es deplorable.*

Es la razón de que FIRE sea tan atractivo para quienes lo seguimos. Con FIRE puedes viajar todo lo que quieras, haciendo caso omiso de cuántos días libres te quiera dar tu jefe. Te da la oportunidad de explorar, viajar y moverte por el mundo sin que te preocupe la restricción de las limitantes normales de un trabajo de nueve a cinco.

## ¿Geo... qué?

Algunas personas que siguen la idea FIRE se aprovechan del geoarbitraje. Es la práctica de usar las diferencias geográficas de costo de vida, sueldos u otros factores económicos para mejorar su situación financiera. Incluye mudarte o buscar un trabajo que no implique ir a la oficina o residir en cierto sitio, para así vivir en un lugar con un menor costo de vida mientras recibes los ingresos de ubicaciones donde este costo es mayor.

El concepto del geoarbitraje surge de la idea de que diferentes regiones o países pueden tener disparidades significativas en sus costos de vida, como renta, salud, transporte y comida. Al elegir estratégicamente vivir en un área con costos menores mientras se perciben ingresos de un trabajo bien pagado o un negocio en otro lugar, las personas pueden aumentar potencialmente su poder de compra, ahorro o su calidad de vida en general.

Por ejemplo, alguien que trabaja de manera remota para una empresa ubicada en una ciudad cara, como San Francisco, quizá prefiera radicar en un lugar más barato, como un área rural, un pueblito o un país con un costo de vida menor. Puede conservar su trabajo y su salario mientras sigue beneficiándose de que su renta y otros gastos sean más bajos, lo cual le permitirá ahorrar más dinero o disfrutar de un nivel de vida más alto.

Las personas con un trabajo que no depende de su ubicación también pueden buscar ese geoarbitraje, tal como los nómadas digitales o los trabajadores independientes, que trabajan desde donde sea con una conexión a internet. Pueden viajar o vivir en distintos países o regiones, eligiendo los que tengan condiciones económicas favorables que se alineen con sus metas financieras. Algunas zonas populares de bajo costo para la gente que sigue los conceptos de FIRE son Centro y Sudamérica, el Sudeste Asiático y Europa del Este.

Y viajar por largas temporadas no se limita solo a la gente que consigue su propio fuego. Muchos que están andando el camino hacia su independencia eligen tomar un sabático por un periodo extenso (por ejemplo, un año) para viajar y disfrutar el estilo de vida de FIRE.

## INGRESO PASIVO: EL MOTOR DETRÁS DE FIRE

*Si no encuentras la manera de hacer dinero durmiendo, vas a trabajar hasta que te mueras.*

—Warren Buffett

La mayoría de nosotros estamos familiarizados con el **ingreso activo,** el dinero que ganas trabajando como empleada, contratista o colaboradora independiente. Llegas, haces algo de trabajo y te pagan cierta cantidad de dinero por tus habilidades y tu tiempo. Es lo que vimos a nuestros padres y abuelos hacer, así que para muchos de nosotros es el único tipo de ingreso que sabemos cómo obtener. ¿El inconveniente? Si dejas de trabajar y proveer servicios, el ingreso deja de entrar. Eso no me suena a libertad.

Los seguidores de FIRE se centran en la vida con **ingresos semipasivos y pasivos.** Dado que la idea principal de enfocarte en FIRE es alcanzar la independencia económica, esto requiere tener suficientes ingresos y activos para cubrir los gastos de vida sin depender de un empleo tradicional. El flujo de ingreso pasivo es un componente clave para alcanzar la independencia económica porque te da una ganancia constante sin requerir trabajo activo ni empleo. El ingreso semipasivo es un tipo de ingreso que cae en algún punto entre el ingreso pasivo y el activo. Requiere un nivel moderado de participación o gestión constante, pero no requiere el mismo esfuerzo activo que las fuentes tradicionales de ingresos activos. Los flujos de ingresos pasivos pueden seguir generando ganancias aun cuando no estés trabajando activamente. ¡Eso es todo!

Hablemos de los tipos de ingresos y desglosemos sus diferencias.

### *Ingreso activo*

Tu **salario** proviene de un ingreso que obtienes como empleada, donde recibes una compensación fija o variable por el trabajo que realizas. Si no eres asalariada, recibes **honorarios,** un ingreso percibido por realizar tareas o trabajos concretos por hora o por proyecto. Dependerá de tus circunstancias, pero también podrías recibir ingresos por contratos o proyectos independientes, que se obtienen de aportar servicios o completar proyectos sobre un contrato o acuerdo. Incluye profesiones como el diseño gráfico, redacción, programación, consultoría o cualquier otro campo donde labores de proyecto en proyectos. Podrías tener ingresos comerciales por dirigir y operar activamente un negocio, ya sea una tienda minorista, un restaurante, una firma de consultoría o cualquier otro tipo de negocio en cuyas operaciones cotidianas participes directamente. O podrías también recibir comisiones por ventas, en las que se te da un porcentaje de las ventas que haces o de la ganancia que generas. Y últimamente, la economía de los microtrabajos produce ingresos por hacer trabajos pequeños, como manejar en servicios de transporte compartido, entregas de comida o realizar tareas en plataformas independientes.

### *Ingresos semipasivos*

Este tipo de ingreso requiere que participes, pero no tanto. Podrías recibirlo a través de una propiedad en renta con gestión parcial, siendo dueña de propiedades en alquiler y participando de cierta manera en la administración de la propiedad a la vez que delegas algunas tareas a otros. Por ejemplo, podrías encargarte de la selección de inquilinos y de las decisiones importantes, mientras contratas trabajadores o administradores para cuestiones de mantenimiento y operaciones cotidianas. Invertir en la sindicación inmobiliaria te permite invertir de manera pasiva en proyectos de bienes inmuebles dirigidos por profesionales expertos. Si bien podrías tener cierta participación en la toma de decisiones o vigilar la inversión, la responsabilidad principal recae en el promotor del proyecto o el socio general.

Las plataformas de préstamo entre particulares, en las cuales prestas dinero a individuos o negocios, se pueden considerar un ingreso semipasivo. Si bien necesitas revisar y escoger entre las oportunidades de préstamo, la plataforma gestiona el servicio de préstamo, el pago y los procesos de cobranza. Entrarle al marketing de afiliación significa que creas activamente contenido y promueves productos o servicios, pero el ingreso continúa generándose incluso cuando no estás haciendo promoción de manera activa. Incluye la creación de una página web o un blog, producir contenido y establecer una red de sociedades de afiliación. Manejar un negocio en línea, en el que subcontratas a otros para realizar tareas específicas o cubrir ciertos aspectos del negocio, como procesar pedidos, atención al cliente o creación de contenido, te permite estar al pendiente y tomar decisiones estratégicas, pero cuentas con que otros se encarguen de ciertas operaciones. Operar una tienda de *e-commerce* en la que usas servicios de logística de terceras personas para administrar tu inventario, procesar pedidos y hacer envíos te permite enfocarte en el marketing y la selección de los productos.

### *Ingreso pasivo*

Para aquellos de nosotros que no queremos realmente meter las manos cuando se trata de hacer dinero, hay muchas opciones para generar un ingreso pasivo. Puedes invertir en fondos indexados o en acciones que paguen dividendos de forma regular, sin manejar activamente el portafolio ni realizar operaciones con frecuencia. Los ingresos por intereses que se derivan de invertir en activos que devengan intereses, como bonos, certificados de depósitos o cuentas de ahorro de alto rendimiento. Quizá recibas regalías, que son ganancias generadas al otorgar el uso de propiedad intelectual, como libros, música, patentes o software, por lo que recibes un pago sin involucrarte activamente en la creación o el marketing de los productos. Las sociedades de inversión inmobiliaria (REIT, por sus siglas en inglés) implican invertir en REIT cotizados al público, lo cual te permite recibir un ingreso pasivo de inmuebles sin tener las responsabilidades de ser la propietaria ni la administradora. Los negocios en línea automatizados están, como su nombre indica, completamente automatizados, y requieren un mínimo de esfuerzo sobre la marcha, como tiendas de *dropshipping*, plataformas de *e-commerce* automatizadas o ventas digitales de productos con entrega automatizada. Podrías además tener una propiedad en renta, pero contratar a una empresa para administrarla y que se encargue de todos los aspectos de mantenimiento, gestión de inquilinos, cobro de renta y reparaciones.

Por favor toma en cuenta que estos ejemplos no cubren todas las fuentes posibles de ingresos y que la clasificación de ingresos es en ocasiones subjetiva. La categorización de un ingreso como pasivo, semipasivo o activo depende del nivel de involucramiento y esfuerzo necesario para generar y mantener ese flujo de ingresos.

## EL MOVIMIENTO FIRE ES PARA TODOS

Al igual que las finanzas personales, tu viaje con FIRE es personal. Buscar tu jubilación joven no es algo exclusivo de los ultrarricos. Con el nivel adecuado de planeación y meditación, tú también puedes tener FIRE y no estar obligada a trabajar por el resto de tu vida. Hay tantos sabores de FIRE (los comentaré más adelante) que literalmente tienes la posibilidad de diseñar tu plan de libertad económica para que empate con el estilo de vida que deseas. Quizá no quieras trabajar de tiempo completo hasta los sesenta y cinco años, pero no tienes un sueldo alto o tu costo de vida es alto por el lugar donde resides. La total independencia financiera no es tu única opción; puedes considerar un semirretiro o un sabático en el trabajo como meta alternativa para empezar.

Buscar alguna versión de FIRE o el semirretiro es sin duda una posibilidad, sin importar cuánto ganes, pero va a requerir una planificación cuidadosa y dedicación. Al crear un presupuesto detallado con el que comprendas cuáles son tus ingresos y gastos, identificarás áreas en las que puedes ahorrar más. Abrazar un estilo de vida frugal y priorizar los gastos esenciales te ayudará a evitar gastos innecesarios. El factor más grande de todos, que más influirá en tus posibilidades de alcanzar la independencia económica, es aumentar tus ingresos. Puedes considerar asumir algunos microtrabajos por fuera, proyectos independientes o un empleo de medio tiempo. Cada dólar extra que ganes puede ser la diferencia. Ahorrar de manera dinámica, hasta las cantidades más minúsculas, se acumula con el tiempo. Si es posible, explora la posibilidad de reducir tu costo de vida; por ejemplo, encontrar una zona más costeable dónde vivir o mudarte a una casa más pequeña. Adoptar una mentalidad de hacerlo tú misma y practicar el minimalismo te puede ayudar a reducir gastos y simplificar tu vida. Invierte en mejorar tus habilidades y tu educación, ya que estar más calificada te puede abrir nuevas ventanas de oportunidad para trabajos con mejor paga o proyectos independientes.

Recuerda, lograr tu FIRE o un semirretiro no depende exclusivamente de tu salario, sino de tu capacidad para ahorrar, invertir inteligentemente y vivir dentro de tus posibilidades. Con un plan detallado, sabias decisiones financieras y dedicación, puedes esforzarte por conseguir la independencia económica y la opción de retirarte antes o hacer una transición hacia un equilibrio más flexible entre el trabajo y tu vida. Es un camino que requiere paciencia y disciplina, pero las recompensas de contar con más libertad y seguridad financiera valen todo el esfuerzo.

Mi esquema te dará una visión general de cómo es un viaje FIRE.

### Mi esquema FIRE de seis pasos

Aunque el viaje FIRE de cada persona será distinto, estos son los seis pasos clave que yo di para lograr mi libertad económica a mediados de mis treinta. A partir de donde te encuentres en tu viaje, podrías tener que empezar en el paso 1 o no.

**Paso 1. Enfrenta tu situación financiera actual.** Para tener tu FIRE, necesitas un plan de éxito a largo plazo. Una vez que hayas establecido el objetivo FIRE, será momento de identificar las áreas con retorno de inversión más grande en tu presupuesto para determinar tus obligaciones, activos y obligaciones fiscales actuales. Enfócate en pagar deudas con tasas elevadas de interés mientras apartas fondos para evitar caer en el círculo vicioso de volver a endeudarte. Determinar tu valor neto general también forma parte de este paso.

**Paso 2. Disminuye tu costo de vida.** Para poder liberar fondos y alcanzar tus metas FIRE, encuentra áreas de tu vida en las que puedas reducir gastos. En lugar de centrarte en recortar cupones o cancelar tu suscripción de Netflix, vete por los tres grandes: vivienda, transporte y comida.

**Paso 3. Incrementa tus ingresos.** Hay un tope en lo que puedes cortar de tu presupuesto, pero, en principio, tu capacidad de ganar más dinero no tiene límites. Ya sea que hagas un cambio de profesión a un campo donde paguen mejor, recibas educación adicional para buscar una promoción o pongas un negocio como ingreso secundario, este es el momento de generar más dinero.

**Paso 4. Aumenta tu porcentaje de ahorro.** Con más dinero viene la posibilidad de ahorrar más. Evitar que tu estilo de vida escale cuando empiezas a ganar más te permitirá ahorrar e invertir más a largo plazo. Cuando te caiga dinero del cielo, ya sea por una devolución de impuestos o un bono en el trabajo, resiste el impulso de mejorar tu estilo de vida si estás cómoda. Usa ese dinero extra para engordar tu cuenta de ahorro y añade más a tu cuenta de inversiones.

**Paso 5. Invierte para tener un patrimonio.** Cuando yo empecé a invertir, fue en una cuenta 401(k) para mi propio retiro. Conforme me volví más hábil como inversionista, también me metí en bienes inmuebles, y luego en otras cuentas de inversión, criptomonedas, mi propio negocio y, recientemente, como ángel inversor. A la par que aumente tu conocimiento sobre inversiones, toma medidas para crear riqueza de varias maneras. Después de tener bien amarrada tu propia red de seguridad financiera, considera invertir para múltiples generaciones, como tus hijos o tus padres ancianos.

**Paso 6. Continúa adaptando tus métodos, pero sé firme en tus metas.** La vida tiene una forma muy interesante de lanzarnos curvas de vez en cuando. Si tu situación financiera cambia, tienes que estar dispuesta a alterar tu línea de tiempo FIRE hasta que las cosas se estabilicen de nuevo. Y recompénsate en el camino. Celebra tu progreso hacia esa libertad. Crear riqueza es un ejercicio de por vida, así que disfruta el viaje.

## ¿QUIERES PROBAR ESE FUEGO DE LA LIBERTAD FINANCIERA? NECESITAS UN FONDO VM

Imagina esto: has estado trabajando en un lugar estable durante los últimos años. Tienes prestaciones, un sueldo constante y te llevas bien con tu equipo. Pero luego alguien compra la empresa, hay un cambio de directivos o las condiciones laborales se deterioran y ya no te sientes feliz.

Es posible que desees cambiar de rubro por completo. Es lo que hizo Gianni LaTange, creadora de First Gen Money Musings. Cuando Gianni se dio cuenta de que ya no era feliz, empezó a juntar su fondo VM —un fondo "vete a la mierda", o un fondo con el que nadie pudiera joderla económicamente (yo inventé el segundo)—. La cuenta le permitió obtener la libertad para renunciar a su trabajo académico estable en medio de la pandemia de covid-19, inscribirse en un curso intensivo de codificación y realizar una transición exitosa hacia la industria de la tecnología.

Hablemos entonces de los fondos VM, qué son y cómo usarlos. Un fondo VM es una cuenta de ahorro financiada con dinero que te da libertad de elección. Se llama fondo VM por una sola razón: con dinero VM puedes decirle "Vete a la mierda" a cualquier cosa que no tenga cabida en tu vida actual o te esté generando estrés.

### Fondos VM versus *fondos de emergencia*

La similitud principal es que ambas cuentas son fondos de ahorro. La diferencia clave es que el fondo de emergencia generalmente es para eventualidades o emergencias.

Un fondo VM es una montañita de dinero que apartas para usarla en el futuro, por ejemplo, cuando decides que quieres poner tu carrera en pausa, cambiar de trabajo, viajar o pasar tiempo con tus seres queridos. Un fondo VM te permite disfrutar un sabático sin la presión de tener que encontrar un nuevo trabajo de inmediato.

Consideremos el ejemplo de un escenario como perder tu empleo. Si te despiden y no tienes más que un fondo de emergencia, el tiempo que tienes para encontrar otro trabajo es la cantidad de meses que te puedes mantener con tu fondo de emergencia. Si tienes cuatro meses ahorrados en tu fondo de emergencia, tendrás ese tiempo para encontrar un trabajo y reemplazar tu ingreso.

Podrías usar tu fondo VM para darte un poco de tiempo y viajar, invertirlo en aprender una nueva habilidad o darle un giro total a tu carrera.

### ¿Por qué debo crear mi fondo VM?

Tener un fondo VM te aporta mucha más flexibilidad e independencia. Te permite tomar decisiones a partir de lo que es mejor para ti y tu familia, en lugar de verte forzada a tomar decisiones financieras desesperadas. Además, un fondo VM te da la capacidad de tomar ventaja de las oportunidades que se presenten. Ya sea empezar un negocio, invertir en algo prometedor o buscar un cambio de carrera, tener estabilidad financiera te deja en libertad para asumir riesgos calculados.

Si tienes un ingreso irregular o eres trabajadora independiente o autoempleada, un fondo VM es útil para aminorar las fluctuaciones de los ingresos. Te sirve de amortiguador en momentos de bajas ganancias y asegura que puedas cubrir tus obligaciones financieras de manera consistente. Con un fondo VM puedes:

- Renunciar y dejar situaciones tóxicas en el trabajo.
- Explorar nuevas opciones de carrera.
- Volver a la escuela.
- Tomar tiempo libre para estar con tu familia.
- Planear esas vacaciones que tanto has soñado.

Un fondo VM es igual a más opciones. Te das a ti misma una pista hecha con dinero para poder disfrutar la libertad de elegir.

### Ok, ¿cómo lo hago?

En teoría, ahorrar para un fondo VM no será muy distinto de otro tipo de ahorro. ¿La diferencia? La intención detrás del ahorro.

Para juntar un fondo VM, primero empieza por analizar tu presupuesto. Necesitas saber cuál es tu flujo actual de efectivo (ingreso), cuáles son tus egresos y qué cantidad de dinero puedes destinar cada mes para este fondo. Hay varias maneras de hacer presupuestos, pero la clave de crear un fondo VM es hacer un plan y seguirlo firmemente hasta que alcances tus metas de ahorro.

Si te es difícil apartar dinero para un fondo VM, un segundo trabajo te puede ayudar a incrementar el ingreso, si acaso tienes el tiempo.

Si tu intención es esperar varios años antes de usar tu fondo VM, considera usar el mercado de valores como un lugar donde ahorrarlo. Tomar esta ruta no solo te permite ahorrar dinero de manera consistente, sino que te da rendimientos por tus inversiones, acrecentando tu fondo con más rapidez.

Considera que las cuentas de retiro, como la 401(k) o la IRA, "encerrarán" tu dinero hasta que te jubiles, así que organízate en consecuencia. Tu mejor opción en este escenario es una cuenta de corretaje.

## EL ESTUDIO TRINITY Y LA REGLA DE 4 POR CIENTO

El principio de FIRE es la **regla de 4 por ciento,** que se volvió popular después de la publicación de un artículo titulado "Retirement Savings: Choosing a Withdrawal Rate that is Sustainable" en 1998, muchas veces conocido como el Estudio Trinity.

La regla de 4 por ciento para el retiro hace referencia a tu tasa de retiro: la cantidad de dinero que podrías retirar cada año a partir del valor inicial de tu portafolio de acciones y bonos para el retiro. Si tuvieras un millón de dólares al jubilarte, la regla de 4 por ciento te permite retirar alrededor de 4 por ciento de esa cantidad o 40 000 dólares el primer año de jubilada.

Podrías entonces aumentar esa cantidad respecto a la inflación y podrás calcular que 95 por ciento de ese dinero te durará por lo menos treinta años, suponiendo que tu portafolio estuviera distribuido 50 por ciento en acciones y 50 por ciento en bonos.

El Estudio Trinity tiene algunas limitantes, en particular que supone un retiro de treinta años. Si planeas retirarte a los cuarenta, podrías acabar en un escenario en el que ya no tienes dinero a los setenta. Si bien 4 por ciento (o [×] 0.25) es la tasa tradicional que usan los seguidores de FIRE, podrías irte por un 3 por ciento más conservador de retiro anual y hacer que tu dinero dure más.

Es importante considerar cosas como:

- La duración de tu retiro planificado.
- Tu tolerancia al riesgo (es decir, la mezcla de inversiones con las que te sientas cómoda).
- El estilo de vida que deseas llevar en tu retiro.
- Tu tasa preferida de retiro.

Es posible personalizar FIRE por completo, así que toma las fórmulas como un punto de partida, en lugar de un destino final.

### *Calcular tu cifra FIRE*

Para poder calcular tu cifra FIRE, la fórmula es la siguiente:

$$\textbf{Gastos anuales [×] 25 = cifra FIRE}$$

Advertencia: la cifra te va a dejar en *shock*.
Si gastas en promedio 60 000 dólares al año para mantener
tu estilo de vida —la cantidad que representa tus gastos
de vida anuales—, el cálculo queda en:

$$\textbf{\$60\,000 [×] 25 = \$1\,500\,000}$$
$$\textbf{Tu cifra FIRE sería \$1\,500\,000}$$

Una vez que tu portafolio alcance este número, serás independiente económicamente, ya que tu portafolio proveerá el ingreso que necesitas.

*¿Ya entraste en pánico?*

Es una reacción completamente normal que tienen muchas personas cuando descubren el movimiento FIRE y calculan su cifra. Relájate, ahí no se acaba la historia. No vas a tener que invertir un millón de dólares de tu propio dinero para alcanzar tu cifra FIRE. Vamos a usar a nuestro mejor amigo de la inversión, llamado interés compuesto, para alcanzar esa meta mucho más rápido.

Si estuvieras tratando de ahorrar un millón en una cuenta de ahorro que paga 1 por ciento de interés, tendrás que ahorrar 2 383.06 dólares al mes durante treinta años. Es muchísimo dinero, y lo más probable es que no tengas esos miles de más ahí flotando mes con mes. Por eso invertimos: el interés compuesto que recibes en la bolsa es diez veces más alto en promedio.

Así que, en lugar de usar una cuenta de ahorro, si inviertes en un fondo que imite el desempeño del índice S&P 500 (una selección de las 500 empresas más grandes de Estados Unidos que cotizan al público), solo tendrás que invertir 442.38 dólares al mes durante treinta años para juntar un millón de inversión. En los últimos 100 años, el índice S&P 500 ha devuelto un promedio de 10 por ciento de interés. Hará que tu dinero crezca infinitamente más rápido y necesitará que saques mucho menos de tu propio bolsillo.

Considera que la regla 25x es una herramienta para establecer metas, no una predicción precisa.

La regla 25x es útil para crear tu cifra FIRE inicial, pero quizá no debas hacer depender todo tu retiro de esta fórmula. Hazte algunas preguntas, por ejemplo:

- ¿Dónde voy a vivir y cómo preveo que sea mi costo de vida?
- ¿Cómo voy a pagar mi seguro de gastos médicos después de dejar mi trabajo?
- ¿Quién más depende de mis ingresos?
- ¿Espero viajar mucho o quedarme en casa?
- ¿Cómo será mi vida después de FIRE?
- ¿Voy a buscar otras fuentes de ingreso una vez que tenga mi independencia y me retire?

Esto te ayudará a determinar si 25x es una buena cantidad para tu ahorro o si necesitas más o menos.

Es el método estándar del movimiento FIRE, pero en la actualidad hay múltiples variantes que te permiten personalizar tu viaje hacia ese objetivo general de la independencia económica.

### Otras variantes de FIRE

**Lean FIRE.** Piensa en FIRE, pero con un presupuesto. La gente que opta por este esquema, que implica vivir más ajustados, proyecta tener 40 000 dólares o menos de gastos anuales. Si tus gastos en la actualidad son bajos y no tienes la intención de incrementarlos mucho en tu retiro, podría ser el tipo de independencia económica y retiro joven adecuado para ti. Esta versión del movimiento FIRE también les agrada a los que prefieren un estilo de vida muy minimalista a lo largo su camino hacia la independencia y también durante el retiro.

*Ejemplo:* Si planeas gastar 30 000 al año en tu retiro, tu portafolio necesitaría llegar a los 750 000 dólares, siguiendo la regla 25x.

**Coast FIRE.** Alcanzas el nivel de Coast FIRE, en el que todo fluye sin esfuerzo, cuando tienes suficiente dinero invertido desde una edad lo bastante temprana para ya no tener que invertir más para alcanzar la independencia económica en la tradicional edad del retiro, de 65 a 69 años. Esta variante de FIRE es genial para (1) personas que no tengan prisa por retirarse jóvenes, pero quieran asegurarse de estar bien económicamente en su jubilación, y (2) rastrear tu progreso.

*Ejemplo:* Si pudieras ahorrar 263 000 dólares a los 35 años, y simplemente no tocaras ese dinero durante 32 años, entonces se convertirá en un millón para cuando cumplas 67, asumiendo un retorno de inversión anual de 5 por ciento después de la inflación.

**Fat FIRE.** Esto es FIRE, pero gordo, es decir, para personas que quieren vivir a todo lujo. La gente que persigue la versión Fat espera un gasto anual elevado, por lo general cercano a los 100 000 dólares al año. Estamos hablando de coche nuevo, Uber Eats ilimitado, viajes estilo "Solo se vive una vez" y casi ninguna restricción de gastos para vivir tu mejor vida. Fat FIRE es para gente que no se va a poner a contar centavos en su vida de independencia financiera.

*Ejemplo:* Si planeas gastar 150 000 dólares al año en tu jubilación, entonces necesitas 3.75 millones para tener ese Fat FIRE.

Con Fat FIRE eres verdaderamente libre para darte vida de reina. Puedes hacer lo que quieras, donde quieras. Y si eliges obtener un ingreso suplementario porque te hace feliz, también es una opción. Es el nivel más duro de FIRE, pero sin duda el más divertido.

**Barista FIRE.** Piensa en FIRE, pero híbrido. Bajo este tipo de independencia, sigues ahorrando para tener una cantidad específica siguiendo la regla de 4 por ciento. Sin embargo, no quieres matarte trabajando durante lo que algunos llamarían los mejores años de tu vida. En cambio, con Barista FIRE tienes la opción de renunciar a tu trabajo, retirar anualmente 4 por ciento del portafolio que hayas creado hasta ese momento, y suplementar el ingreso que quede por cubrir con tu segundo ingreso o un trabajo menos estresante que te dé placer. Digamos, por ejemplo, volverte barista; de ahí el nombre.

Para calcular tu cifra de Barista FIRE, necesitas primero descubrir cuánto vas a ganar de tu trabajo en la variante Barista FIRE a largo plazo. Luego deduces esta cantidad de tu costo de vida anual.

Como ejemplo: $65 000 (gastos al año) - $30 000 (ingreso del trabajo en tu independencia financiera en la variante Barista) = $35 000

Luego calculas tu cifra FIRE a partir de esa cantidad menor.

Cifra de Barista FIRE: (gastos anuales - ingreso anual del trabajo) × 25

Así, en nuestro ejemplo, el cálculo es:

$35 000 × 25 = $875 000

Barista FIRE también te permite probar jubilarte joven, para que puedas tener una idea de cómo sería una vida FIRE.

**Slow FI.** Acuñado por quienes ya son independientes económicamente, Slow FI es un concepto en el que das pasos graduales para crear más alegría y libertad en tu vida, mientras buscas tu propio FIRE. Los independizados definen así el Slow FI:

Cuando alguien usa la libertad financiera gradual que obtiene durante el viaje hacia la independencia económica para llevar una vida más sana y más alegre, hace mejor su trabajo y construye relaciones más sólidas.

La gente que busca el Slow FI podría retirarse joven también o podría retirarse hasta la edad tradicional. La meta es la independencia económica total (no tener que depender de tu trabajo como fuente principal de ingreso y estabilidad económica), pero el foco es hacer que el viaje sea tan increíble como el destino.

**Cashflow FIRE.** La idea de ahorrar un portafolio de siete cifras me pareció intimidante; no es algo que muchas personas puedan lograr de manera realista, sobre todo en sus treinta y cuarenta, así que en mi camino hacia la independencia económica decidí seguir la variante de Cashflow FIRE. Con este tipo de independencia financiera encuentras formas de aumentar tu flujo de efectivo, de ahí el nombre, a través de múltiples flujos de ingreso (empezando con tu segundo trabajo, inversiones inmobiliarias, inversiones en dividendos, etc.), hasta que llegas al ingreso mensual que te pusiste como objetivo. Cuando tienes de manera consistente ese flujo de efectivo mensual, ya eres independiente económicamente.

---

**Ejercicio: ¿Quieres conseguir un FIRE?**
**Primero contesta las siguientes preguntas**

Toma un tiempo para reflexionar sobre tus valores, tus metas y prioridades para determinar si buscar FIRE se alinea con tu visión de una vida satisfactoria. Considera:

- ¿Cuál es mi motivación para buscar FIRE? Comprender tus motivaciones subyacentes te ayudará a seguir comprometida con tus metas a lo largo del camino.
- ¿Qué significa para mí la independencia económica? Define en qué consistiría para ti ser económicamente independiente. Considera factores como la libertad de un empleo tradicional, poder enfocarte en proyectos que te apasionen o pasar más tiempo con tus seres queridos.
- ¿Cuál es mi situación financiera actual? Evalúa tus ingresos, egresos, ahorros e inversiones actuales. Entender dónde estás parada respecto al dinero te ayuda a determinar cuánto trabajo se necesita para llegar a FIRE.
- ¿Cuánto dinero necesito para ser independiente económicamente? Calcula tu cifra objetivo de independencia financiera tomando en cuenta tus gastos esperados y el estilo de vida que deseas llevar en tu retiro.
- ¿Cuánto tiempo estoy dispuesta a trabajar para obtener FIRE? Establece tu marco de tiempo deseado para lograr la independencia económica y retirarte joven. Esto influirá en tus estrategias de ahorro e inversión.
- ¿Qué cambios estoy dispuesta a hacer en mi estilo de vida para alcanzar FIRE? Considera los sacrificios y los ajustes que estés dispuesta a hacer en términos de gastar, ahorrar e invertir para acelerar tu viaje hacia la independencia económica y tu jubilación temprana.
- ¿Cómo afectará mis relaciones que busque FIRE? Reflexiona sobre cómo buscar FIRE podría afectar tus relaciones con tu familia, amigos y parejas. Discute tus metas y planes con ellos para asegurarte de que concuerden contigo y tengas su apoyo.
- ¿Cómo voy a mantener mi seguro de gastos médicos y otros beneficios esenciales después de retirarme joven? Explora opciones de cobertura de seguro de gastos médicos y otros beneficios que serán cruciales después de retirarte joven, como un seguro de vida o un seguro por discapacidad.
- ¿Qué voy a hacer con mi tiempo una vez que tenga FIRE? Reconoce los riesgos potenciales, como las fluctuaciones en el mercado, gastos inesperados o cambios en tus circunstancias personales. Prepara planes de contingencia para mitigar estos riesgos.

Una vez que tengas las respuestas a todas estas preguntas, estarás lista para empezar tu viaje hacia la independencia y el retiro.

## CÓMO ES EL CÁLCULO PARA COAST FIRE

La fórmula para Coast FIRE es A / (1+r) t donde:

A = la cantidad que necesitas ahorrar para ser independiente económicamente (FIRE)
r = tu tasa anual de rendimiento después de la inflación
t = la cantidad de años que tienen que acumularse las inversiones

Ejemplo: Digamos que tienes 25 años y determinas que cuando dejes de trabajar, a los 65 años, necesitarás contar con 75 000 dólares al año de tu cuenta de retiro para tus gastos de vida. Tu tasa de rendimiento esperada es de 6 por ciento y esperas llegar a Coast FIRE para cuando cumplas 45 (en 20 años).

Así es la fórmula para ti:
A = $75 000 × 25 = $1 875 000 / (1 + .06)20 = $584 634 = cifra de Coast FIRE. Tienes 20 años para acumular esa cantidad. (Recuerda: tus ahorros tendrán ayuda gracias al interés compuesto durante este tiempo).

Así, ¿cuánto debes ahorrar al mes a lo largo de 20 años para alcanzar tu Coast FIRE? Una calculadora de metas de ahorros, como la de Investor.gov, te da la respuesta.

Si empiezas a los 25 años, usando una meta de ahorro e inversión de 584 634 dólares, 20 años para hacerla crecer y una tasa de interés de 6 por ciento, con interés compuesto, tendrás Coast FIRE a los 45 años si ahorras 1 325 dólares al mes.

En ese momento puedes dejar de ahorrar para el retiro si quieres. Con 6 por ciento de rendimiento, tu colchoncito subirá de 584 634 dólares a 1.875 millones para cuando cumplas 65 años, lo que da 75 000 dólares al año para tu retiro (aplicando la tasa de retiro de 4 por ciento anual).

(Fuente: https://time.com/personal-finance/article/what-is-coast-fire).

## TRABAJA MENOS, VIVE MÁS

El movimiento FIRE se basa en el deseo de perseguir un estilo de vida alterno que se enfoque menos en trabajar y más en vivir. Al optimizar tus finanzas, priorizar el pago de deudas, aumentar tu ingreso e invertir en activos que generen ganancias, puedes podarle años e incluso décadas a la edad tradicional de jubilación. Para los latinos, la independencia económica representa terminar el ciclo de "Trabaja hasta el último de tus días" que muchos de nosotros vimos en nuestros padres y abuelos. Es la capacidad de usar el dinero como una herramienta para priorizar el descanso, el tiempo con tus seres queridos, la oportunidad de dedicarte a lo que te apasiona y, por último, tu libertad. La libertad que tanto se nos ha negado a las personas de color. FIRE es una forma de resistencia. Cuando no tienes que trabajar por dinero, puedes decir que no a un montón de mierdas, como relaciones tóxicas, jefes abusivos y ambientes que te oprimen.

¿Quién no querría eso?

## CAPÍTULO 8

# Cómo crear tu equipo para hacer dinero

Yo odio pedir ayuda. No sé si es porque soy la primogénita o porque soy primera generación o porque nunca vi a mi mamá pedir ayuda, pero definitivamente soy la clase de persona que jura que lo puede todo sola. Y suena "La tóxica", de Farruko. Creo que las mujeres tendemos a pensar que pedir ayuda es señal de debilidad. Pero lo cierto es que cuando empiezas a crear riqueza te topas con un montón de incógnitas que quizá no estés preparada para contestar. Preguntas como:

- ¿Necesito un seguro de vida? ¿De cuánto?
- ¿Qué sucede si compro o vendo criptomonedas?
- ¿Necesito una cuenta Roth IRA o una IRA tradicional?
- ¿Cuáles son las implicaciones fiscales de darles ayuda económica a mis padres?
- ¿Cómo le puedo pagar a mi hijo para que trabaje en mi negocio y yo lo deduzca de impuestos?

¡Por eso es obligado que encuentres tu equipo para hacer dinero! Puedes empezar GRATIS, escuchando el pódcast *Yo quiero dinero*, donde hablamos con muchas voces distintas en la esfera de las finanzas personales. Sé cómo se siente estar abrumada por las deudas, confundida respecto al dinero y desilusionada con los empleos corporativos. Es por ello que me propuse ayudar a otros a encontrar la libertad económica, como yo lo hice. Escuchar pódcast de finanzas personales me dio acceso a una avalancha de educadores financieros increíbles que me ayudaron a contestar preguntas que no tenía la capacidad de aclarar por mi cuenta. ¡Hablar con tus amigas es una gran manera de iniciar este proceso también! Pueden saber de dinero más de lo que crees, ¡o por lo menos conocer a alguien que lo sepa!

Puede ser abrumador averiguar quiénes te pueden ayudar a responder tus dudas sobre dinero y cómo encontrarlos. Para muchas familias latinas de primera generación no es común hacer una planificación financiera, pero es un aspecto importante para crear un patrimonio. Es sumamente importante para nosotros trabajar con asesores financieros de confianza, sobre todo porque hemos enfrentado la discriminación sistémica en muchos campos, incluyendo el acceso a servicios financieros. Muchas de nosotras venimos de familias con una desventaja histórica, y crear riqueza es un paso importante para romper el ciclo. Un asesor financiero de confianza te puede ayudar a crear un plan para acumular riqueza y pasarla a las futuras generaciones. Además, la gente de color es muchas veces el blanco de fraudes y prestamistas depredadores. Un asesor confiable te ayudaría a evitar las estafas y tomar decisiones económicas informadas. ¿El motivo más importante? Nos pueden ayudar a cerrar la brecha de riqueza. Los latinos tienen una media de valor neto más baja que los estadounidenses blancos, y colaborar con un asesor de confianza te puede ayudar a cerrar esta brecha, creando un plan para acumular tu fortuna e invertir en tu futuro.

Cuando empecé a alcanzar las nuevas metas financieras que me había puesto, decidí que necesitaba ayuda profesional para manejar mejor mi dinero. Contraté a un contador público cuando mis declaraciones de impuestos se empezaron a poner complicadas después de abrir mi negocio e invertir en una propiedad. Contraté a una planificadora financiera certificada cuando quise definir si podía renunciar a mi trabajo y volverme emprendedora de tiempo completo, y también para que me ayudara a crear un plan de retiro para mí y para mis padres, ya que planeo darles cierto nivel de apoyo económico en su retiro. Contraté una firma registrada de asesores de inversiones cuando me empecé a dar cuenta de que mi portafolio de acciones no estaba diversificado de la manera adecuada y no me sentía calificada para reubicar mis inversiones existentes por mi cuenta.

Quiero que sepas que es perfectamente correcto pedir ayuda a lo largo de tu viaje financiero. Un asesor financiero de confianza te puede ayudar a navegar el intrincando panorama económico y alcanzar tus metas financieras de una manera que se ajuste a tus circunstancias personales. Cuando llegue el momento de reclutar ayuda profesional, es importante saber qué opciones tienes.

## ASESORES FINANCIEROS: TODO LO QUE NECESITAS SABER

Asesor financiero es un término muy amplio para una variedad de profesionales financieros que pueden apoyarte en todas las etapas de esa travesía financiera. Desde hacer presupuestos hasta planificar los impuestos y optimizar los ingresos, hay distintos tipos de asesores financieros para toda clase de situación y presupuesto. Su papel es apoyarte en diversos aspectos de la planificación financiera, incluyendo manejo de inversiones, planes de retiro, planificación fiscal y seguros. Hay muchos tipos de asesores financieros, cada uno con credenciales y especialidades distintas. Estos son algunos de los tipos más comunes:

**Asesor de inversiones registrado:** Es un asesor financiero que se registra en la Comisión de Bolsa y Valores (SEC, por sus siglas en inglés) o un regulador de la bolsa estatal. Están obligados a actuar en capacidad fiduciaria, es decir, legalmente están obligados a actuar en el mejor interés de sus clientes.

**Planificador financiero certificado:** Es un profesional que ha superado un proceso riguroso de certificación y ha demostrado sus capacidades en la planificación financiera. Reciben entrenamiento en una gran variedad de temas financieros, incluyendo inversiones, impuestos, seguros y planes de retiro.

**Analista financiero certificado:** Es un profesional que ha completado un programa riguroso de estudio y examinación en manejo de inversiones y análisis financiero. Son expertos en analizar los mercados financieros y las inversiones. Para certificarse, los candidatos deben pasar un examen de tres niveles, acumular experiencia laboral en un campo relacionado, presentar cartas de recomendación y meter su solicitud al Instituto de Analistas Financieros Certificados.

**Contador público certificado:** Es un contador que pasó el examen de contaduría y cumplió con otros requisitos académicos y de experiencia exigidos por el estado.

**Agente de seguros:** Es un profesional que vende pólizas de seguros y da asesorías sobre materias relacionadas con los seguros. Se pueden especializar en ciertos tipos de seguros, como de vida, médicos, de propiedades y contra accidentes.

**Asesores virtuales:** Es una plataforma automatizada de inversiones que usa algoritmos y programación para proveer servicios de gestión de inversiones. Los asesores virtuales suelen emplear algoritmos para crear y manejar los portafolios de inversión de los clientes a partir de su tolerancia al riesgo, las metas de inversión y otros factores. También pueden dar servicios básicos de planificación financiera, como planes de retiro o establecer objetivos. Ya que no se trata de una persona real, por lo general son mucho más costeables, pero su alcance también es más limitado.

Cuando elijas un asesor financiero es importante considerar sus credenciales, experiencia y especialidades, así como las tarifas de sus honorarios y su manera de trabajar con los clientes. Además, necesitas asegurarte de que el asesor sea el adecuado para tus necesidades y metas financieras específicas.

### ¿Qué es un fiduciario?

Es una persona o entidad legal y éticamente obligada a actuar en el mejor interés de otra persona. En el contexto de los servicios financieros, un fiduciario es un asesor financiero u otro profesional al que se le pide que actúe en el mejor interés de sus clientes cuando aporta recomendaciones financieras o maneja activos.

El deber fiduciario requiere que el asesor ponga el beneficio de su cliente por encima del suyo, y exponga cualquier conflicto de interés que pudiera afectar su capacidad de dar una asesoría imparcial. Los fiduciarios están obligados a actuar con cierto grado de precaución, habilidad y diligencia, y dar recomendaciones adecuadas para la situación y los objetivos financieros individuales del cliente.

El deber fiduciario es una obligación legal, y quienes incumplen su deber son responsables de cualquier pérdida o daño resultante. Muchos asesores financieros son fiduciarios, mientras que otros pueden adherirse a un estándar más bajo de atención, como el estándar de conveniencia, el cual solo indica que la recomendación sea adecuada para las necesidades del cliente, pero no están obligados a que sea en el mejor interés del cliente.

Es importante comprender si tu asesor financiero es fiduciario, pues esto puede tener un impacto significativo en la clase de recomendaciones que recibas y el nivel de confianza que puedas poner en él.

Para saber si tu asesor financiero es un fiduciario, pregúntale directamente si se rige por algún estándar fiduciario. También puedes pedirle una copia de su formulario ADV, un documento que los asesores de inversiones certificados están obligados a presentar ante la Comisión de Bolsa y Valores. El formulario ADV incluye información sobre las prácticas de negocios del asesor, la tarifa de sus honorarios y sus antecedentes disciplinarios, y debería indicar si el asesor sigue un cierto estándar fiduciario.

También puedes buscar las certificaciones y designaciones que requieren un estándar fiduciario, como el planificador financiero certificado, el analista financiero certificado y el asesor de inversiones registrado.

### ¿Cómo puedo saber que mi asesor financiero es legítimo?

Hay bastantes ejemplos de asesores financieros que han abusado de la confianza de sus clientes. ¿Has oído hablar de Jordan Belfort? Es un ex corredor de bolsa al que condenaron por fraude e infracciones bursátiles en la década de 1990, y se le conoce por su autobiografía, *El lobo de Wall Street*, que detalla su auge y caída como corredor de bolsa, así como las actividades ilegales en las que se involucró, incluyendo fraude bursátil y lavado de dinero.

Belfort fundó la firma de corretaje Stratton Oakmont en la década de 1990 y usó tácticas de venta agresivas y manipuló los precios de las acciones para defraudar a los inversionistas por millones de dólares. Finalmente el FBI lo atrapó y se declaró culpable de fraude bursátil y lavado de dinero en 1999. Pasó veintidós meses en una prisión federal y se le ordenó pagar una indemnización a sus víctimas.

Bernie Madoff es otro clásico ejemplo de un asesor financiero que era todo menos confiable. Bernie Madoff fue un financiero estadounidense y expresidente del mercado de valores de NASDAQ, condenado por correr la estafa Ponzi más grande de la historia, defraudando a los inversionistas por un estimado de 64800 millones de dólares.

Madoff inició sus actividades fraudulentas en la década de 1970 y continuó hasta su arresto en 2008. Atrajo inversionistas prometiéndoles altos rendimientos con bajo riesgo a través de su firma de inversión, Bernard L. Madoff Investment Securities LLC. En lugar de invertir el dinero, como había prometido, Madoff usó los fondos de los nuevos inversionistas para pagar a viejos inversionistas, creando una clásico esquema Ponzi.

El fraude de Madoff finalmente se destapó durante la crisis financiera de 2008, cuando muchos inversionistas empezaron a exigir la devolución de su dinero. Lo arrestaron y más adelante se declaró culpable de once cargos de fraude, lavado de dinero y perjurio. Madoff recibió una sentencia de 150 años en prisión, una de las más largas que se hayan dado por crímenes financieros.

El escándalo Madoff se considera uno de los fraudes financieros más grandes de la historia y tuvo un impacto considerable en la industria financiera y la confianza del público en los mercados. También llevó a cambios en la regulación de la bolsa y las leyes de protección de los inversionistas. Entonces, ¿cómo evitamos caer víctimas de individuos inescrupulosos que, en la línea de Belfort y Madoff, pretendan ser asesores confiables? Hay varias formas de verificar si el asesor con el que estás considerando trabajar es alguien en quien puedes confiar para recibir buenas asesorías financieras. Primero, hazle algunas preguntas:

- ¿Cuáles son tus certificaciones y credenciales?
- ¿Cuánto tiempo llevas practicando y cuántos clientes tienes actualmente?
- ¿Cuál es tu enfoque sobre la planificación financiera y las inversiones?
- ¿Cómo sueles trabajar con tus clientes y cuál es tu estilo de comunicación?
- ¿Cuál es tu filosofía sobre las inversiones y cómo eliges inversiones para tus clientes?
- ¿Cuál es tu tarifa de honorarios y cómo se te compensa?

- ¿Tienes algún conflicto de interés del que debería saber?
- ¿Tienes recomendaciones de clientes actuales o anteriores?
- ¿Alguna vez te ha disciplinado algún cuerpo regulador u organización profesional?
- ¿Me puedes explicar cómo me ayudarás a lograr mis metas financieras?

Te será útil para evaluar si el asesor se adecúa a tus necesidades y si te parece de confianza y competente. Asegúrate de tomarte el tiempo para comprender las respuestas del asesor y hacerle preguntas adicionales si es necesario. Te dejo algunas guías para encontrar un asesor financiero legítimo:

**Certificaciones:** Investiga si el asesor tiene las licencias y certificaciones que debe tener, como en el caso de un planificador financiero certificado y un analista financiero certificado, u otros títulos reconocidos por la industria. Tales designaciones muchas veces requieren capacitación exhaustiva, pruebas y una educación continua, lo cual es indicador del compromiso del asesor con su profesión y con sus clientes.

**Experiencia:** Busca un asesor que tenga experiencia trabajando con clientes parecidos a ti en términos de su situación económica y sus objetivos. Considera el historial del asesor y si tienen antecedentes de lograr resultados positivos para sus clientes. Busca un asesor que dé asesoramientos y servicio de calidad, con una larga y sólida reputación.

**Reputación:** Investiga al asesor en línea y corrobora sus referencias y reseñas. Pide recomendaciones a amigos, familiares u otras fuentes confiables. Ve si el asesor tiene antecedentes disciplinarios de parte de los cuerpos reguladores, como la Comisión de Bolsa y Valores o la Autoridad Reguladora de la Industria Financiera (FINRA, por sus siglas en inglés). Puedes consultar esa información en las páginas de la SEC (sec.gov) y de FINRA (finra.org). Asimismo, puedes revisar LetsMakeAPlan.org para encontrar un planificador financiero certificado cerca de ti. Estos directorios te permiten buscar asesores en tu zona y filtrarlos según sus calificaciones y especialidades.

**Tarifas de honorarios:** Asegúrate de comprender las tarifas del asesor y cómo se les compensa. Busca un asesor que sea transparente sobre sus honorarios y tenga tarifas que se alineen con tus metas y preferencias financieras.

**Comunicación:** Elige a un asesor que se comunique de manera clara y constante, que escuche tus inquietudes y responda tus dudas de una forma sencilla que te ayude a entender. Asegúrate de sentirte cómoda trabajando con ese asesor y que comprenda cuál es tu meta financiera y tu tolerancia al riesgo.

Al final, es importante elegir a un asesor con quien te sientas cómoda, que tenga un historial de trabajar a favor de los intereses de sus clientes y te pueda ayudar a lograr tus objetivos económicos. Un asesor financiero confiable debe poder escuchar tus inquietudes y darte consejos personalizados que cubran esas necesidades. No tienes por qué apurar la decisión; considera entrevistar a los asesores con quienes te interese trabajar, lo cual te dará la oportunidad de hacer preguntas, conocer su estilo de comunicación y confirmar si son adecuados para ti.

Recuerda, es importante que seas diligente al elegir un asesor financiero, pues serán el responsable de ayudarte a tomar decisiones financieras de peso.

### ¿En serio necesito un asesor? ¿O lo puedo hacer yo?

La decisión de contratar un asesor financiero o hacerlo tú misma depende de varios factores, como tus metas financieras, tu experiencia y el tiempo que tengas disponible. Algunos factores a considerar:

**La complejidad de tus finanzas:** Si tu situación económica es muy básica, en cuanto a manejar un pequeño portafolio de inversiones o crear un presupuesto inicial, entonces podrías manejarlo por tu cuenta. Sin embargo, si tus finanzas son más complejas, por ejemplo, quieres manejar múltiples cuentas de inversión, crear un plan de retiro o administrar un negocio, entonces sería mejor que contrataras a un asesor financiero con experiencia en esos rubros.

**Tiempo disponible:** Manejar tus finanzas puede consumir tiempo, en especial si tienes muchas inversiones que manejar o necesitas hacer una gestión fiscal compleja. Si no tienes el tiempo ni las ganas de administrar tus finanzas, contratar a un asesor financiero puede ser buena opción.

**Experiencia y conocimiento:** Los asesores financieros reciben entrenamiento especializado y tienen experiencia en planificación financiera, inversiones y planificación fiscal. Si tú no posees este conocimiento ni tienes experiencia, quizá te sea beneficioso contratar un asesor financiero para ayudarte a través del proceso.

**Sesgos emocionales:** Las emociones pueden afectar la toma de decisiones financieras, sobre todo durante los periodos de volatilidad del mercado o por estrés económico. Un asesor financiero te puede dar una perspectiva más objetiva y ayudarte a no tomar decisiones emocionales impulsivas.

**Costo:** Los asesores financieros cobran por sus servicios, tarifas que pueden variar, desde una cuota fija hasta un porcentaje de los activos que estén bajo su gestión. Si te sientes cómoda manejando tus finanzas por tu cuenta y puedes alcanzar tus metas económicas sin la ayuda de un asesor, podría ser más redituable hacerlo tú.

Antes de decidir qué hacer, sopesa los costos y beneficios de cada opción y considera pedir el consejo de un profesional financiero de confianza que te ayude a tomar decisiones informadas.

### ¿Cómo cobra tu asesor financiero?

Estas son algunas de las formas más comunes en que se les paga a los asesores:

**Por comisión:** Algunos asesores reciben comisiones por vender productos financieros, como fondos mutualistas, anualidades o productos de seguros. Esto significa que reciben un porcentaje de la venta, lo cual puede crear un conflicto de intereses si sus recomendaciones se basan en los productos que les representen mayor comisión.

**Honorarios solamente:** Un asesor financiero que solo cobra por honorarios no recibe comisiones ni otra clase de compensación por los productos que recomienda. En cambio, cobra una tarifa por su servicio, la cual se puede basar en un porcentaje de los activos que maneje (llamados activos bajo gestión, AUM por sus siglas en inglés) o una cuota fija. Por ende, tiene menos conflictos de interés y sus recomendaciones son objetivas.

**Híbrido:** Algunos asesores financieros pueden cobrar con una combinación de comisiones y honorarios. Por ejemplo, pueden percibir una comisión por vender ciertos productos, pero también cobrar una tarifa por su asesoría y su servicio continuo.

Es importante comprender cómo se le debe pagar a un asesor financiero, ya que puede causar un efecto en el costo total de sus servicios y las recomendaciones que dé. Considera asimismo si su tarifa se alinea con tus metas económicas y tus preferencias.

---

### ¡Diablos, esos honorarios se están acumulando!

Imagina que tienes un millón de dólares para invertir. Cuando elijas cómo pagarle a tu asesor de inversiones, hay principalmente dos opciones:

**Opción 1: Cuota fija (2000 al año)**
Con esta opción puedes pagarle a tu asesor la cantidad de 2000 dólares cada año, sin importar cuánto dinero generes con tus inversiones.

**Opción 2: Cuota AUM (1% de tu dinero al año)**
Con esta opción le pagas a tu asesor un porcentaje de tu dinero total, en este caso, 1% de un millón, que equivale a 10000 dólares por año. Así, si tu dinero crece, pagas más, y si se reduce, pagas menos, pero siempre es un porcentaje del total de tu dinero.

Ahora comparemos:

- Si tu dinero se queda en un millón, la cuota fija de 2000 dólares es más barata que la cuota AUM de 10000.
- Si tu dinero crece, pagas más con la cuota AUM porque es un porcentaje de tu dinero creciente. Por ejemplo, si tu dinero aumenta a 1200000 dólares, la cuota AUM se convierte en 12000.

Piensa cuánto podría aumentar tu dinero y qué tan cómoda te sientes con pagar más si fuera el caso.

## EL PODER DE LA FAMILIARIDAD

Como personas de color y primeras generaciones creando un patrimonio, es útil formar vínculos con profesionales financieros que por lo menos puedan ser empáticos con nuestra historia financiera particular. Asegúrate de llevar con tu asesor financiero una relación que promueva la honestidad y la transparencia sobre tu historia financiera. Encontrar un asesor culturalmente competente y compatible con tu personalidad y estilo de comunicación es superimportante.

La idea es que te sientas cómoda trabajando con esa persona y confíes en su experiencia. Durante una consulta o una entrevista inicial, pregúntale sobre su experiencia trabajando con clientes de tu entorno cultural, su visión de la planificación financiera y su comprensión de cualquier reto financiero especial que pudieras enfrentar. Se supone que estas personas serán tus aliadas en el proceso de creación de tu patrimonio, así que asegúrate de tomarte el tiempo necesario para encontrar un asesor culturalmente competente que pueda asegurarse de que recibas la guía y el apoyo necesarios para alcanzar tus objetivos financieros. Para darte un poco de inspiración sobre el poder que tiene trabajar con un profesional financiero, quiero contarte la historia de María.

María siempre había estado enfocada en darle un mejor futuro a su familia y asegurar su estabilidad económica. Sin embargo, sabía que no podía hacerlo sola. Estaba decidida a encontrar a un planificador financiero que pudiera guiarla a ella y a su familia hacia un plan de retiro multigeneracional.

Después de investigar a varios, María se topó con una extraordinaria profesional llamada Gloria. Gloria, latina también, se especializó en ayudar a familias a crear estrategias financieras integrales que abarcaran generaciones. Intrigada por su experiencia, María decidió agendar una cita para discutir los objetivos financieros concretos de su familia y sus aspiraciones. En su primer encuentro, María le habló de sus sueños de crear un futuro seguro para sus hijos y sus nietos. Le habló apasionadamente de la importancia de la educación financiera y su deseo de romper el ciclo de lucha económica que su familia había sufrido en el pasado. Gloria la escuchó con atención y empatizó con el anhelo de María de aportarles una base sólida a las futuras generaciones.

Impresionada por la determinación y la visión de María, Gloria creó un plan de retiro personalizado y multigeneracional para su familia. Tomó en cuenta la situación financiera actual de la familia, los flujos de ingresos y las metas a largo plazo. Gloria guio a María a través de diversas opciones de inversión, estrategias fiscales eficientes y técnicas para planificar su patrimonio. Con la orientación de Gloria, María y su familia empezaron a implementar el plan de retiro multigeneracional. Establecieron un fondo de emergencia, comenzaron a hacer aportaciones a sus cuentas de retiro y diversificaron sus inversiones para mitigar el riesgo. Gloria hizo mucho énfasis en la importancia de hacer revisiones y ajustes constantes para asegurarse de que el plan siguiera alineado conforme iban evolucionando las necesidades.

Con el paso de los años, María fue testigo de cómo se iba desenvolviendo el poder de su plan de retiro multigeneracional. Vio cómo el bienestar económico de su familia mejoraba considerablemente. Al ir creciendo sus hijos, se les inculcó la importancia de la educación financiera, así como habilidades para una gestión económica responsable. Platicó con ellos sobre la importancia de ahorrar, invertir y hacer planes para el futuro. Conforme fue pasando el tiempo, los hijos de María se volvieron económicamente independientes y tuvieron sus propias familias. Sin embargo, el legado de estabilidad económica y planeación inteligente siguió transmitiéndose de generación en generación, y los nietos de María crecieron con una base sólida de conocimiento financiero, preparados para hacer su propia travesía financiera.

María reflexionó muchas veces sobre su decisión de haberse acercado a una planificadora financiera como Gloria. No solo su experiencia le dio a su familia un mapa financiero muy firme, sino que además se convirtió en una confidente y mentora. La orientación de Gloria sobrepasó los números y las inversiones; genuinamente le importaba la familia de María y su bienestar a largo plazo. A través de su relación, la familia de María le encontró un nuevo significado a la seguridad económica, rompiendo las cadenas de los problemas económicos que habían azotado a las generaciones anteriores. María, orgullosa, fue testigo de la capacidad de su familia de crear un legado de prosperidad e independencia económica.

La historia de María y Gloria nos recuerda que buscar ayuda profesional, por ejemplo, de manos de un planificador financiero hábil, puede significar una diferencia tremenda en la construcción de un plan de retiro multigeneracional. Con la clase de experiencia y apoyo correctos, puedes superar dificultades económicas, crear un legado duradero y sentar una base firme para las demás generaciones. ¡Espero que eso te inspire a no tener miedo de pedir ayuda y a crear un equipo que te ayude a conseguir todo ese dinero!

## CAPÍTULO 9

# El amor y el dinero

## PROTEGERTE A TI MISMA DE ABUSO FINANCIERO, SEPARACIONES Y DIVORCIOS

El amor es complicado. El dinero es complicado. Mézclalos y todo se puede volver un desastre. Estados Unidos tiene la sexta tasa de divorcio más alta en el mundo: entre 40 y 50 por ciento de los matrimonios desembocan en divorcio. De acuerdo con una encuesta de SunTrust Banks realizada en línea a través de Harris Poll, 35 por ciento de las personas culpan a sus finanzas del estrés que experimentan en sus relaciones, y muchas veces en el centro de los problemas financieros de una pareja están las deudas.

¿Sabías que las mujeres son quienes solicitan casi 70 por ciento de los divorcios? A mí no me sorprende en lo absoluto. Creo que con la movilidad económica adquirida por las mujeres nuestra tolerancia a la desigualdad en las relaciones se ha desplomado. Cada vez menos mujeres estamos dispuestas a aceptar el mínimo esfuerzo de nuestras parejas en lo referente a manejar todo el trabajo no remunerado de llevar una casa y tener hijos, y las múltiples obligaciones adicionales de las que tantas de nosotras nos encargamos solas. Más mujeres tienen ahora la opción de terminar con relaciones abusivas sin preocuparse por las consecuencias económicas. Más mujeres ya no tienen que aceptar la masculinidad tóxica predominante en la cultura latina, que a tantas mamás y abuelitas dejó atrapadas en historias de maltrato.

Yo también sé lo que se siente estar frente a la decisión de abandonar una relación emocionalmente abusiva; incluso me divorcié cuando todavía estaba escribiendo este libro. Nunca me hubiera imaginado que me iba a divorciar a los treinta y tantos, pero eso fue exactamente lo que pasó el verano de 2022. Como muchas otras decisiones que tomé en mis veinte, casarme estaba en la lista de "cosas adultas que hacer" que estaba empeñada en cumplir, pero viéndolo en retrospectiva, ahora me doy cuenta del error que fue. No estaba pensando en las posibles consecuencias económicamente devastadoras a largo plazo de elegir un mal cónyuge. Solo me tenía que casar porque eso es lo que se espera que una haga, ¿no? Muchas de las personas mayores a nuestro alrededor nos meten en la cabeza el cuento de que el principal propósito en la vida de una mujer latina es casarse y parir a dos hijos uno tras otro. En Puerto Rico hay una palabra para una mujer cuyo "mejor momento" ya quedó atrás, no está casada, no tiene hijos, y tiene pocas posibilidades de lograr vivir cualquiera de esas "etapas cruciales en la vida". Se le dice "jamona". Qué horror.

En el libro de 1994 *Cuando era puertorriqueña*, autobiografía de Esmeralda Santiago, se explora este concepto de jamona a través de los ojos de la protagonista y narradora del libro, Negi. El nombre real de Negi es Esmeralda; le pusieron ese apodo de niña porque su piel era casi negra. Usar el calificativo de "negra" para una mujer de piel oscura y a veces decirlo de cariño es problemático, en mi opinión.

El interés de Negi en el amor y su interpretación de este y las relaciones cambia en el transcurso de la historia. De niña, cree que la relación de sus padres es normal; la crían con la idea de que todos los hombres tienen nulo control sobre sus impulsos sexuales y por eso tienen amantes. Sin embargo, cuando la relación de mami y papi se vuelve más caótica a consecuencia de la continua infidelidad de papi, Negi, para escapar de lo desagradable que es ver a sus padres pelear, empieza a fantasear con novios y amantes. Se ve de pronto atrapada entre los extremos de su familia y sus propias fantasías, y lucha, así, por tener una concepción personal de lo que es el amor y lo que hace que una relación sea buena o mala.

En contraste con esos romances idealizados, Negi también aprende que las mujeres pueden ser jamonas, lo que es equivalente a "quedada". Las jamonas se definen por la ausencia de una relación con un hombre, como si fuera algo negativo, mientras que se bromea sobre los hombres que no están en una relación con una mujer porque los consideran suertudos, no defectuosos. Aunque papi insiste en que Negi nunca será jamona, ella más adelante decide que estar sola deber ser mejor que llorar por hombres de quienes se espera que decepcionen a las mujeres de su vida. AMÉN, HERMANA.

Si bien *Cuando era puertorriqueña* no llega a una conclusión definitiva sobre el verdadero amor ni lo que determina que una relación sea buena y sana, la ensoñación adolescente de Negi sugiere que por lo menos aspira a tener una relación más amorosa y confiable que la de sus padres. Aparte, entender que ser jamona es mejor que recibir abusos sugiere que Negi sí se da cuenta de que solo hay una persona de quien pueda depender para recibir amor y cuidados y nunca sentirse abandonada: ella misma. Como dice el dicho, "mejor sola que mal acompañada". Oh, sí, amiga.

En nuestra cultura, la palabra "divorcio" es casi un sacrilegio. El divorcio no forma parte de la estructura familiar entre los latinoamericanos y su tejido cultural. Aunque casi la mitad de todos los matrimonios de Estados Unidos terminan en divorcio, en este país la familia no toma el divorcio como una tragedia ni una sorpresa. En cambio, para las familias latinoamericanas sigue habiendo un estigma negativo estampado en el divorcio, y deriva en estrés para todos los involucrados.[1] Si bien las cosas

---

[1] C. G. Ellison, N. H. Wolfinger y A. I. Ramos Wada, "Attitudes Toward Marriage, Divorce, Cohabitation, and Casual Sex Among Working-Age Latinos: Does Religion Matter?", *Journal of Family Issues*, vol. 34, núm. 3, 2012, pp. 295-322, doi:10.1177/0192513x12445458.

están cambiando entre las generaciones más jóvenes de latinas que crecieron en Estados Unidos, con valores estadounidenses, todavía se nota un fuerte estigma alrededor del divorcio en nuestra cultura. ¿Te casaste con una porquería de marido? Pues qué pena, hermana. Se espera que te aguantes por el bien de los hijos, como han hecho tantas mujeres antes que nosotras, ¿no? Sacrifica tu vida por los demás. Cállese y aguántese. Calladita te ves más bonita.

Mi exmarido era terrible con el dinero. Desde el día que nos conocimos, y en nuestros dieciséis años de relación, incluyendo nueve de matrimonio, eso nunca cambió. Dejó de pagar sus préstamos estudiantiles, sus tarjetas de crédito y los financiamientos de los coches. Iba acumulando todos los impuestos que no pagaba, lo detuvieron muchas veces por manejar tomado, y nunca pagó los cargos legales derivados de lidiar con ello. Los acreedores enviaban cartas constantemente a nuestra casa tratando de recuperar el dinero que se les debía. Él tenía un completo desinterés en todo lo relacionado con el dinero y en aprender a usarlo como herramienta para acumular riqueza.

Al ver el comportamiento irresponsable de mi esposo en lo relativo al dinero desde el principio de nuestra relación, decidí no mezclar nuestras finanzas cuando nos fuimos a vivir juntos a mediados de nuestros veinte. No me sentía cómoda atando mi dinero a su caos financiero. Ahora que lo pienso, debí haber tomado todo esto como una señal de no atarme a su caos, punto. No siempre, pero muchas veces la forma como una persona maneja su dinero es la forma como maneja muchas otras cosas. Pero, como dicen, todos los días se aprende algo. En el último año de nuestro matrimonio me di cuenta de que tomó sin mi consentimiento una de mis tarjetas de crédito y la sobregiró para cubrir cuotas legales que él no podía pagar. Eso es abuso financiero, señoras (en este capítulo vamos a hablar de cómo es y lo que implica).

Cuando por fin solicité el divorcio, después de averiguar que además había sido infiel todo el tiempo, entendí que el final de esa relación tóxica se dejó ver desde mucho antes. Estaba devastada emocionalmente, pero muy aliviada también. La razón es esta...

No le tuve que pagar a mi exmarido ni un solo dólar de mi bolsillo, aun cuando yo fui el sostén principal de la familia durante todo nuestro matrimonio. Construí múltiples negocios de seis cifras estando casada y en el momento de divorciarme tenía más de 500 000 dólares en inversiones y otros activos. Me concentré en recuperar mi salud mental después de terminar mi matrimonio sin tener que preocuparme además por mi seguridad económica. ¡Dios, qué bendición! ¿Y cómo demonios le hice para huir de un matrimonio tóxico de nueve años con mi dignidad económica intacta? Dos palabras: *acuerdo postnupcial.* ¿Nunca habías oído hablar de uno? No me extraña.

Los acuerdos prenupciales y postnupciales tienen un estigma enorme en la sociedad; conozco a muchas latinas que ni siquiera considerarían sacar uno; bueno, ni tocar el tema con su pareja, por las extrañas vibras asociadas a ellos. Es posible que hayas escuchado esto si alguna vez intentaste explicar a tu familia, tus amistades o tu prometido tu deseo de tener un acuerdo prenupcial:

*¿Por qué estás pensando en un acuerdo? ¡Es como si estuvieras planeando divorciarte!*

*No necesitamos un acuerdo prenupcial. No quiero tu dinero, ¡no estoy aquí por eso!*

*Es una manera terrible de empezar un matrimonio, no va a durar.*

Con el debido respeto, al diablo con eso. Estamos acumulando más riqueza de lo que pudo cualquier otra generación de mujeres antes que nosotras, y muchas la estamos poniendo en riesgo por no tener esta vital conversación antes de casarnos. El asunto es sencillo: hermana, si estás pensando en casarte, necesitas un acuerdo prenupcial. O si ya estás casada y no firmaste un acuerdo prenupcial, crea uno postnupcial. Porque la realidad es esta: el matrimonio es un contrato legal, y cuando ese contrato se termina irremediablemente, tú puedes decidir cómo se dividen los bienes adquiridos y creados durante el matrimonio, o la corte lo hará por ti. Y es muy probable que no te guste cómo se dividan las cosas, en especial si la que generaba ingresos eras tú.

### ¿Qué les pasa a tus bienes cuando no hay un acuerdo prenupcial?

Sin un acuerdo prenupcial, la división de bienes durante un divorcio se acoge por lo general a las leyes de la jurisdicción en que se esté realizando. En estados donde hay bienes mancomunados, como California, Arizona, Texas y varios más, los activos adquiridos durante el matrimonio se consideran propiedad de ambos, lo que quiere decir que son dueños a partes iguales. En el caso de un divorcio, el patrimonio se divide comúnmente en partes iguales entre la pareja, a menos que se llegue a un acuerdo distinto.

En los estados donde se da una distribución equitativa, entre los cuales se encuentran casi todos los demás del país, los bienes adquiridos durante el matrimonio no se dividen automáticamente en partes iguales. En cambio, la corte considerará varios factores para determinar una distribución justa y equitativa de los activos, como la contribución de cada cónyuge, sus necesidades financieras y su capacidad de generar ingresos.

Tanto en los estados donde se indican bienes mancomunados o una distribución equitativa, los activos considerados propios no suelen entrar en la división. Los bienes propios incluyen generalmente activos que cada cónyuge tenía antes del matrimonio, herencias o regalos que recibió durante el matrimonio y ciertos activos obtenidos a través de indemnizaciones por lesiones personales o sentencias.

Es importante mencionar que son normas generales, y las leyes y reglamentos específicos pueden variar dependiendo de la jurisdicción. Asimismo, ciertos tipos de bienes, como inversiones complejas o de negocios, podrían requerir una consideración adicional durante el proceso de repartir los bienes.

Hemos visto ejemplos de la vida real de mujeres que crean un imperio estando casadas y luego su matrimonio se hace pedazos.

De 2016 a 2018 Mary J. Blige, cantante y compositora ganadora de varios premios Grammy, recibió la orden de pagarle a su exmarido, Kendu Isaacs, 30 000 dólares al mes. Originalmente, los abogados de Isaacs habían pedido cuatro veces esa cantidad para ayudarlo a mantener su estilo de vida. Isaacs decía que "él había sufrido estrés físico y emocional por esta cuestión, que lo había terminado por mandar al hospital". El exmánager de la cantante dijo después que él se había vuelto "incontratable", sin su apoyo financiero quedaría "en la indigencia" y que pagar la renta le era "imposible".

La tantas veces nominada al Oscar dice que sus finanzas se mermaron a tal grado que ya no tenía recursos para pagar por su propia vivienda. Tuvo que irse de gira para pagar las cuentas y recuperarse de esa catástrofe económica.

No jodas.

## PRENUPCIAL *VERSUS* POSTNUPCIAL

Un acuerdo prenupcial es un contrato legal firmado por ambas partes antes de casarse, que detalla cómo se dividirán los bienes y las deudas en el caso de un divorcio o una separación. También puede abordar cuestiones como manutención del cónyuge y división de propiedades.

Un acuerdo postnupcial es un contrato legal similar que firman ambas partes *después* de casarse.

Los dos son herramientas útiles para las parejas que quieren proteger sus activos individuales o sus intereses financieros en el caso de un divorcio o una separación. También pueden ser útiles para clarificar las expectativas y evitar malentendidos referentes a las finanzas de la pareja.

Para crear un acuerdo prenupcial o postnupcial, por lo general ambas partes necesitan contratar a su propio abogado para que represente sus intereses. Trabajarán juntos entonces para negociar los términos del acuerdo y asegurar que sea legalmente vinculante y ejecutable.

Es importante mencionar que los acuerdos prenupciales y postnupciales pueden ser un tema sensible, y es preciso que las dos partes aborden el proceso con honestidad, transparencia y respeto mutuo. También es esencial asegurar que comprendan cabalmente los términos del acuerdo, y que este sea justo y equitativo para ambos.

### *Empezar la conversación*

Sacar el tema de un acuerdo prenupcial puede ser algo delicado y difícil, pero es una conversación importante que debes tener si piensas casarte y quieres proteger tus intereses financieros. Mi recomendación es que tengas la conversación mucho antes de la boda, de preferencia meses antes del gran día. Esto les da a los dos, a ti y a tu futura pareja, suficiente tiempo para platicar y negociar los términos del acuerdo, así como asegurar que no lo hagan apresurados ni presionados. No es el tipo de conversación que convenga postergar.

Yo no hice un acuerdo prenupcial, pero en 2021, hablando con mi planificadora financiera sobre dejar mi trabajo para volverme emprendedora de tiempo completo, me recomendó hacer un acuerdo postnupcial para garantizar que mi negocio (creado durante mi matrimonio), mis cuentas de retiro y otros activos estuvieran protegidos en caso de divorcio. ¡Dios, cómo agradezco haberla escuchado! Casi dieciocho meses después de hacer el postnupcial acabé solicitando mi divorcio, y no le debía a mi ex ni un centavo. No había pensión; no había división de bienes; él no recibía dinero de mi negocio. Nada. Estos documentos pueden literalmente salvar tu fortuna.

Pero ¿cómo mencionar siquiera que quieres un acuerdo prenupcial? Cuando le propuse a mi exmarido hacer un acuerdo postnupcial, le dije que mi planificadora financiera lo había recomendado para proteger los intereses financieros de los dos.

Cuando traigas a colación el tema de un prenupcial o postnupcial es importante ser abierta y honesta con tu pareja sobre los motivos por los que quieres uno. Explícale que no estás planeando el fracaso de su matrimonio; simplemente quieres asegurarte de que ambas partes estén protegidas en caso de divorcio o separación. Subraya los beneficios de un acuerdo prenupcial con tu pareja, tales como la paz mental que les puede traer a los dos en caso de alguna circunstancia inesperada y el hecho de que les puede ayudar a aclarar sus expectativas financieras y evitar malentendidos.

---

### Apuntes para un acuerdo prenupcial

Incluso si no te sientes segura de tu decisión a pedir un acuerdo prenupcial o postnupcial, la sola idea de iniciar la conversación, sobre todo si sientes que tu pareja no está siendo muy receptiva, puede ser superangustiante. Aquí algunas ideas que puedes usar para empezar.

**Futuras metas financieras:** "Hablemos de nuestras metas financieras a largo plazo y de cómo un acuerdo prenupcial nos puede ayudar a cuidarlas".

**Protección de bienes:** "Si consideramos los bienes que cada uno trajo al matrimonio, ¿cómo podemos estar seguros de protegerlos en caso de una separación o un divorcio?".

**Manejo de deudas:** "Los dos tenemos préstamos estudiantiles y otras deudas. ¿Cómo podemos encararlas y protegernos individualmente?".

**Negocios:** "Si uno de nosotros es dueño de un negocio o planea empezar un negocio en el futuro, ¿cómo podemos salvaguardarlo en caso de que se disuelva el matrimonio?".

**Herencia y bienes familiares:** "Platiquemos de cómo podemos conservar cualquier herencia o patrimonio familiar que sea importante para nosotros o nuestras familias".

**Disparidad de ingresos:** "Dado que nuestros ingresos pueden diferir ahora o en el futuro, ¿cómo podemos crear un acuerdo financiero justo que tome en cuenta posibles disparidades de ingresos?".

**Hijos de otras relaciones:** "Dado que tenemos hijos de relaciones anteriores, ¿cómo podemos asegurarnos de que sus intereses estén protegidos a través de un acuerdo prenupcial?".

**Pensión y manutención conyugal:** "¿Qué opinas de la manutención conyugal o la pensión alimenticia en caso de una separación o un divorcio? ¿Cómo podemos abordar estas cuestiones en un acuerdo prenupcial?".

**Transparencia económica:** "Hablemos de cómo un acuerdo prenupcial puede promover la transparencia financiera y ayudarnos a fomentar la confianza en nuestra relación".

**Protección legal y paz mental:** "Un acuerdo prenupcial puede darnos protección legal y paz mental en caso de circunstancias imprevistas. ¿Qué opinas de eso?".

Será importante escuchar las inquietudes de tu pareja y tratar cualquier duda o reserva que pueda tener sobre un acuerdo prenupcial. Sé paciente y comprensiva, y trata de encontrar un punto medio. Considera consultar con un abogado familiar o un asesor financiero que te pueda guiar a través del proceso de crear un acuerdo pre- o postnupcial para garantizar que sea justo y equitativo con ambas partes. Sacar el tema de los prenupciales con honestidad y apertura, y centrados en el beneficio mutuo, puede ayudar a asegurar que se dé una conversación positiva y productiva.

## ABUSO FINANCIERO: ES MÁS COMÚN DE LO QUE CREES

Los estudios han demostrado que en 99 por ciento de los casos de maltrato doméstico la gente informa también de un grado de abuso financiero. En los entornos de políticas y defensoría, el abuso financiero se conoce como "abuso oculto" porque no aparece de la manera como se espera. Precisamente por esto es tan peligroso y debemos saber exactamente en qué consiste.

### ¿Qué significa "abuso financiero"?

Dentro del contexto de cualquier relación, el abuso financiero en su sentido más básico es cuando una persona se ve obligada a ser dependiente económica de otra. Tal vez el que abusa controla los recursos financieros de la persona. Tal vez quien abusa se aprovecha de su propia ventaja financiera en diferentes ámbitos. Las caras del abuso financiero varían según la situación y según la relación.

El hilo conductor en todas las formas de abuso son el abuso de poder, el control y la manipulación. Jennifer Toledo, educadora financiera y fundadora de la plataforma educativa Talk Finances to Me, me contó que sus padres puertorriqueños la criaron para ser muy responsable con su economía. Su mamá fue la primera mujer de su familia en terminar la preparatoria. Jennifer empezó a trabajar a los catorce años, se mudó sola a los diecinueve y tuvo su primer hijo a los veintiuno. Se mantenía a sí misma y a su hijo cuando empezó una relación que acabó siendo sumamente tóxica. Narra: "Al principio estaba enamoradísima. Él no hacía nada mal. Pero al final sabía que no podía afrontar yo sola nuestros gastos compartidos, así que, para mantenerme en la relación, amenazaba con dejarme con todos los gastos. Yo sabía que tenía que ahorrar dinero para poder irme". Le tomó tiempo, pero se siente muy agradecida de haber logrado crear el fondo de emergencia necesario para hacerlo.

Por un lado, como cualquier forma de maltrato, el abuso financiero puede dejar a la gente sintiendo dolor, vergüenza y remordimiento por haberse quedado en esa relación. Por otro lado, los efectos pueden ser muy tangibles y causar en tu sustento un estrago que dure varios años.

Dependerá de cómo sea el abuso financiero, pero el impacto directo puede ser quedarte sin acceso a las necesidades básicas, como la vivienda, quitándote la capacidad de tener una mínima independencia económica o afectando de manera negativa tu poder financiero (por ejemplo, dañar tu historial crediticio, limitar tus oportunidades de empleo, obligarte a declararte en bancarrota o exigir el cobro de tus deudas).

Puesto que parte de la intención detrás del abuso es aislar a las personas, puede ser todavía más difícil que alguien que está siendo maltratada económicamente encuentre apoyo. Esto aumenta el abuso financiero y le dificulta dejar la relación, dado lo dependiente que puede haberse vuelto del maltratador por necesidad.

### *Señales de abuso financiero*

El abuso financiero puede tener muchas caras. Estos son algunos focos rojos que puedes buscar:

#### Control directo de los recursos financieros
- Tomar tu dinero sin tu consentimiento.
- Usar tus tarjetas de crédito sin tu consentimiento.
- Exigir el control de tu sueldo.
- Obligarte a seguir un presupuesto.
- Microadministrar tus ingresos, egresos y gastos.
- Exigir que hagas de su conocimiento en qué gastas cada centavo de tu dinero.
- Obligarte a tener cuentas conjuntas.
- Abrir tus estados de cuenta del banco sin tu consentimiento.
- Necesitar que lo rescates de cada problema financiero en el que pueda estar metido.

### Sabotear el acceso a los recursos financieros

- Incrementar tu saldo en las tarjetas de crédito y no pagarlo.
- Poner todas las facturas a tu nombre.
- Evitar que abras cuentas de banco.
- Limitar tu capacidad de ir a trabajar.
- Presionarte para que dejes tu trabajo.
- Juzgar tu trabajo y tus decisiones laborales.
- Usar en tu contra las disparidades entre sus ingresos o algún privilegio económico.

### Coerción o amenaza de tu seguridad financiera

- Amenazar con dejar el hogar sabiendo que no puedes costear vivir por tu cuenta.
- Obligarte a seguir un presupuesto que no puedes costear de manera realista.
- Amenazarte con dejar de darte dinero.

Cuando combinas cualquier cantidad de estas distintas señales de advertencia, queda claro por qué es tan difícil dejar una relación económicamente abusiva. El poder de los abusadores es que muchas veces los necesitas para mantener tu nivel de vida, pues controlan los recursos financieros. Poder dejar este tipo de relación es toda una hazaña, pero pasar de un ingreso doble a uno solo puede ser un proceso difícil.

Después de mi divorcio, la vida se volvió mucho más cara. Ahora de pronto tenía que pagar renta, servicios, seguro de gastos médicos y otras cosas por mi cuenta. Siendo la mujer que sostenía a su familia en el matrimonio, conservé mi independencia económica, pero muchas mujeres sufren debacles financieras al divorciarse. Para las que eran dependientes de su marido, ajustarse a un estilo de vida con un único ingreso puede representar una dificultad especial. De acuerdo con un estudio publicado por la Oficina de Contabilidad del Gobierno de Estados

Unidos, el ingreso familiar de las mujeres baja un promedio de 41 por ciento después de su divorcio, mientras que el ingreso familiar de los hombres cae solo 23 por ciento. Los hechos son claros: un hombre no es un plan financiero. Necesitas protegerte a ti y a tu riqueza, y ser una persona independiente económicamente para evitar volverte víctima de maltrato financiero.

Si tú o alguien que conoces está sufriendo abuso financiero o se encuentra en peligro, por favor visita la página nnedv.org o llama a la Línea Nacional de Violencia Doméstica de Estados Unidos, al 1-800-799-7233 y teletipo 1-800-787-3234, o llama al 911 si no corres riesgo.

## CÓMO TENER CONVERSACIONES SANAS SOBRE DINERO CON TU PAREJA

El dinero puede ser un tema sensible en las relaciones, y los desacuerdos sobre las finanzas pueden conducir fácilmente a conflictos. Muchas parejas tienen problemas para hablar abiertamente de dinero. No tiene que ser así. Las parejas sanas pueden acordar no estar de acuerdo sobre algunas cosas, pero cuando cada uno tiene responsabilidades financieras dentro de la relación y más allá, discutir las metas financieras y las estrategias es crucial.

Dasha Kennedy, activista financiera y fundadora de la plataforma educativa Broke Black Girl, me dijo que no fue sino hasta que ya estaba pasando por el proceso de divorcio cuando tuvo conversaciones importantes de dinero con su ex, y le hubiera gustado que fueran al principio de su relación. "Aprendí muy rápido que teníamos una vida financiera combinada. Ojalá hubiera hecho más preguntas antes, como: '¿Vamos a tener cuentas separadas? ¿Quién va a pagar las cuentas? ¿Tienes deudas?'". Cuando se separó de su ex, se convirtió de pronto en madre soltera de dos niños, y vivía con un solo ingreso. El impacto financiero fue inmediato. Su consejo: "Nunca cedas el control, sigue participando en las finanzas familiares desde el inicio".

Si ignoramos los problemas de dinero que tenemos con nuestras parejas, a la larga vamos a crear más problemas. No obstante, al entablar una comunicación abierta, establecer metas compartidas y practicar la responsabilidad financiera, puedes evitar peleas por dinero y construir una base financiera más sana para tu relación. Estos son mis mejores consejos para sortear las conversaciones de dinero con tu amorcito.

**Busca el momento adecuado.** Cinco minutos después de que tu pareja llega a casa con un costoso reloj nuevo o pasa frente a ti con un nuevo vestido de diseñador no es el mejor momento para hablar de dinero. Vas a estar muy molesta como para evitar una pelea. Elige un momento para abrir la conversación cuando los dos estén descansados y no preocupados ni estresados por el trabajo o la familia.

**Discute primero los valores y las metas.** Es importante comprender las historias financieras de cada uno. Algunas personas crecieron creyendo que todas las deudas eran malas, mientras que otros están bien con "buenas" deudas, como hipotecas y gastos de escuela. Explica tus actitudes internalizadas sobre el dinero y anima a tu pareja a hacer lo mismo. Eso los ayudará a comprenderse mutuamente cuando hablen sobre valores y metas. ¿Tienen un plan a largo plazo como pareja? ¿Comparten el objetivo de comprar una casa o irse de vacaciones?

Una forma de hablar con tu pareja de dinero sin pelear es usar escenarios de "¿Y si...?", tanto positivos como negativos. ¿Y si ganaras la lotería? ¿Y si te quedaras sin trabajo? Eso te ayudará a comprender los objetivos que son importantes para ambos, así como la forma en que sus actitudes respecto al dinero influyen en cómo estos se manifiestan.

**Establezcan objetivos económicos compartidos y decidan cómo dividir sus ingresos.** A partir de la diferencia entre sus ingresos, tu pareja y tú podrían elegir uno de los siguientes métodos para dividir sus ingresos.

Podrían decidir que cada uno aporte un porcentaje idéntico de sus ingresos a los gastos compartidos. Por ejemplo, si uno gana 60 por ciento del ingreso de la casa y el otro gana 40 por ciento, pueden contribuir en consecuencia para cubrir los gastos compartidos. Este método asegura una distribución justa de la responsabilidad financiera a partir de los ingresos.

Si hay brechas considerables entre tus ingresos y los de tu pareja, una contribución proporcional podría tener más sentido. En este escenario, cada uno contribuye a los gastos compartidos según sus ingresos. Por ejemplo, si un miembro de la pareja gana 4000 dólares al mes y el otro gana 2000, podrían contribuir a los gastos compartidos en un índice de 2:1. De esta manera, si la renta es de 1200 dólares, la persona A paga 800 dólares de la renta y la persona B, 400. Un sitio genial para ayudarte a hacer estos cálculos rápidamente es https://split.rent/.

Identifiquen juntos los objetivos económicos comunes, como ahorrar para una casa, pagar deudas o planificar su retiro. Tener metas compartidas les ayudará a priorizar sus gastos y tomar decisiones que se alineen con sus objetivos.

**Hagan juntos un presupuesto.** Una vez que tengan idea de cuáles son sus metas y de la "personalidad" de cada uno respecto al dinero (ahorrar y economizar, o gastar e ir pagando después), pueden seguir escarbando hasta llegar a los aspectos prácticos de su situación financiera. Hagan juntos un presupuesto que muestre cuánto entra y cuánto sale cada mes. Siéntense a discutir sus metas financieras y distribuyan sus fondos en distintas categorías, como ahorro, facturas, inversiones, entretenimiento y pago de deudas. Sé honesta con tu pareja sobre cuánto ganas y cuánto estás dispuesta a aportar para sus gastos mutuos. Si le escondes dinero o activos a tu pareja y algún día se separan, podrías tener que revelarlos como parte de una orden de manutención conyugal. El divorcio nunca es fácil, pero se puede poner muy feo cuando una de las partes descubre que la otra le ha estado ocultando dinero por años. (Nota: esto no se aplica si tú o alguien que conoces está tratando de escapar de una relación abusiva. En este caso, tener dinero sin que el agresor lo sepa es un salvavidas que puede llevarte a un lugar seguro, así que ocúltalo si puedes).

**Decidan cuál será su sistema de manejo económico.** Manejar el dinero como pareja es un aspecto esencial para tener una relación financiera sana. Tu pareja y tú tienen varias opciones de dónde elegir para manejar juntos sus ingresos.

**Cuentas conjuntas:** Puedes elegir vincular sus finanzas con cuentas de banco conjuntas. Todos los ingresos y los gastos se comparten, y ambos tienen el mismo acceso a los fondos. Este método promueve la transparencia económica y simplifica la gestión del dinero, pero también puede llevar a un abuso financiero en las relaciones equivocadas.

**Cuentas separadas:** Tu pareja y tú quizá prefieran tener sus finanzas aparte y conservar sus cuentas de banco individuales. En este escenario, cada uno es responsable de sus propios gastos y contribuyen a los gastos comunes a través de un acuerdo predeterminado. Este método les otorga autonomía individual y podría ser útil cuando tu pareja y tú tengan hábitos de consumo u objetivos financieros diferentes.

**Una mezcla de cuentas separadas y conjuntas:** También pueden elegir adoptar un manejo híbrido al combinar cuentas de banco conjuntas y separadas. Pueden tener una cuenta conjunta para los gastos compartidos, como la renta, los servicios y la despensa, mientras que mantienen cuentas individuales para sus gastos personales. Este método les permite tanto compartir responsabilidades financieras como tener libertad económica individual.

**Conservar su independencia económica individual.** Al compartir objetivos y responsabilidades financieras, es importante mantener cierta independencia económica. Cada uno debería tener un fondo discrecional personal para gastar a placer, sin que el otro lo tenga que aprobar ni cause conflictos. Sí, deberían tener objetivos financieros compartidos en los que trabajen juntos, pero no dejes que nadie te diga que no puedes gastar EN TI MISMA el dinero que ganas con tu esfuerzo.

**Apuesten a sus fortalezas.** Reconozcan quién de ustedes es mejor para pagar las facturas a tiempo, ahorrar, invertir y manejar las deudas. Luego dividan sus responsabilidades financieras de acuerdo con sus fortalezas. No culpen ni avergüencen a su pareja por ganar menos dinero o por mantener ahorros separados para financiar sueños personales que tú no compartes.

Tal vez uno de ustedes aporte sistemática y constantemente un ingreso. El otro podría ser artista o músico con menos ingresos seguros, pero posee una gran inventiva para comprar cosas de segunda mano. Maximicen su esfuerzo juntos aprovechando los dones y talentos de cada quien.

**Agenden citas para ver sus finanzas.** Agenden citas periódicas para revisar su situación financiera, registren el progreso hacia sus objetivos y hagan ajustes si es necesario. Encuentren un ambiente tranquilo y cómodo en el que puedan tener una conversación abierta y centrada. Podría ser en casa, en su café favorito o en un lugar tranquilo al aire libre. Determinen los tópicos que quieren discutir durante la cita. Podrían incluir presupuestos, objetivos de ahorro, manejo de deudas, estrategias de inversión o cualquier otra inquietud financiera que tengan. Recuerda que una cita para hablar de dinero no tiene que ser toda seria y formal. Incorpora elementos divertidos y relajados. Consideren regalarse una rica comida, disfrutar juntos alguna actividad o recompensarse por su esfuerzo financiero. Esas citas para hablar de dinero deberían volverse algo que ambos esperen con gusto; así se creará un ritual en el que los dos se junten para hablar de lo que les preocupa, revalorar prioridades y tomar decisiones compartidas.

**Busquen ayuda profesional.** Si están batallando en el manejo de sus finanzas o tienen conflictos recurrentes, consideren buscar la guía de un planificador financiero, un experto en la gestión del dinero o un consejero matrimonial o de relaciones. Les pueden dar una perspectiva objetiva y ayudarles a crear estrategias para superar sus dificultades.

Recuerda: la comunicación abierta, el respeto mutuo y compartir un compromiso con el bienestar financiero es esencial para no pelear por dinero y para sentar bases económicamente fuertes en su relación. Sí es posible hablar de dinero sin pelear si eres astuta para elegir el momento y, sobre todo, si son honestos el uno con el otro sobre sus ingresos, deudas y actitudes respecto al ahorro y la inversión. Que no te dé miedo tener conversaciones difíciles sobre dinero; son una oportunidad para fortalecer sus lazos, mejorar su conocimiento financiero y aplicarse en lograr un futuro juntos que sea económicamente sólido.

# CAPÍTULO 10

# Pasos de mami rica

¡Mírate, hermana, allá vas! Estás aquí, haciendo unos buenos movimientos de dinero, creando riqueza ¡y arrasando! Vas más que encaminada a **convertirte** en esa agente de cambio de la riqueza generacional que tus ancestros solo pudieron soñar. Como se nos ha impedido sistemáticamente alcanzar esa riqueza, se vuelve más importante hacer lo que yo llamo pasos de mami rica. En este capítulo trataremos las protecciones legales que puedes establecer y que te permitirán crear un plan para la riqueza que has acumulado, asegurando que se transfiera a las futuras generaciones de tu familia.

Hablar de planificar la herencia y, francamente, de la muerte puede extraer un montón de sentimientos que quizá no tengas ganas de enfrentar. Pero el hecho es que solo hay dos certezas en la vida: los impuestos (a menos que seas Jeff Bezos o Elon Musk, por lo visto) y la muerte. Así, pues, no vamos a ignorar la realidad y vamos a entregar el máximo regalo de amor: un plan para nuestro dinero, respaldado legalmente, para cuando ya no estemos. Pero eso no es lo único de lo que hablaré en este capítulo. Como mujeres, también tenemos que protegernos de cosas que puedan ocurrir en nuestro tiempo de vida, como perder a nuestra pareja, urgencias médicas que necesiten de alguien que actúe financieramente en nuestro lugar, y mucho más.

## PLANIFICA TU HERENCIA

¿Cómo proteges todo ese trabajo duro que hiciste y te aseguras de que la riqueza que creaste viva para siempre? Requiere hacer cosas que creías que solo eran para los multimillonarios. Lo que has creado se llama patrimonio, y ese bebé necesita protección. Sip, ¡me escuchaste bien! ¡Tienes todo un jodido patrimonio! Espera... ¿qué es eso?

### *Pero primero... ¿qué es el patrimonio?*

Se refiere simplemente a todas las cosas de valor que poseas. Estamos hablando de cuentas de banco, casas, acciones, criptomonedas, el anillo de compromiso de tu abuela, ese auto que estás manejando. Todo lo que posees es parte del patrimonio que heredarás. El patrimonio también puede hacer referencia a la entidad legal creada cuando una persona muere, la cual es responsable de manejar y distribuir sus bienes de acuerdo con su testamento o las leyes de intestado (es decir, el estado de morir sin testamento). En este contexto, el patrimonio también puede incluir cualquier deuda u obligación que el difunto tenga en el momento de su muerte. El proceso de tramitar la sucesión del patrimonio, incluyendo identificar y valuar bienes, pagar deudas e impuestos, y distribuir los activos remanentes entre los herederos se llama administrar la herencia. Para que este proceso sea más sencillo, debes tener un plan de herencia.

"La creencia general dentro de la comunidad hispana es que los testamentos y todos los temas de planificación económica solo son para los ricos", dice María Victoria Colón, contadora pública certificada que enseña educación financiera en redes sociales con Dinero en Spanglish. El papá de Colón murió intestado hace cinco años. Dice que, si bien planificar tu herencia puede costar dinero de entrada, no tener un plan puede consumir tiempo y mucho más dinero de los beneficiarios, quienes deberán pagar cuotas legales después de que su ser querido haya muerto.

Colón ha gastado más de 2500 dólares en cuotas legales para organizar los documentos necesarios para poder recibir los bienes de su padre, y todavía no acaba. Mientras tanto, escribir tu propio testamento puede ser tan barato como usar una platilla que encuentres en línea y llevarla a una notaría, dice, pero recomienda consultar con un abogado experto en planificación patrimonial. Colón también comenta que algunos empleadores ofrecen servicios legales como prestación a sus empleados, y una posible manera de aprovecharlos es hacer tu testamento. Así fue como yo obtuve mi propio plan de herencia. La empresa para la que trabajaba te ofrecía como empleado un seguro de asistencia jurídica a través de Arag Legal por 12 dólares al mes. ¿El costo total que yo tenía que cubrir además de la deducción de 12 dólares en mi nómina? Cero.

También puedes revisar páginas web como trusandwill.com para crear un plan de herencia en línea.

¿Todavía crees que no necesitas uno? Piensa: ¿cuántas veces has ido a un funeral o has oído hablar de dramas familiares y pleitos por ver quién se queda con la casa? No necesitas repetir ese relajo. De hecho, puedes evitar gran parte del drama hablando con tu familia sobre lo que poseen, a quién quieren dejárselo cuando ya no estén, e incluso quién cuidará de tus hijos en el supuesto de que algo te pasara. Es importante averiguar si tienen sus testamentos escritos y repasar las implicaciones de no tener uno si es que las desconocen.

### Por qué necesitas planificar tu herencia

Además de facilitarle las cosas a tu familia, tener un plan de herencia es importante porque te permite controlar cómo se distribuirán tus bienes y propiedades después de tu muerte, y puede ayudar a minimizar la carga de tus seres queridos en un momento difícil. Hay muchas razones para crear este plan, pero algunas de las más importantes son:

**Puedes evitar los juicios testamentarios:** Uno de los motivos principales de tener un plan de herencia es evitar el juicio testamentario, que es un proceso legal después de que alguien muere para validar su testamento, pagar sus deudas y distribuir sus bienes. Puede ser un proceso largo y costoso, y puede tenerte en juicio varios meses o incluso años. Durante ese tiempo, es posible que tus seres queridos no tengan acceso a los bienes que necesitan para pagar las cuentas ni cubrir los gastos. El juicio testamentario es un proceso público, lo que quiere decir que tu testamento y otros documentos se volverán parte del registro público. Esto puede llevar a inquietudes sobre la privacidad y podría facilitar que los acreedores y otras partes interesadas impugnen tu testamento. Por último, los juicios testamentarios pueden ser impredecibles, ya que un juez podría tener la última palabra en la distribución de tus bienes, incluso si no concuerdan con tus deseos. ¡Y nadie tiene tiempo para eso!

**Puedes proteger tus bienes:** Un plan de herencia puede ayudar a proteger tus bienes de acreedores, demandas y otras amenazas. Al crear fideicomisos y otras estructuras legales, puedes asegurar que tus bienes pasen a tus beneficiarios de una manera que los proteja de fuerzas extrínsecas, como los acreedores o ese familiar despreciable que no está tramando nada bueno.

**Puedes cuidar a tus seres queridos:** Al crear un testamento o un fideicomiso, puedes asegurar la manutención de tus seres queridos después de tu muerte. Puedes nombrar tutores para tus hijos menores de edad, mantener a miembros de tu familia con necesidades especiales y asegurarte de que tus bienes se distribuyan de acuerdo con tus deseos.

**Puedes minimizar las obligaciones legales de tu herencia:**
Con un plan de herencia puedes minimizar los impuestos
que tu patrimonio deba pagar después de tu muerte. Esto
ayuda a asegurar que tus seres queridos reciban lo más posible. Existen diversas formas para hacer que esto suceda.

- Si tu patrimonio está valuado por encima de cierto margen, podría quedar sujeto a impuestos federales. Sin
  embargo, hay formas de minimizar o eliminar los impuestos federales sobre el patrimonio por medio de un **plan
  de herencia.** Por ejemplo, puedes hacer regalos a lo largo de tu vida para reducir el tamaño de tu patrimonio, o
  puedes establecer un fideicomiso para retener tus activos y reducir el valor tributable de tu patrimonio.
- Si planeas dar regalos a tus seres queridos a lo largo de
  tu vida, podrías estar sujeta a **impuestos sobre las donaciones.** Sin embargo, hay formas de minimizar o eliminar
  los impuestos sobre las donaciones a través del plan de
  herencia. Por ejemplo, puedes usar la exclusión anual del
  impuesto sobre las donaciones dando regalos libres de
  impuestos hasta cierta cantidad cada año, o puedes hacer
  donaciones libres de impuestos con ciertos propósitos,
  como pagar los gastos médicos o académicos de alguien.
- Tu plan de herencia también puede ayudarte con los
  **impuestos sobre la renta.** Por ejemplo, puedes usar ciertos tipos de fideicomisos, como el fideicomiso del otorgante, para disminuir tus ingresos tributables a lo largo de
  tu vida. También puedes planear la distribución de tus bienes para minimizar los impuestos para tus beneficiarios.
- Si eres dueña de tu negocio, tu plan de herencia puede
  ayudar a minimizar los impuestos cuando se transfiera
  el patrimonio a tus herederos como parte de tu **plan de
  sucesión de negocios.** Por ejemplo, puedes establecer un
  acuerdo de compraventa para transferir la propiedad a tus

herederos a un precio menor, o puedes usar una sociedad familiar limitada para transferir la propiedad sin dejar de conservar el control.

---

### ¿Cómo afecta el juicio testamentario un plan de herencia?

El proceso del juicio testamentario puede variar dependiendo de si la persona contaba con un plan de herencia o no. Consideremos ambos escenarios para ver cuál te suena mejor *(una pista: conviene tener un plan).*

**Sin un plan de herencia:** Si una persona muere sin un plan de herencia (también conocido como morir intestado), el juicio testamentario puede ser más complicado y largo. En este caso, la corte señalará un ejecutor para manejar todos los bienes y propiedades del difunto. El ejecutor suele ser un miembro de la familia o un amigo cercano del difunto.

El ejecutor tendrá que identificar y juntar todos los bienes del difunto, pagar cualquier deuda sustancial e impuesto, y distribuir los bienes remanentes entre los herederos del difunto, de acuerdo con las leyes de intestado, las cuales determinan cómo se distribuyen los bienes cuando una persona muere sin tener testamento o un plan de herencia.

Pueden pasar varios meses antes de que el proceso esté completo, y puede ser caro, ya que el ejecutor necesitará contratar un abogado para que lo asista en el juicio.

**Con un plan de herencia:** Si una persona muere teniendo un plan de herencia, el juicio testamentario puede darse con mucha mayor rapidez y menos trabas. El plan de herencia puede incluir un testamento, un fideicomiso o ambos. Un estamento es un documento legal que detalla cómo se deben distribuir los bienes de una persona fallecida después de su muerte. Un fideicomiso es una entidad legal que contiene los bienes de la persona difunta y los distribuye entre los beneficiarios de acuerdo con los términos que indique el fideicomiso.

Si el difunto tiene un testamento, el ejecutor nombrado en este será el responsable de manejar los bienes y propiedades del difunto. El ejecutor tendrá que identificar y juntar todos los bienes del difunto, pagar cualquier deuda sustanciosa e impuestos, y distribuir los bienes restantes entre los beneficiarios del fallecido según se determine en el testamento.

Si el difunto hizo un fideicomiso, los bienes ahí contenidos se distribuirán de acuerdo con los términos señalados y es posible que no se necesite para nada un juicio testamentario.

En general, tener un plan de herencia facilita muchísimo el proceso y lo vuelve menos caro para todos los involucrados.

## DOCUMENTOS ESENCIALES EN UN PLAN DE HERENCIA

Entonces sabes que quieres planificar tu herencia, pero ¿cómo es eso exactamente? Pues, por elegante que suene, un plan de herencia simplemente es un conjunto de documentos legales e instrucciones que detallan cómo se deberán manejar y distribuir los bienes y asuntos de una persona después de su muerte. Estos son los documentos más importantes que deberías incluir en tu planificación:

### *Testamento y última voluntad*

Una última voluntad y testamento, también conocida simplemente como *testamento*, es un documento legal que detalla cómo se gestionarán los bienes y asuntos de una persona tras su muerte. Permite que la persona, llamada el testador, especifique quién recibe sus bienes, cuánto recibe cada beneficiario y quién será responsable de dar cumplimiento a sus deseos.

En una última voluntad y testamento, el testador puede nombrar un ejecutor, quien será el responsable de hacer la distribución de los bienes y cumplir los deseos del testador. Los deberes del ejecutor podrían incluir pagar deudas, impuestos y otros gastos; recolectar y distribuir los bienes, y llenar los documentos legales que sean necesarios.

Por lo general, una última voluntad y testamento cubre la distribución de bienes como dinero, propiedades y pertenencias personales. También puede incluir instrucciones para el funeral del testador y el cuidado de cualquier niño menor de edad o mascota. ¡No creerías las cosas tan locas que algunas personas han incluido en sus testamentos!

En 2004, la multimillonaria hotelera Leona Helmsley dejó instrucciones para que su fortuna de 4 mil millones de dólares se gastara en cuidar perros, aparentemente después de reconsiderar un borrador anterior donde les dejaba su fortuna a los pobres. Su maltés de nueve años, Trouble, recibió 12 millones de dólares en su testamento, y sus nietos quedaron fuera o recibieron la orden de visitar la tumba de su padre cada año para poder recibir su parte. Más tarde, un juez redujo la herencia de Trouble a 2 millones, aunque el perro de todas maneras se tuvo que esconder por amenazas de muerte y secuestro.[1] En serio, no puedo con esto.

Oprah (que sigue viva, gracias a Dios) estableció un fideicomiso de 30 millones para sus perros, para que sigan recibiendo cuidados y un excelente trato. Planea dejar el grueso de su patrimonio de 3 mil millones a la caridad. "Cuando me vaya, todo lo que tengo quedará en la beneficencia porque no tengo hijos. Y creo que eso es lo que una debe hacer —dijo—. A quien mucho se le da, mucho debe dar".[2] Salud por dejar un legado que vivirá mucho después de que ella haya dejado este plano terrenal. ¡Nos encanta verlo, reina!

Sin embargo, es importante mencionar que una última voluntad y testamento solo cubre el patrimonio que el testador posee de manera individual en el momento de su muerte. Los bienes conjuntos o los que ya se hayan asignado a un beneficiario, como pólizas de seguros o cuentas de retiro, no pueden entrar en un testamento.

---

[1] https://www.theguardian.com/money/2015/aug/25/10-strangest-wills-finances-death.
[2] https://www.pierchoskiestatelaw.com/19-weird-will-requests-inspiring-us-to-think-outside-the-box/.

Para crear una última voluntad y testamento, el testador debe estar en su sano juicio y tener por lo menos dieciocho años. El documento debe estar por escrito, firmado por el testador y con al menos dos testigos que no sean beneficiarios nombrados en el testamento.

Para que una última voluntad y testamento sea legalmente vinculante debe pasar por un juicio testamentario, el proceso legal que valida el testamento y supervisa la distribución de los bienes.

### *Fideicomisos*

Un fideicomiso es un acuerdo legal en el que una persona (conocida como el fideicomitente u otorgante) transfiere la propiedad de sus bienes a un administrador, quien los maneja en nombre de los beneficiarios. El otorgante crea un documento en el que señala los términos del fideicomiso, tales como quiénes son los beneficiarios, cómo y cuándo recibirán distribuciones del fideicomiso, y quién será el administrador.

Hay varios tipos de fideicomisos, cada uno con sus propias características y usos. Algunos tipos comunes son:

**Fideicomiso en vida revocable:** Este tipo de fideicomiso se crea en vida del otorgante, quien lo puede modificar o terminar en cualquier momento. El otorgante sirve por lo general como el administrador inicial y retiene el control de los bienes en el fideicomiso. A su muerte, lo sucede otro administrador, que es quien distribuye los bienes a los beneficiarios mencionados en el fideicomiso.

**Fideicomiso irrevocable:** Un fideicomiso irrevocable es aquel que el otorgante no puede modificar ni terminar una vez creado. Este tipo de fideicomiso se suele usar con el propósito de hacer una planificación fiscal y proteger los bienes. El otorgante cede el control de los bienes al administrador, quien los maneja en nombre de los beneficiarios.

**Fideicomiso testamentario:** Este tipo de fideicomiso se crea a través del testamento de una persona y entra en vigor a su muerte. El fideicomiso se puede usar para mantener a hijos menores de edad o a otros beneficiarios que no puedan manejar sus propios bienes.

**Fideicomiso para personas con necesidades especiales:** Este tipo de fideicomiso está diseñado para proveer a los beneficiarios que tengan una discapacidad, sin descalificarlos de recibir beneficios del gobierno. El fideicomiso se puede usar para pagar gastos de atención médica y de manutención.

**Fideicomiso de beneficencia:** Un fideicomiso de beneficencia se crea para apoyar una causa o beneficencia concreta. El fideicomiso provee una fuente de ingresos a la beneficencia durante un periodo específico de tiempo o a perpetuidad.

**Fideicomiso para evitar derroches (*spendthrift*):** Este tipo de fideicomiso se creó para proteger de acreedores los bienes de un beneficiario o de que este los malgaste. El fideicomiso restringe el acceso del beneficiario a los bienes y por lo general requiere que se hagan distribuciones directamente a los proveedores de servicios por el bien del beneficiario.

El tipo de fideicomiso que es mejor para ti dependerá de tus metas, de los bienes que se transfieran al fideicomiso y de las necesidades de los beneficiarios. Siempre es mejor hablar con un abogado en tu estado y determinar qué fideicomiso tiene más sentido para ti. Más adelante te indico cómo encontrar un abogado.

### *Poder notarial para asuntos financieros*

Es un documento legal que le permite a una persona, conocida como el mandante, darle a alguien más, llamada el mandatario o apoderado, la autoridad para tomar decisiones financieras en su nombre. Puede incluir tales tareas como pagar cuentas, gestionar inversiones y comprar o vender propiedades.

Para crear un poder notarial para cuestiones financieras, el mandante debe primero elegir un apoderado en quien confíe para manejar sus asuntos financieros. El mandante entonces crea un documento que detalla el alcance de la autoridad del apoderado y cualesquiera limitaciones a su poder. Para que sea legalmente vinculante, este documento debe estar firmado por el mandante y notariado.

El poder notarial para asuntos financieros puede ser **permanente** o **no permanente.** Un poder notarial permanente sigue en vigor incluso si el mandante queda incapacitado o no puede tomar decisiones, mientras que un poder notarial no permanente concluye cuando el mandante queda incapacitado.

Una vez que se crea el poder notarial para asuntos financieros, el apoderado puede actuar en nombre del mandante como especifique el documento. El apoderado tiene el deber fiduciario de actuar en el mejor interés del mandante y gestionar sus finanzas de una manera responsable. El mandante puede revocar o modificar el poder notarial en cualquier momento, siempre y cuando conserve sus facultades mentales.

Es importante elegir un apoderado de confianza y capaz de encargarse de asuntos financieros. Es además esencial conservar en un lugar seguro el documento donde se señala el poder notarial, para consultarlo fácilmente si es necesario. En el supuesto de que el mandante quede incapacitado y no pueda seguir gestionando sus propias finanzas, el poder notarial en materia de finanzas puede ofrecer cierta paz mental porque alguien de confianza se está encargando de los asuntos.

Otra versión del poder notarial es el **poder notarial para atención médica,** un documento legal que le permite a una persona (también llamada mandante) designar a alguien más (llamado mandatario o representante para la atención médica) para que tome en su nombre decisiones sobre atención médica necesaria si no es capaz de tomar esas decisiones por sí misma.

Para crear un poder notarial para atención médica, el mandante debe primero elegir un mandatario en quien confíe para tomar decisiones de salud de acuerdo con sus deseos. Luego, el mandante crea un documento que precisa el alcance de la autoridad del representante y cualquier límite para su poder. Este documento debe estar firmado por el mandante y notariado para que sea legalmente vinculante.

El poder notarial para atención médica también puede incluir instrucciones para el mandatario relativas a tratamientos o procedimientos médicos específicos que el mandante quiera o no quiera. Tales instrucciones se conocen como testamento vital o voluntad anticipada.

Una vez que se crea el poder notarial para atención médica, el representante puede actuar en nombre del mandante según especifique el documento. El representante tiene el deber de tomar decisiones que sean para el mejor interés del mandante y de acuerdo con sus derechos, como determine el documento.

Es importante elegir un representante de confianza que comprenda los deseos del mandante sobre lo que desea para su atención médica. El poder notarial para atención médica se debe conservar en un lugar seguro y donde se pueda consultar fácilmente si fuera necesario. Es una buena idea, además, entregar una copia del documento al representante, el principal proveedor de atención médica del mandante y cualquier miembro de la familia que necesite saber de la existencia del documento.

En el supuesto de que el mandante quedara incapacitado para tomar decisiones sobre atención médica, el poder notarial para atención médica le puede traer la paz mental de saber que alguien de confianza respetará sus deseos.

### Designar beneficiarios

Muchos bienes, tales como pólizas de seguros de vida, cuentas de retiro y cuentas de banco, permiten designar beneficiarios. Esto quiere decir que los bienes se transferirán directamente a los beneficiarios designados después de la muerte del propietario, sin tener que pasar por el juicio testamentario. Asegúrate de tener beneficiarios asignados para todas tus cuentas. Es muy fácil hacerlo en línea, y es importantísimo para asegurar que tu dinero vaya a tu familia o a los seres queridos que más te interese que los reciban cuando ya no estés. Y no te olvides de actualizarlos con regularidad. Lo último que quieres es que tu exesposo herede tus cuentas de retiro cuando mueras porque se te olvidó cambiar tus beneficiaros después del divorcio.

## *Voluntad anticipada*

Una voluntad anticipada para atención médica (también llamada testamento vital o voluntad de atención médica) es un documento legal que le permite a una persona tomar decisiones por adelantado sobre la atención médica a recibir, en caso de que le sea imposible comunicar sus deseos. Es un tipo de poder notarial de atención médica que detalla las preferencias de la persona en cuanto a tratamientos médicos o cuidados paliativos al final de la vida.

Para crear una voluntad anticipada para atención médica, una persona primero debe considerar sus valores, creencias y deseos respecto al tratamiento médico para enfermedades terminales o los cuidados al final de la vida. También puede convenir comentar estas cuestiones con miembros de la familia, proveedores de atención médica o un abogado.

El documento debería incluir instrucciones sobre el tipo de tratamiento médico que una persona desea recibir o no recibir, por ejemplo, si quieren tratamiento de resucitación, manejo de dolor o cuidados paliativos. También puede incluir información sobre la donación de órganos, arreglos funerarios y otras decisiones al final de la vida.

La voluntad anticipada para atención médica debe tener fecha y estar firmada por la persona que la creó, y también se podría necesitar la firma de testigos. Es importante revisar los requisitos legales en el estado o jurisdicción donde se encuentre la persona para asegurarse de que el documento sea legalmente vinculante.

Una vez que se haya creado la voluntad anticipada para atención médica, es necesario hacerla del conocimiento de los proveedores de esa atención, miembros de la familia y cualquiera que pudiera estar involucrado en el cuidado de la salud de la persona. También es buena idea tener una copia del documento junto con otros papeles importantes de la persona y su historial médico.

En el caso de que una persona quede incapacitada o no pueda comunicar sus deseos, la voluntad anticipada para atención médica sirve de guía a los proveedores de dicha atención y a los miembros de la familia sobre cuáles son los deseos de la persona en cuanto a tratamientos o cuidados al final de la vida. Además, crear el documento le da a la persona paz mental, sabiendo que se respetarán sus deseos si ella ya no pudiera expresarlos a tiempo.

### Carta de instrucciones

Una carta de instrucciones no es un documento legal, pero describe los deseos y preferencias de una persona respecto a su funeral, la distribución de su propiedad y otras cuestiones que quizá no se mencionen en otros documentos del plan de herencia.

### *Asegurar tu patrimonio digital*

En el mundo de hoy no basta con asegurar que tengas un plan para tus posesiones físicas. ¡Lo más probable es que también tengas muchísimo patrimonio digital que necesites proteger! Muchos de nosotros pasamos gran parte de nuestra vida en línea. ¿Cómo se van a manejar o eliminar esas cuentas? Desde cuentas de redes sociales hasta bancas en línea e incluso monederos digitales, es importante crear un plan para manejar y asegurar tus nombres de usuario para que tus seres queridos puedan gestionar las cuentas correspondientes de una manera eficiente. No hacerlo podría ser una pesadilla.

Piensa en la historia de Gerald Cotten, cofundador y presidente ejecutivo de QuadrigaCX, una firma de intercambio de criptomonedas. Cotten murió repentinamente a los treinta años, estando de vacaciones, debido a complicaciones de la enfermedad de Crohn, y esto fue solo el principio de la tragedia. A consecuencia del súbito deceso de Cotten, los inversionistas ya no tuvieron acceso a 190 millones de dólares en criptomonedas porque nunca le dijo a nadie la contraseña de una laptop que contenía los registros del negocio.[3] Mierda. Por favor no dejes que esta sea también tu historia.

Para proteger y transmitir tu información de inicio de sesión como parte de tu plan de herencia, empieza creando un inventario completo de todas tus cuentas en línea, incluyendo nombres de usuario y contraseñas. Utilizar un gestor de contraseñas reconocido, como LastPass o Keeper, te puede ayudar a guardar la información de manera segura. Designa a un ejecutor digital en tu plan de herencia, alguien de confianza y que sepa de tecnología, para que maneje tus bienes digitales. Escribe una carta donde detalles cómo acceder a tu gestor de contraseñas y

---

[3] https://www.cnet.com/tech/tech-industry/crypto-founder-dies-taking-only-password-and-190m-with-him/.

al inventario de cuentas. Conserva la carta y cualquier clave de acceso o contraseña relevantes en un lugar seguro, como una caja fuerte, y asegúrate de que tu ejecutor digital sepa dónde encontrarla. Actualiza con regularidad tu información, considera encriptar para mayor seguridad, y revisa periódicamente tu plan de herencia para tenerlo actualizado.

Por favor ten en cuenta que esta lista de documentos no es exhaustiva y que los componentes específicos de un plan de herencia variarán dependiendo de tus circunstancias y metas individuales. Es importante colaborar con un abogado experto en planificación de herencias en tu estado para que tu plan sea completo y se ajuste a tus necesidades.

---

### Encontrar un abogado

Para encontrar un abogado acreditado especializado en planificación de herencia, pregunta a tus amigos o familiares si tienen alguna recomendación, o haz una búsqueda en sitios web como Avvo o Martindale-Hubble para encontrar reseñas y calificaciones de abogados cerca de ti. Revisa en el colegio de abogados de tu estado si tiene acciones disciplinarias o demandas en su contra. Asegúrate de que el abogado tenga licencia para ejercer en tu estado y cuente con experiencia en planificación de herencias. Busca certificaciones adicionales o membresías de organizaciones profesionales, como la Academia Nacional de Abogados en Derecho de los Adultos Mayores (NAELA, por sus siglas en inglés). Por último, necesitas sentirte cómoda con el abogado que elijas y confiar en que tiene en mente tu beneficio. Si algo no te gusta, no dudes en continuar tu búsqueda hasta encontrar a alguien que sea mejor para ti.

---

## HABLAR CON TU FAMILIA SOBRE PLANIFICAR LA HERENCIA

Puede ser un tema difícil, pero se trata de una conversación que es importante tener para asegurar que los deseos de todos se respeten y que sus asuntos estén en orden. Nadie quiere pensar que se va a morir, ¿verdad? Pero el hecho es que, hasta que alguien encuentre la fuente de la juventud y la embotelle como cura para el envejecimiento, tienes cien por ciento de probabilidad de morir en algún momento. Ante esa certeza, lo mejor que puedes hacer es prepararte para ello y quitarles un peso de encima a tus seres queridos para que no tengan que tomar decisiones por ti. Ya están pasando por una pérdida dolorosa; ¿para qué complicarlo más echándoles encima problemas legales sin asesoría alguna? Genoveva Meza Talbott, abogada familiar radicada en California, dice que el regalo más amoroso que les puedes dar a tus seres queridos durante su proceso de duelo es un plan de herencia. De esa manera, saben que están honrando tu legado y puedes evitarles tener que tomar decisiones difíciles sobre tu patrimonio sin saber qué hacer. Genoveva me dijo que en la comunidad latina hay mucha resistencia a tener estas conversaciones. "Hay mucha superstición relacionada con hablar de la muerte, como si con solo mencionarla algo malo fuera a pasar". Ella les recomienda a sus clientes que les digan a sus familias que es importante para ellos platicarlo porque lo ven como un acto de amor y quieren asegurarse de poder cuidar a su familia aun después de haber partido. "Les digo que es un regalo de amor".

No me canso de recalcar la importancia de un plan de herencia, pero no se trata nada más de que me creas. Tómalo de mi amiga Ana. Ana supo ver la importancia de planear para el futuro y cimentar la seguridad financiera de sus seres queridos. Con un fuerte deseo de proteger el legado de su familia, decidió valientemente abrir la conversación sobre planificación de herencias. Reunió a su familia una cálida tarde de domingo y eligió un momento en que todos estaban relajados y dispuestos a oírla. Sentados a la mesa, Ana empezó a expresarle a cada uno su amor y sus inquietudes. Compartió historias de su propia experiencia y las lecciones que había aprendido sobre lo esencial que era planear con anticipación.

Con una perspectiva cariñosa y compasiva, les explicó por qué planificar una herencia podía darles tranquilidad, cuidar sus bienes y garantizar que sus deseos se cumplieran. Hizo énfasis en que planear una herencia no se limitaba a las finanzas, sino que se trataba también de cuidar a sus seres queridos y su legado. Al principio, los parientes de Ana no se sentían muy seguros y dudaron. El tema se sentía ajeno y bastante incómodo. Sin embargo, la calidez de Ana, su sinceridad y su genuina preocupación crearon un espacio seguro y acogedor para hablar. Los invitó a hablar de sus esperanzas, sus miedos y sus aspiraciones, asegurándoles que esa conversación era una oportunidad para cuidar a sus seres queridos y conservar la unidad de la familia.

Conforme progresó la conversación, Ana introdujo el concepto de testamentos, fideicomisos y poderes notariales. Les explicó cómo es que esos documentos pueden salvaguardar sus bienes, designar tutores para sus hijos menores de edad y garantizar que se honren sus deseos relativos a los cuidados médicos. Ana también les contó historias de otras familias que habían enfrentado muchas dificultades debido a la falta de planificación, subrayando la importancia de tomar medidas proactivas.

Al ver que cada uno tenía sus propias inquietudes y prioridades, Ana los invitó a tener un diálogo abierto. Escuchó atentamente sus dudas, miedos y sugerencias, promoviendo un ambiente inclusivo y de colaboración. Juntos exploraron varias opciones de planificación de herencias, buscando el consejo de profesionales e informándose también sobre los recursos disponibles.

Pasaron las semanas y los meses, y la familia de Ana poco a poco aceptó la idea de planificar su herencia. Con Ana como fuerza motriz, buscaron ayuda de una abogada latina, especializada en planificación de patrimonios, que pudiera comprender su cultura y sus valores. Con la misma seriedad con que tuvieron esas conversaciones y buscaron asesoría, crearon planes de herencia personalizados que reflejaban sus deseos y protegían a sus seres queridos.

Con el proceso de planificación de herencia terminado, la familia de Ana sintió un profundo sentido de alivio y empoderamiento. Habían dado pasos proactivos para salvaguardar sus bienes, velar por el bienestar de sus hijos y mantener unida a la familia. La dedicación de Ana para iniciar la conversación transformó su inseguridad en un compromiso compartido hacia su futuro colectivo.

Conforme pasaron los años, la familia de Ana enfrentó los inevitables cambios en la vida con mucha más resiliencia y seguridad. Cuando se presentaron esas decisiones difíciles, consultaron los planes de herencia para guiarse. Los procesos de planificación no solo habían protegido sus bienes, sino que habían fortalecido sus lazos, creando una sensación de unidad y comprensión mucho más profunda.

Aquella primera conversación tuvo a la larga un impacto duradero en la familia de Ana. Con compasión y dedicación, no solo abordó un tema potencialmente difícil, sino que guio a sus seres queridos hacia un futuro lleno de solidez, armonía y sólidos legados.

Cuando empieces a hablar de planificación de herencias, puedes ser como Ana y empoderar a tu familia para que sortee los obstáculos futuros con confianza, unión y el compromiso de preservar el legado.

Para empezar a hablarlo de manera productiva, encuentra un lugar tranquilo y cómodo donde todos se puedan sentar y hablar sin distracciones. Elige un momento en que todos estén relajados y desestresados. Un consejo: a lo mejor después de la cena de Noche Buena, cuando ya todos se echaron sus tragos, no es el momento idóneo.

La idea es explicarles a tus seres queridos por qué hay que planificar las herencias y por qué quieres que se hable en familia. Para ilustrar la importancia de tener listo un plan puedes usar ejemplos de tu propia vida, de amigos o parientes, o de noticias. Enseñar con el ejemplo también es muy útil. Cuéntales tus planes para planificar tu herencia y explícales por qué tomaste las decisiones que tomaste. Eso puede abrir la conversación y hacer que para los demás sea más fácil decir lo que están pensando.

Ábrete a la retroalimentación de tu familia. Es un tema sensible, así que asegúrate de crear un ambiente que invite al diálogo. Pídeles que digan qué quieren y qué les preocupa, escúchalos con atención y respeta sus opiniones. Si se resisten un poco a hablar del tema, podría ser útil mencionar los riesgos de no tener un plan de herencia, como batallas legales y problemas económicos. Y por último, pero no por eso menos importante, considera llevar un abogado de planificación de patrimonios o un planificador financiero para que facilite la conversación y responda sus dudas.

Recuerda que la planificación de la herencia es un tema personal y delicado, y es posible que se necesiten varias conversaciones para resolver todas las dudas y crear un plan con el que todos se sientan cómodos. Sé paciente y respetuosa, mantente abierta a sus comentarios, y solo sigue concentrándote en asegurar que los deseos de todos se respeten y sus asuntos estén en orden.

---

**Apuntes prácticos para la conversación
sobre planificar la herencia**

Si necesitas ideas para llevar la conversación hacia allá, te dejo algunas que te podrían ser de utilidad:

- "He estado pensando en el legado de nuestra familia y en cómo podemos asegurarnos de que todo aquello por lo que hemos trabajado tan duro quede protegido y pase a las futuras generaciones. ¿Alguna vez han considerado tratar el tema de la planificación de la herencia?".
- "He escuchado historias de familias que lidian con confusiones y desacuerdos cuando un ser querido se muere sin dejar instrucciones precisas. Podría ser una buena idea que nosotros platicáramos sobre la planificación de la herencia para evitar conflictos y facilitar las cosas para todos".

- "Sé que hablar de cosas relacionadas con la muerte puede no ser de lo más fácil, pero en nuestra cultura es importante cuidar a la familia. Planificar una herencia es una forma de cuidar a los que amas, incluso cuando ya no estemos aquí. Hablemos de cómo podemos proteger eso que nos ha costado tanto trabajo construir".

## ¿QUÉ HAY DE LOS SEGUROS DE VIDA?

De acuerdo con Hispanic Market Advisors, 44 por ciento de la población hispana no tiene seguro de vida, en comparación con 37 por ciento de la población no hispana. Las principales razones son el costo del seguro y la falta de conocimiento al respecto. Y entre quienes sí tienen seguro, 49 por ciento creen que no tiene suficiente cobertura.

Los expertos dicen que algunos de los principales motivos por los que los latinos tienen índices menores de seguros de vida son los problemas para confiar en entidades financieras, la barrera del idioma y las diferencias culturales. De acuerdo con Silvia Tergas, planificadora financiera de Prudential, muchas familias latinas tienen experiencias negativas con profesionales financieros, sobre todo si su ruina económica fue el motivo de que dejaran sus países de origen. Tergas dice que la falta de educación y una desconfianza predominante son barreras entre la comunidad y servicios financieros como los seguros.

Si mueres, un seguro de vida puede darle a tu familia suficiente protección financiera y apoyo. Saber que hay una red de seguridad financiera les puede dar tranquilidad, para que así se dediquen a sanar emocionalmente y apoyarse mutuamente durante ese trance tan difícil.

Estas son solo algunas maneras en las que los seguros de vida ayudan a tu familia:

- Reemplazo del ingreso: Si eres el principal sostén de tu familia, un seguro de vida puede reemplazar tus ingresos, asegurando que las necesidades económicas de tu familia se cubran incluso después de tu muerte.
- Pago de deudas: Un seguro de vida puede cubrir deudas pendientes, como hipotecas, préstamos o saldos de las tarjetas de crédito, evitando que tu familia tenga que heredar tus obligaciones financieras.
- Gastos académicos: El dinero de un seguro de vida se puede usar en la educación de tus hijos, dándoles la oportunidad de perseguir sus sueños sin limitaciones económicas.
- Gastos cotidianos: Puede cubrir gastos de manutención, como despensa, servicios y servicios médicos, manteniendo el nivel de vida de tu familia.
- Gastos funerarios: Un seguro de vida puede cubrir el velorio y el entierro, que pueden representar gastos sustanciosos e inesperados para tu familia.
- Impuestos sobre la herencia: Dependerá del tamaño de tu herencia, pero un seguro de vida puede ayudar a cubrir los impuestos sobre ella, asegurando que tu familia reciba tus bienes sin cubrir una pesada carga fiscal.
- Proteger el negocio familiar: El seguro de vida puede aportar los fondos necesarios para evitar la venta del negocio con tal de cubrir deudas o impuestos después de la muerte del dueño, conservando la fuente de ingreso y prosperidad de la familia.
- Herencia: Un seguro de vida también sirve como herencia, dejándoles a tus herederos un legado financiero.
- Aportaciones a la beneficencia: Si te inclinas por los actos caritativos, puedes designar una parte del dinero de un seguro de vida a una organización caritativa o a causas que apoyes.

"Los seguros de vida son algo en lo que muchas personas piensan, pero no concretan, sobre todo en la comunidad hispana", dice Roselyn Sánchez, actriz, productora y bailarina latina.

"Mi hija tiene diez años y no saqué un seguro de vida hasta que cumplió dos, cuando mi gestor financiero mencionó que necesitaba uno como madre, para proteger a mi hija —le contó Sánchez a Yahoo Money—. Hay una carencia de información entre la comunidad hispana en relación con los seguros de vida, pero una vez que leí y pregunté al respecto, supe que era necesario".

Un seguro de vida es también una herramienta clave que necesitamos para sumar una ventaja a nuestra comunidad. ¿Por qué? Porque es una de las pocas opciones libres de impuestos para crear y transferir patrimonios.

En general, el dinero recibido por un seguro de vida queda libre de impuestos para los beneficiarios. Cuando un asegurado muere, los beneficiarios reciben el dinero de la póliza del seguro de vida, que no suele estar sujeto a impuestos generales. Esto significa que los beneficiarios no tienen que declarar el dinero del seguro de vida como ingreso en sus declaraciones de impuestos.

Al aprovechar las pólizas de seguros estratégicamente, podemos proteger nuestros bienes, mantener a nuestras familias, financiar aspiraciones académicas y dejar un legado duradero para las futuras generaciones. Ahora que ya sabes esto, hablemos de qué es un seguro de vida y qué opciones tienes.[4]

### ¿Qué clase de seguro de vida necesitas?

Hay dos tipos de seguros: a término y permanente.

**Seguro de vida a término:** Este tipo de seguro te da cobertura durante un periodo de tiempo específico, como 10, 20

---

[4] Fuente: https://money.yahoo.com/hispanics-life-insurance-192027136.html.

o 30 años. Si el asegurado muere en el término de la póliza, el beneficiario recibe el beneficio. Si el asegurado sobrevive al término, la póliza expira y no hay ganancia.

**Seguro de vida total:** Este tipo de seguro de vida tiene cobertura para toda la vida del asegurado, siempre y cuando se paguen las primas. También tiene un componente de valor en efectivo que crece con el tiempo, y se puede pedir prestado sobre el seguro o usarse para pagar las primas.

**Seguro de vida universal:** Este tipo de seguro permanente es similar al total, pero ofrece más flexibilidad en cuanto a las primas y los beneficios en caso de muerte. El componente de valor en efectivo se puede invertir además en distintas cuentas, como acciones o bonos.

**Seguro de vida variable:** Este tipo de seguro permanente permite que el asegurado invierta el componente de valor en efectivo en una variedad de opciones, como fondos mutualistas. El beneficio en caso de muerte y el valor en efectivo dependen del desempeño de las inversiones.

"Los seguros de vida son un producto muy amplio", dice Laura Adams. La mayoría de la gente no sabe dónde empezar a decidir entre lo que llama seguros de vida "a término" y "permanentes".

Adams dice que el consumidor promedio solo necesitará seguro a término, pero quienes necesitan un poco más de seguridad deberían considerar una póliza permanente.

Digamos, por ejemplo, que tienes hijos adolescentes. Probablemente quieras asegurar que se puedan mantener hasta mediados de sus veinte, hasta que sean económicamente independientes. En ese caso, una póliza a 10 o 20 años podría ser mejor. Esto cambia un poco si tienes un hijo con alguna discapacidad y la necesidad de cuidados de por vida. Para esa familia, una póliza que te cubra sin importar cuándo mueras sería la mejor adquisición.

Hay muchas cosas que se tienen que considerar en el momento de decidir cuánta cobertura necesitan tu familia y tú en un seguro de vida, pero en general, dice Adams, tienes que calcular cuánto necesitan para reemplazar tu ingreso. Además, considera el costo de acabar de pagar hipotecas, deudas, tu funeral —que podría rondar los 20 000 dólares— y otros gastos, como pagar la escuela de tus hijos.[5]

Cuando estás llegando a los niveles avanzados de acumulación de riqueza, es importante proteger todo ese esfuerzo que has hecho con un paracaídas financiero enorme. Los pasos de mami rica que vimos en este capítulo —tu plan de herencia, seguros y más— son cruciales para asegurar que ese legado que has construido siga vivo por generaciones.

---

[5] Fuente: https://farnoosh.tv/2013/03/your-life-insurance-buying-guide/.

# ¡Desatar la revolución económica latina!

Bueno, bueno, bueno, mi fiera y fabulosa latina, hemos llegado al final de este increíble viaje a través de tus finanzas personales, diseñado especialmente para nosotras. ¿Podemos escuchar unos aplausos para las increíbles transformaciones que hemos vivido? Desde hacer un presupuesto como expertas hasta invertir como divas de Wall Street, ¡conquistamos el mundo financiero con estilo!

Ahora, al concluir esta aventura sin precedentes, tomemos un momento para reflexionar sobre el asombroso impacto que ha tenido en nuestra vida. Despedazamos estereotipos y aplastamos las barreras que intentan detenernos. Abrazamos nuestros retos personales y los usamos como combustible para lanzarnos hacia la libertad económica. Y diablos, ¡lo hicimos con estilo!

A lo largo de este libro absorbimos el conocimiento, las estrategias y los consejos que transformarán para siempre nuestro poder financiero. Dominamos nuestro dinero, vencimos las deudas como si nada y erigimos imperios de abundancia. Y, cariño, ¡ahí no vamos a parar! Estamos usando nuestro recién encontrado poder para inspirar y levantar nuestra comunidad, asegurándonos de que ninguna latina se quede atrás en este viaje de bravura financiera.

Nuestra herencia latina es un tapiz vibrante que llevamos con nosotras con orgullo. Desde la atemporal sabiduría financiera de la abuelita hasta las feroces matriarcas que han allanado el camino, heredamos un legado de fuerza, resiliencia y habilidad.

Así, pues, llevemos nuestra cultura como una corona, marcando con ella nuestras decisiones económicas, usándola para alimentar la determinación de sobrepasar las limitaciones que se nos impongan.

Pero no olvidemos el poder de la hermandad y el vínculo que compartimos. Somos una tribu de latinas imparables, ¡y juntas somos una fuerza contundente! Creemos una red de mujeres bravas que se empoderen, se apoyen y se animen unas a las otras mientras conquistamos nuestras metas económicas. Celebraremos nuestras victorias con mojitos y margaritas, bailaremos al ritmo de nuestra libertad económica ¡y le mostraremos al mundo que las latinas hablamos en serio!

En nuestra búsqueda de la independencia económica, recordemos que el dinero es solo una parte de nuestro increíble valor. Nuestra riqueza abarca el amor que damos, los sueños que perseguimos y el impacto que tenemos en nuestras comunidades. No solo estamos creando cuentas de banco: estamos creando legados de empoderamiento, resiliencia y excelencia latina.

Al despedirnos debes saber, mi increíble hermana, que tienes el poder de moldear tu destino financiero. Confía en tus habilidades, abraza los espíritus de los ancestros que nos guían y permite que tus sueños te lleven hacia una vida abundante y extraordinaria. El camino podrá tener muchas curvas, giros y uno que otro tope, ¡pero con nuestra tremenda energía venceremos cualquier cosa que se nos deje venir!

¡Sigue brillando, síguele dando y sigue rockeando esa corona de riqueza como la reina que eres! Más vale que el mundo esté listo, ¡porque estamos a punto de desatar la revolución económica latina!

*Con mucho cariño y puro fuego…*

*¡salud por convertirte en alguien a quien nadie pueda joder, reina!*

*Sigue siendo poderosa.*

*Jannese*

# Agradecimientos

Me desborda una profunda gratitud cuando pienso en haber terminado este revolucionario libro de finanzas personales, pensado específicamente para latinas. ¡No puedo creer que lo logramos! El apoyo y las contribuciones de mucha gente han sido fundamentales para darle vida a este proyecto. Quisiera expresarles mi más sincero agradecimiento a las siguientes personas:

Mis padres, Marga y Confe: gracias por estar de mi lado, por celebrar mis éxitos y animarme en los tiempos difíciles que enfrenté mientras escribía este libro. Las páginas que contiene son testamento de los valores y el apoyo que ustedes me han dado.

Mi hermanita Lianne: gracias por ser la heroína anónima atrás de la marca Yo Quiero Dinero. Desde crear el *backend* de nuestra página web hasta coordinar a los invitados del pódcast y mantener actualizada mi agenda, eres el orden de mi caos. Literalmente, no podría hacer nada de esto sin ti.

Richelle Fredson, mi magnífica asesora para propuestas editoriales: mi más sincero agradecimiento por tu inquebrantable fe en la importancia de empoderar a las latinas a través del conocimiento financiero. Tu amistad, tu guía y tu ánimo a lo largo del proceso de escritura fueron invaluables. Gracias a ti, esta loca idea mía cobró vida.

Farnoosh Torabi, mi fabulosa mentora en todo lo que tiene que ver con dinero: me siento constantemente inspirada por tu valor y tu disposición a compartir tu historia como pionera en el rubro de las finanzas personales. Tu mentoría como mujer de color inspiró y enriqueció las páginas de este libro. Agradezco inmensamente tu sabiduría y tu experiencia en el mundo del dinero. Tus ideas y tu orientación motivaron mi viaje para crear contenido oportuno y efectivo para latinas y mujeres de color que buscan el empoderamiento económico.

Sara Carder, mi talentosa editora: gracias por tu constante apoyo y ánimo a lo largo de la escritura de este libro. Tu fe en el proceso transformador del conocimiento financiero para latinas ha sido una fuente constante de motivación para mí. Aprecio mucho tu compromiso con garantizar la precisión y claridad del contenido. Gracias por tu meticulosa edición y corrección, que mejoraron considerablemente la calidad del libro. Con toda honestidad puedo decir que este libro no existiría sin ti.

Wendy Sherman, mi brillante agente literaria: estoy en deuda contigo por tu apoyo y tu defensa a lo largo de este viaje. Tu guía, tu sabiduría y tu mentoría no solo moldearon este libro, sino mi crecimiento como escritora y como persona. Tu paciencia y tu confianza en mis habilidades alimentaron mi determinación para ver este proyecto terminado.

Nana K. Twumasi: mi más sincero aprecio por tu compromiso con incrementar la diversidad de voces y perspectivas en la industria editorial. Tu apoyo para llevar este libro a sus lectoras ha sido decisivo para llegar a esas latinas hambrientas de poder económico.

Adam Kirschner, mi increíble mánager: ¡gracias por ayudarme a que las cosas siguieran marchando mientras yo escribía este libro! Cualquiera que haya asumido un proyecto como este sabe que puede tener un impacto considerable en tus finanzas, y tú has hecho un gran trabajo para encontrarme proyectos nuevos y excitantes en los que pude participar durante este tiempo.

Mis increíbles invitados del pódcast, que han inspirado tantas historias compartidas a lo largo de este libro: gracias por su vulnerabilidad, su honestidad y su transparencia. Me siento muy agradecida de que formen parte de esta hermosa comunidad que trabaja para darle ánimo a nuestra gente con historias de dinero inspiradoras.

Quiero expresar mi gratitud a las lectoras, los podcasteros, las escuchas, los seguidores de redes sociales y las simpatizantes que han aceptado este libro. Su entusiasmo y su amor le dan a mi trabajo una razón de ser, y me honra ser parte de su viaje hacia el empoderamiento económico. Es por ustedes que he vertido alma y corazón en este libro. Espero que estas páginas las empoderen, inspiren y guíen en su propio camino financiero.

Extiendo mi profundo agradecimiento a mis seres queridos por su inalterable apoyo y comprensión durante el proceso de escritura. Escribir un libro implica mucho sacrificio, y todos ustedes comprendieron amablemente por qué tuve que hibernar y concentrarme durante el proceso. Los he extrañado mucho, así que gracias por su paciencia. Su amor y su ánimo fueron mi ancla a lo largo de este proyecto.

Y aunque quizá no mencioné sus nombres, gracias a todos los que me ofrecieron su apoyo, me motivaron y creyeron en mí. Les estaré por siempre agradecida. Sus contribuciones, fueran grandes o pequeñas, tuvieron un papel integral en la creación de este libro; sepan que las tengo presentes y las aprecio profundamente.

Escribir un libro de finanzas personales para latinas ha sido una experiencia profunda, y me honra haber tenido la oportunidad de empoderar y dar ánimos a mi comunidad con estas páginas. Muero de ganas de que este sea el inicio de un influjo de voces diversas que hablen sin tapujos sobre el dinero, porque nuestras voces importan mucho.

Gracias a todas por ser parte de esta revolución económica.

*Con profundo agradecimiento,*
JANNESE

# Guía de los episodios del pódcast

¿Quieres adentrarte más en los temas que tocamos en el libro? Te dejo una lista de los episodios del pódcast *Yo quiero dinero* que corresponden a algunas de las historias aquí narradas, para ayudarte a mantener el impulso de este cambio. Para ver el archivo completo del pódcast *YQD*, visita yoquierodinero-podcast.com/podcast. ¡Asegúrate de suscribirte a tu plataforma favorita de pódcast para que nunca te pierdas un episodio!

| Nombre | Episodio | Título del episodio | Capítulo |
|---|---|---|---|
| Anna N'Jie Konte | 45 | How To Stop Letting Money Create Stress in Your Life | 2 |
| A Purple Life | 58 | How To Retire Early and Live an Intentional Life | 6, 7 |
| Bernadette Joy | 77, 150 | How to Crush Your Money Goals, How to Manage Wealth Guilt | 2, 4 |
| Cindy Zúñiga Sánchez | 66 | How Cindy Paid Off $215 000 in 4 Years | 4 |
| Dasha Kennedy | 132 | How to Maintain Your Financial Independence in a Relationship | 9 |
| David y John Auten-Schneider | 156 | How Money Affects the Queer Community | 1, 4 |
| Delyanne Barros | 13 | How Delyanne Is Pursuing FIRE to Retire by 45 | 7 |
| Evie Prete | 125 | How to Negotiate Your Salary | 3 |

| Nombre | Episodio | Título del episodio | Capítulo |
|---|---|---|---|
| Farnoosh Torabi | 96, 219 | Why We Need Wealth in The Hands of Women, Becoming a Breadwinning Woman | 7 |
| Genoveva Meza Talbott | 95 | How Marriage, Divorce & Death Affects Your Dinero | 9 |
| Gianni LaTange | 93 | How FU Money Can Help You Pivot Your Career | 7 |
| Jamila Souffrant | 76 | How to Buy Back Your Freedom with FIRE | 6, 7 |
| Jannese Torres | 140 | How to Create 10k Months in Your Business | 5 |
| Jannese Torres | 143 | How to Hire Your First Employee | 5 |
| Jannese Torres | 160 | How to Make Money as a Blogger | 5 |
| Jannese Torres | 108 | How to Overcome Financial Abuse | 9 |
| Kevin L. Matthews | 126 | How to Build Generational Wealth | 10 |
| Kiersten y Julien Saunders | 31, 153 | Why Achieving Financial Independence Matters for Communities of Color, How to Redefine Your Relationship with Work | 1, 7 |
| Lynne Alfaro | 222 | Why the Future of America's Economy Depends on Latinos | 1 |
| Nicole Nieves | 194 | How to Market & Grow Your Brand | 5 |
| Selma C. (Bitch I'm Budgeting) | 173 | How to Stop Hating Budgets | 4 |
| Shang Saavedra | 193 | How to Become Financially Independent as a Family | 6, 7 |
| Soledad Fernández Paulino | 218 | How to Self-Care Your Way to Financial Freedom | 2 |

# Índice temático

# Acerca de la autora

**Jannese Torres** es una galardonada empresaria latina experta en la gestión del dinero. Su pódcast y plataforma de finanzas personales en habla inglesa, Yo Quiero Dinero®, educa a las mujeres latinas en temas tales como el sentido del espíritu empresarial, la búsqueda de la independencia financiera, la creación de riqueza generacional, las inversiones inteligentes y la consolidación de una mentalidad de la abundancia. Jannese es una *coach* de negocios muy solicitada que ayuda a sus clientes a monetizar sus habilidades y perseguir la independencia financiera. *Yo quiero dinero* recibió el Premio Plutus 2022 al mejor Pódcast de Finanzas Personales del Año.

Puede obtener más información sobre Jannese y YQD en **yoquierodineropodcast.com**.